西方新闻传播学名著导读丛书

西方新闻学
名著导读

白红义◎主编

Classics of Journalism:
A Reader's Guide

图书在版编目(CIP)数据

西方新闻学名著导读/白红义主编. —北京:北京大学出版社,2023.10
ISBN 978-7-301-34511-5

Ⅰ.①西… Ⅱ.①白… Ⅲ.①新闻学—名著—研究—西方国家
Ⅳ.①G210

中国国家版本馆 CIP 数据核字(2023)第 185156 号

书　　　　名	西方新闻学名著导读	
	XIFANG XINWENXUE MINGZHU DAODU	
著作责任者	白红义　主编	
责 任 编 辑	吕秀丽　　梁　路	
标 准 书 号	ISBN 978-7-301-34511-5	
出 版 发 行	北京大学出版社	
地　　　址	北京市海淀区成府路 205 号　100871	
网　　　址	http://www.pup.cn	
新 浪 微 博	@北京大学出版社　@未名社科-北大图书	
微信公众号	北京大学出版社　北大出版社社科图书	
电 子 邮 箱	编辑部 ss@pup.cn　总编室 zpup@pup.cn	
电　　　话	邮购部 010-62752015　发行部 010-62750672	
	编辑部 010-62765016	
印 刷 者	三河市博文印刷有限公司	
经 销 者	新华书店	
	965 毫米×1300 毫米　16 开本　21.25 印张　337 千字	
	2023 年 10 月第 1 版　2024 年 6 月第 2 次印刷	
定　　　价	79.00 元	

总　序

　　为这套丛书写总序时，距离我们策划这套书已经过去了整整十年。这不禁让我们感慨：想法不少，但实施得实在是不尽如人意。不过，好在我们一直在将各种想法付诸实施。

　　2013 年 3 月，丛书主编之一胡翼青应香港浸会大学传理学院马成龙教授的邀请，前往浸会大学讲学；与此同时，丛书的另一位主编刘海龙也受邀到香港城市大学访学。那时，香港大街小巷的洋紫荆已经绽放，一派春天的美好气象。浸会大学与城市大学相隔不远，因此我们这两个原本分别身处南京和北京的年轻人有了更多讨论学问的时间。在那之前，我们就曾经讨论过编写这套丛书的话题。我们都感觉到，进入 21 世纪后的短短十年时间，国内就涌现出一批质量上乘的新闻传播学译著，可以说让人目不暇接，应该出版一些读本帮助年轻学人消化这些经典的"新知"。我们目之所及的少量已经出版的新闻传播学名著导读，已经跟不上形势发展的需要。与新闻传播学形成对照的是，其他学科的导读出版工作正在如火如荼地开展。其中最有代表性的是江西人民出版社从 1998 年开始陆续出版的 21 个学科的名著提要，这一工程持续了 15 年，涉及社会学、文学、法学、经济学、心理学、人类学、政治学、历史学、管理学等多个学科。当我们开始关注这套书时，有些学科的名著提要已经出到了第三版。然而，这 21 个学科不包括新闻传播学。这从一个侧面反映出新闻传播学各个领域的经典成果整理与导读出版工作已经远远落后于相邻学科。从某种意义上讲，新闻传播学在人文社会科学中一直是学习和借鉴其他学科的"追赶者"，而在名著导读这个环节，我们又不得不继续"补课"。

念及此，不知道哪儿来的干劲，仅仅一天，我们就闷在房间里将导读的书目开列出来。刘海龙的日记里是这么记录当天的工作的："3月15号周五，与（路）鹏程去吴多泰博士楼找翼青、贾敏讨论20世纪传播学名著导读一书的选题，至晚11点方归。"在热烈的讨论中，我们达成了共识。这些名著应当包括两种类型：一类是公认的经典，比如《人民的选择：选民如何在总统选战中做决定》《舆论》《理解媒介：论人的延伸》《做新闻》等；还有一类则是有一定的引领性和争鸣性的新作，有成为经典的潜质，比如克劳斯·布鲁恩·延森（Klaus Bruhn Jensen）的《媒介融合：网络传播、大众传播和人际传播的三重维度》。

现在想来，我们的冲动有着非常明显的知识社会学背景，这首先与我们对传播学科状况的相似认知有很大的关联。自1982年第一次全国传播学研讨会以来，建立中国传播学的自主知识体系就一直是这个学科的发展方向，而对于几乎是零起点的中国传播学而言，解读西方传播理论的思想谱系和经典研究就显得非常重要。正如王怡红在《从历史到现实："16字方针"的意义阐释》一文中所说："1982年传播学研究刚刚创立，学术自主性的问题就在以'系统了解、分析研究、批判吸收、自主创造'为内容的'16字方针'中明确提出来了。……然而，长期以来，我们并未在意把这个从开始就存在的问题进一步问题化，对其'本土化的形式主义命题'似乎也缺乏足够的反思。"其实，单是"系统了解"这个起点，就不是"由零开始"的中国学界能够简单应付的。所以，王怡红进一步指出，在这种局面下，"'系统了解'不得不长时间被简化和理解为对西方传播学著作的大量引进或拿来就用，不必加以深入思考。由于将'系统了解'变换成易于得到的引进，与西方传播学的关系也就转而变成一种带有工具理性色彩的依附关系"。当时，我们两个以各种方式参与了中国社会科学院新闻与传播研究所关于回顾中国传播学三十年的课题，对王怡红的判断是高度认同的。一直以来，中国学界对理论的使用是高度工具性的，研究者只是使用理论而不与理论发生纠缠，用海德格尔的话来说，就是研究者并不存在于他们所使用的理论和概念之中。然而，不与理论发生纠缠怎么可能生成自主性的研究问题和理论创新呢？其后果一定只是将理论作为一种概念工具，通过形式化而非内涵化的处理方式，拿来生搬硬套用以解释自己的对象物。而且，我们都认为，不仅仅是解读存在着工具理性的问题，在具体研究实践中，对西方传播理论的引进在相当长一段时间内能不能被称为"大量"都是一个问题。那些认为中国传播学在 20 世纪 90 年代已经可以自主创造的学者，可能根本就没有读过几篇传播学的经典文献。我们都是在 20 世纪 90 年代中期开始接触传播理论的，作为那个时代新闻传播学的本科生，我们觉得最不幸的事就是在图书馆和新华书店找不到几本可以阅读的本学科的经典著作。这种情况到我们读博士时才略有缓解。70 后学者的一个共同特点就是强烈的读书饥饿感伴随着他们的学生时代。所以，刘海龙干脆在《重访灰色地带：传播研究史的书写与记忆》一书中明确表达了这样的观点："自 1978 年传播学作为学科被正式引进中国内地后，'系统了解'一直是中国学者的主要研究课题，成果不可谓不多。可在如何了解方面，却一直不得其法。"刘海龙在 2008 年出版了教材《大众传播理论：范式与流派》，其重要的写作动因之一就是感到当时新闻传播学的学生搞不清楚欧美各种传播理论间的关系。而胡翼青长期致力于推动传播学史的研究，其重要考量也是如何让中国的新闻传播学人能够了解西方传播理论的历史与脉络。我们都认为，建设自主知识体系首先要了解现有经典知识体系，才能创新；而年青一代没有深入和系统地了解西方的传播理论，政治正确和方向正确的"16 字方针"在很长一段时间里都没有实现的可能性。

新闻传播学译著的大量出版是刺激我们策划这套丛书的另一重要推手。在 20 世纪 90 年代以前，新闻传播学的译著非常稀少。1997 年第五次全国传播学研讨会以后，引进"量"的问题才得到了一定的缓解。当时参会的一批中青年学者如王怡红、刘卫东、李展、陆晔、芮必峰、胡正荣、段京肃、郭镇之、黄旦、曾建雄等认为传播学尽管在中国有所发展，但其边界和领域是什么样的，研究该怎么做，这些都很不明晰，需要出版一套高水准的新闻传播学译丛。正如潘忠党在华夏出版社的"传播·文化·社会译丛"的总序里所说的那样，大家对该译丛的设计充满了对经典的渴望:"这想法是系统译介这么三类书:(1)理论名著,(2)实证研究经典,(3)全面勾勒学科领域的论著和论文集。这些书要既有学术水准,又有可读性;既可做专业教科书,又可成为高层次研修类读物。"这套译丛 2003 年问世,在 10 多年间将许多国外新闻传播研究领域的经典之作译介到了中国,其中有多部著作被选入本丛书。那段时间不只是华夏出版社在推进新闻传播学的译丛建设,还有多家出版社都在做这件事。产生了一定反响的译丛就包括:中国人民大学出版社的"当代世界学术名著·新闻与传播学译丛·大师经典系列"、南京大学出版社的"当代学术棱镜译丛·媒介文化系列"、商务印书馆的"文化和传播译丛",以及新华出版社的"西方新闻传播学经典文库",等等。根据周丽锦等人在《国内传播学译著的现状及其成因研究:基于 2000—2019 年数据的分析》一文中的统计数据可以发现,从 2000 年 1 月 1 日到 2019 年 12 月 31 日 20 年间国内出版的新闻传播学译著的数量达到376 种(其中专著 266 种,教材 90 种),年均 18.8 种。这 376 部译著涉及 116 个完全不同的译丛。20 年来,中国各出版社一共出版了新闻传播学译丛 42 种,新闻传播学译丛的选题几乎遍布主要的人文社科类出版社。在 2013 年商讨编写这套丛书时,我们显然是感受到了当时译著的极大丰盛,我们的阅读速度远远跟不上经典作品的涌入速度。我们都认为,对于文科生而言,大量阅读本学科经典著作很重要,因为只有这样,他们才能算是在这个学科的理论体系中存在过。这么多经典著作的同时出版,让年轻学子大量阅读经典成为可能。然而,"书非借不能读也",在缺乏阅读饥饿感的时代有效引导年轻学子读书,这恐怕是亟待推进的重要工作。如果说,当初我们读书时因为资料匮乏差点"渴死"的话,那么今天的年轻学子则可能因为资料的过度丰盛而被"淹没"。所以,在文献资料理论爆炸和研究主体理论匮乏的张力之下,我们想到必须编写名著导读。

编写名著导读,可以实现两个层次的目标。常有前辈学者告诫读书人,读书需要经过两个阶段:第一个阶段是"将书读薄",第二个阶段则是"将书读厚"。这种学术阅读经验不仅仅对人文学科是有效的,对社会科学同样如此。"将书读薄"指的是一边阅读一边对书籍的逻辑思路进行总结和概括,而"将书读厚"指的则是将自身的先在知识体系与阅读的书籍相结合，做到触类旁通。我们无意讨论二者的辩证关系，但在多数情况下，达到第二种境界难度更大。然而，即使是第一种境界，对刚接触学术阅读的本科生甚至是研究生来说也不是那么容易达到的，许多学术著作的阅读者经常呈现出来的状态是"过目即忘"：不要说复述著作的内在逻辑，就连刚看过的上个段落中的内容都未必能记得。而名著导读的任务就是迅速帮助初学者掌握一本在理解上有一定难度的学术著作大致在说什么，并通过成书背景的介绍告诉初学者当时作者面对的问题是什么，他为什么会以这样的方式回应问题，他的回应为什么能够突破其时代局限性等。同时，我们希望用语境化和去语境化的方式帮助初学者更好地理解著作的内涵和意义。此外，对名著的罗列还可以帮助初学者在潜意识中感受学科的边界与框架，虽然其中一定会掺杂进导读作者的主观想法。所以，导读通常是初学者走向学术道路最重要的扶梯之一。

当然，导读的目的显然不仅仅在于帮助初学者学会"将书读薄"，而且过分强调这一点很有可能走到导读编撰者初衷的反面。许多初学者会自作聪明地认为自己看了导读就不必再看原作本身，这一部分是因为他们认为自己将来不从事学术工作，不必读原典，而另一部分也确实是因为经典著作数量巨大且并不容易阅读。所以我们可以想象，这套丛书问世后，会有大量学生用它去应付各种考试，尤其是应付面试官提出的这样的问题："最近你读过哪一本学术书？"我们当然不能苛责这种功利主义的做法，因为人各有志，无可厚非。但是，对于有志于学术研究的初学者，这种功利主义的想法是致命的，因为原著中处处闪现的思想火花，经过导读多半荡然无存，甚至变成了教条式的叙述。导读只是一个路标，其任务永远都是指向原著。

我们编写这套导读的最终目的还是"劝学"，希望对学术有兴趣且有毅力的同学能够在导读的指引下走得更远，把书读厚，甚至是超越经典。因此，我们在每篇导读的最后部分讨论了学界从不同视角对著作的评价与反思。另外，除了参考文献外，我们还设置了拓展阅读。我们始终认为，像参考文献和拓展阅读这样符号性和物质性的痕迹是在以无言的方式诉说着最为重要的阅读方式。我们希望导读只是一个索引：它不仅应当引发立志学术研究的年轻学子阅读原著的兴趣，还要引导他们带着质疑去与原著对话；它不仅应当让学子们了解原著说了什么，还要尽量启发他们去发现原著没有说什么。我们希望在导读的指引下，当阅读者面对原著时，他们已经具备了对话和批判的能力，而不仅仅是死记硬背的态度。如果他们能完成阿尔都塞所说的那种在原著中发现空白并以此为起点找到研究问题的"症候式阅读"，那就善莫大焉。一言以蔽之，我们编这套丛书的理想就是：通过导读，学会读书。

事实上，理想永远是丰满的，现实则是骨感的。香港一别，两位主编便又各奔东西。总有急迫而不重要的事来干扰重要而不急迫的事，于是导读的写作工作以一种时断时续的方式进行着。导读的启动工作由南京大学和南京师范大学的中青年教师、优秀的博士生和硕士生承担，他们多是南大新传读书会的成员。此后，在郭小安和白红义的推动下，重庆和上海的师生也加入进来，这才大功告成。小安与红义凭借他们在各自研究领域的精深功底，极大地拓展了这项工程的深度与广度。在写作过程中，新闻传播学始终处于高速发展的状态，传播学研究的主导范式也在发生重大的分化，2013 年香港版的书目显然已经跟不上形势的发展。于是，我们干脆根据这种分化，扩充了新闻学和传播学的书目，加入了媒介学和舆论学的书目，四卷本的最终形式由此确定。

十年磨一剑。然而，当这四本导读即将问世的时候，我们比十年间的任何时刻更为忐忑不安。也许是互联网基础设施的发展实在太快，知识的更新和爆炸令本学科的学人目不暇接。所以，这四本导读能够经得起这个时代的检验吗？十年前我们在新闻传播学中常用的理论和概念，有很大一部分今天已经很少有人提及和使用；而今天涌现出来的概念，比如媒介本体论、媒介物、媒介性、物质性、具身性、基础设施媒介、界面……都是十年前无法想象的新名词。毫不夸张地说，今天任何一本新闻传播学教材问世的那一天，就是它过时的那一刻。不过，我们仍然有一定的底气，因为不管媒介技术的发展多么迅速，阅读经典仍然是新闻传播学科敢于面对这个世界的底气所在。

胡翼青　刘海龙

于 2023 年元旦

"重访"新闻学经典
（代序）

按照芭比·泽利泽（Barbie Zelizer）的说法，"当人们意识到有与他人分享关于自身信息的需求"时，新闻就出现了（Zelizer，2004，p.2）。与新闻本身的历史相比，对新闻的研究其实是相当晚近的事情。一般认为，19世纪末20世纪初，严肃的、理论性的新闻研究开始出现，并逐渐演化为一个相对独立的研究领域。20世纪90年代后期，人们把针对新闻和新闻业的研究命名为新闻学研究（journalism studies），进而创立了以此为主题的学会和期刊。

作为一个发端于美国的传播学分支学科，新闻学研究已经成为北美、西欧、北欧等地区的国家主导的一个国际化的学术领域。数字新闻业兴起后，新闻学的研究重心也随之发生了转移，进入了数字新闻学的新阶段。学者们一方面致力于探究新闻业中层出不穷的新问题，另一方面对新闻学本身进行了大量反思，其中一个关键的问题是应该如何理解和定位新闻学研究：它是否构成了一门学科？或是一个研究领域？抑或是一个研究对象？

迈克尔·舒德森（Michael Schudson）旗帜鲜明地反对将新闻学视为传播学的一个分支学科，认为"一旦'新闻学'变成了一个独立学科，学者们将会满足于仅阅读所谓新闻学或数字新闻学领域的研究成果，甚至只阅读某些小型研究团体或几本新闻学期刊上发表的成果，而忽视了其他学科提供的视角"（常江、何仁亿，2018）。他把不同学科比喻成花园中的植物，新闻学则是一棵不经意间破土而出、茂盛生长的树。他对学界试图将新闻研究学科化的努力表示不解，尽管他的不少学生就是新闻研究建制化过程中的关键人物（Schudson，2017，pp. 267-272）。舒德森进一步指出，新闻学研究中可能存在着一种"媒介中心论"的偏见，"好像媒介就是这个世界的全部，而不是庞大的、复杂的人类事务领域中的一个元素"（李玉洁，2018）。

一个学科的形成需要具备两个条件：一是存在一些外在的结构性元素，比如学术组织、学术会议、学术刊物等；二是具备一些内在的非结构性元素，比如学术传统、学科文化、专业知识、学术行为道德与规范、共享的理论与方法论等（Becher & Trowler，2001，p. 47）。新闻学研究显然已经具备了第一个条件，学术组织、学术会议和学术刊物的创办和发展共同推动着学科的进步，并汇聚了一大批认同新闻研究的学者。是否具备第二个条件还有待观察和研究。新闻学研究一直以交叉学科研究为特征，这是其优势，却也导致其难以形成独特的学科文化。

因此，新闻学研究的学科化进程仍有很长的路要走，当务之急不是争论它是否构成了一个独立的学科，而是如何进一步提升新闻学研究的质量，巩固这一研究领域存在的合理性。正如拉斯穆斯·克莱斯·尼尔森（Rasmus Kleis Nielsen）所说："我们要将不同学科的人聚集到新闻学研究中来，包括媒体和传播学研究、政治学、社会学、计算机科学、经济学等，以不同的方式促进我们的目标。"（张志安、王海燕、范吉琛，2019）泽利泽也强调，"新闻研究内部互相攻讦，进而导致新闻教育者与新闻研究者分离，人文主义取向与社会科学取向分离"，使得"至今无法归纳关于新闻最为至关重要的共享知识"。因此，"我们要去不断思考如何在保持新闻学的学科想象力的基础上，努力使其成为一个整体、一个真正的学科"（常江、田浩，2019）。进入 21 世纪以来，全球新闻行业陷入普遍性的困境，新闻学研究却成为一个蓬勃发展的学术领域。学者们认为：虽然新闻业遇到很多问题，但它依然是社会系统的重要组成部分；即便新闻的边界不断被打破，专业的新闻生产也仍然非常重要，新闻学研究应当成为一个独立的学术领域（Carlson et al.，2018）。从规范性的角度来看，"新闻业应当是所有相关社会科学共同研究的一个对象，因为新闻的生产和流通与社会的各个领域都有十分紧密的联系"（常江、何仁亿，2018）。

以新闻和新闻业为研究对象的新闻学已经成为传播学中发展最快的一个分支学科。与此同时，对于新闻学研究的回顾、反思、推进和展望也成为各国研究者近年来关注的热点。究竟何为新闻学研究？新闻学研究的价值是什么？新闻学研究何以形成当前的面貌？新闻学研究应该走向何处？回答上述问题的一种途径是"重访"经典。经典文献在社会科学领域往往发挥着创造参考框架、传递知识的作用（Silva & Vieira，2011）。对经典文献和关键学者的重访，有助于厘清关键问题，扩展研究的想象力。

对学科起源、发展和演进的历史的书写，不仅是学科形象的自我表达，还是建立学科集体认同的重要方式。通过书写历史来塑造学科的集体认同是一种常规方法，但集体认同的存在并不意味着已经有效地凝聚了内部共识，分歧、矛盾、竞争等现象依然存在。在塑造学科认同时需要制造"经典"，还要排斥与遮蔽"非经典"，其间的拣选与遗忘反映了学术史的书写动态。这种书写不只是对静态的学科历史的描述，还要满足当代的需要（何祎金，2018，pp.3-6）。

为什么经典文献承担起了这项功能？在社会科学研究中，经典文献居于不可或缺的地位。杰弗里·亚历山大（Jeffrey Alexander）认为，经典是在学科领域内占据特权地位的历史文本（Alexander，1989）。这一界定一方面强调了经典文献的历史性，即它必须经过一定时间的沉淀；另一方面指明了这些历史文本在学科内居于优先地位。因此，所谓的学科经典通常是指历史上的一些关键作品（Reese & Ballinger，2001）。这些经典就是教科书中所说的"里程碑"式的存在，对其背后演变逻辑的探究构成了潜藏于纸背的学科史。当前，回顾新闻研究的学术史同样需要通过对经典文献的阅读、比较和阐释来完成，因为"回到经典，除了可以追根溯源之外，有时也可能会在某些问题上得到新的启示"（李立峰，2009）。

阅读经典的正确姿态是什么？潘忠党以阅读《做新闻：现实的社会建构》为例强调说，"读经典不是'诵经'，不能以膜拜的姿态去读，不能为抄颂其中的'警世箴言'而读，当然也不应停留在走马观花、浮光掠影式的浏览"。他推崇的方式是"首先要读进去，但更需要读出来，需要与之对话。也就是说，读经典不是为引经据典，而是要拷问（interrogate）经典，以从中获得的启发，针对自己面对的现实，提出并解答问题，并在生成自己的研究问题的语境中，探究经典如何仍然相关"（潘忠党，2021）。也就是说，面对这些经典作品，我们需要一种"重访"式的阅读，这虽然是对历史线索的一种发掘和延伸，但最终目标是立足当下，探索新的理论资源和分析视角，带来新的研究想象力（闻翔，2018，pp. 4-7）。

（白红义　复旦大学）

参 考 文 献

Alexander，J. C.，*Structure and Meaning：Relinking Classical Sociology*，New York：Columbia University Press，1989.

Becher，T.，& Trowler，P. R.，*Academic Tribes and Territories：Intellectual Enquiry and the Culture of Disciplines*（Second Edition），Buckingham：Open University Press，2001.

Carlson，M.，et al.，"Journalism Studies and its Core Commitments：The Making of a Communication Field，"*Journal of Communication*，2018（1）.

Reese，S. D.，& Ballinger，J.，"The Roots of a Sociology of News：Remembering Mr. Gates and Social Control in the Newsroom，"*Journalism & Mass Communication Quarterly*，2001（4）.

Schudson，M.，"Commentary：The Journalism Studies Tree，"in Boczkowski，P. J.，& Anderson，C. W.（eds.），*Remaking the News：Essays on the Future of Journalism Scholarship in the Digital*

Age，Cambridge：MIT Press，2017.

Silva，F. C.，& Vieira，M. B.，"Books and Canon Building in Sociology：The Case of Mind，Self，and Society，"*Journal of Classical Sociology*，2011（4）.

Zelizer，B.，*Taking Journalism Seriously：News and the Academy*，Thousand Oaks：Sage，2004.

常江、何仁亿：《迈克尔·舒德森：新闻学不是一个学科——历史、常识祛魅与非中心化》，《新闻界》2018（1）。

常江、田浩：《芭比·泽利泽：新闻学应当是一个解释性的学科——新闻研究的文化路径》，《新闻界》2019（6）。

何祎金：《中国社会学的历史与理论：阐释、调适与融合》，北京：社会科学文献出版社，2018。

李立峰：《〈什么在决定新闻〉：新闻室观察研究的经典之作》，〔美〕赫伯特·甘斯：《什么在决定新闻：对 CBS 晚间新闻、NBC 夜间新闻、〈新闻周刊〉及〈时代〉周刊的研究》，石琳、李红涛译，北京：北京大学出版社，2009。

李玉洁：《范式重构：美国新闻业的社会史》，《中国社会科学报》2018 年 5 月 24 日，第 2 版。

潘忠党：《也谈"读经典"：〈做新闻〉的跨语境品鉴》，《新闻记者》2021（4）。

闻翔：《劳工神圣：中国早期社会学的视野》，北京：商务印书馆，2018。

张志安、王海燕、范吉琛：《变革中的新闻业及其未来——牛津大学路透新闻研究所所长尼尔森教授访谈》，《新闻记者》2019（10）。

目　　录

海伦·休斯

《新闻与人情故事》

回顾新闻研究的历史,芝加哥学派是被反复挖掘的重要学术流派。然而,细察芝加哥学派鼎盛时期出版的成果,就会发现以报业或者新闻为核心对象的专著只有两本。其中一本是罗伯特·帕克(Robert Park)的《移民报刊及其控制》,另一本则是本文将介绍的海伦·休斯(Helen Hughes)(以下简称海伦)的《新闻与人情故事》。作为同时代美国女性学者的杰出代表,海伦的专著受到了帕克、哈罗德·拉斯韦尔(Harold Lasswell)、马尔科姆·威利(Malcolm Willey)等学者的认可,该书所关注的人情故事也深植于新闻实践。

一、成书背景

海伦是芝加哥学派中仅有的两位出版过新闻研究专著的学者之一,国内学界对她的专门介绍较少。她的学术生涯可以通过两组关键词语来理解:"芝加哥学派帕克的学生"以及"早期传播与社会研究中的女性学者"。

(一)芝加哥学派帕克的学生

经过多次兴衰起伏,芝加哥学派的重要性虽已被广泛认可,但直到今日,其与新闻传播学之间的关联还是被描述为一部错失和误读的历史

（Wahl-Jorgensen，2012），需要被重新挖掘。必须承认的是，在总体建制上，芝加哥学派是美国当代第一个社会学学派，被誉为"社会学历史上极少数科学家共同体之一"（周晓虹，2004）。在社会学视野中，芝加哥学派的形成与芝加哥自19世纪后期开始迅猛发展的工业化和都市化有关，也得益于美国的高等教育革命及大学的扩张。在其独领风骚的40年里，从芝加哥学派走出了一批影响深远的大师，他们有着相对一致的学术旨趣、占主流地位的出版物和"将社会作为一个整体来研究的经验论方法"，对美国以及整个世界社会学的学科化起到了积极的促进作用（阿兰·库隆，2000，p.71）。

该学派的核心人物帕克积极推动着社会学从德国的规范理论转向适用于美国的实用主义学说，他对经验研究的坚持不仅贯穿自己对黑人、社区和移民报刊的研究，还反映在他对学生研究选题的选择和指导中。帕克的大多数学生开展的是对20世纪初芝加哥多种城市问题的研究，只有两位博士选择将大众传媒作为研究对象[①]，且只有海伦的成果获得了帕克撰写的序言和出版的机会。尽管此后芝加哥社会学派的主导地位在变化了的社会环境和研究范式的转移过程中有所衰落，但其对新闻传播学领域的影响却在20世纪70年代之后进一步深化。

新闻传播学学者对芝加哥学派的重新挖掘在当时美国国内再次分裂的社会环境和对大众传播主流范式的反思中展开，詹姆斯·凯瑞（James Carey）起到了重要的推动作用（方师师、於红梅，2010）。凯瑞认为，以约翰·杜威（John Dewey）为代表的芝加哥学派关于传播社会学的思想是应对当时主流传播研究停滞不前的状况的"最切实可行的传统（尽管并不完备）"；乔治·米德（George Mead）、查尔斯·库利（Charles Cooley）、帕克、欧文·戈夫曼（Erving Goffman）等学者是这一传播社会学思想传统的代表人物（凯瑞，2005，pp.11-12）。但为了凸显这一研究传统与哥伦比亚学派的区别，凯瑞版本的芝加哥学派虽提及了明显偏重新闻研究的帕克，对其具体的学术贡献却语焉不详（刘海龙，2015）。此外，对传承了第一代芝加哥学派，并培养出

---

① 另一篇博士论文是卡罗尔·克拉克（Carol Clark）的《新闻的社会学研究》（1931）。

戈夫曼、盖伊·塔克曼（Gaye Tuchman）等重要学者的第二代芝加哥学派的成果，凯瑞也少有提及。海伦恰恰是第二代芝加哥学派中的重要成员，她在自己的研究生涯中积极推进有芝加哥学派风范的新闻研究。

(二) 早期传播与社会研究中的女性学者

第二代芝加哥学派的研究关注点和方法走向了多元，比如塞缪尔·斯托弗（Samuel Stouffer）是社会心理学和统计方法学家，菲利普·豪瑟（Philip Hauser）是人口学家，只有海伦的丈夫埃弗雷特·休斯（Everett Hughes）（以下简称休斯）继承了社会问题导向的质化研究传统（周晓虹，2003，pp. 140-148）。霍华德·贝克尔（Howard Becker）和戈夫曼等重要学者都是休斯的学生，他们将社会互动主义（social interactionism）的影响扩散到了更广泛的人文和社会科学研究领域（Helmes-Hayes，1998）。在休斯的传记中，妻子海伦既是其各项重要工作的积极参与者，又有着自己独立的研究情怀。

20 世纪初期至中期的美国人文社会科学研究领域并不乏女性研究者的身影，但她们大都处于边缘的位置。相比之下，海伦的学术资源还算丰富，她曾在几家著名大学获得长期教职（其中包括布兰迪斯大学、韦尔利斯学院、塔夫茨大学和波士顿大学），并且在多家重要的学术期刊上发表过论文。尽管如此，海伦还是在 1973 年的一篇关于美国女性研究者以及教授妻子这种校园"二等公民"的研究中表达了自己的尴尬和不满（Hughes，1973）。

彼得斯和西蒙森在对传播思想史的梳理中曾经不无惋惜地指出，海伦的研究能力是杰出的，她的经历反映了同时代女性的共同遭遇（Peters，et al.，2004，p. 118）。1927 年，海伦在芝加哥大学获得社会学和人类学硕士学位。此后的十年间，她嫁给了同班同学休斯，发表了多篇学术论文，获得了社会学博士学位，展现了丰沛的学术潜力和热情。但毕业之后，女性研究者的职业选择空间十分有限，即便学术成果优异，也只能以在夜校授课、上函授课程或者承担兼职教职等方式延续其学术身份，在学术期刊上发表的观点也更多地只能以书评而非论文的形式呈现。多次碰壁之后，海伦受聘为同班同学赫伯特·布鲁默（Herbert Blumer）的助手，帮助他编辑《美国社会学研究》，这份执行编辑的工作此前甚至不需要有学位的全职人员来完成（Aimee-Marie，2012）。除了就业机会的限制，海伦还指出了既有的社会学和传播学研究传统对女性学者的研究的偏见，尤其是对那些没那么关注政治的研究的价值评价。幸运的是，社会学领域的女性学者对海伦有着更积极的评价，美国女性社会学学者协会设立了以海伦命名的讲座教职，用以支持优秀的青年女性研究者，也用以肯定海伦的学术品格和成就。

二、来自帕克的序言

帕克是芝加哥学派核心成员中对新闻研究最为关注的一位。11 年的采编生涯让帕克积累了大量的经验材料，他对报纸的理解也不像杜威、库利那么理想化，而是视其为被多种社会力量争夺的冲突与竞争的场所。在对"移民报刊"以及"报纸的自然发展史"进行研究的基础上，帕克为《新闻与人情故事》撰写的序言，可被视为一篇单独的论文来考察，以帮助我们进一步了解帕克的新闻观。

（一）去个人化的新闻趣味

在帕克的理论体系中，公共舆论和共同生活是重建美国现代大都市社会秩序的必要条件（刘娜、黄顺铭、田辉，2018）。这篇序言也是以强调报纸在公共舆论研究中的重要性为起点，认为舆论产生于新闻阅读及其引发的讨论。了解新闻与谣言、闲话、宣传等其他广泛流通的文化形式的区别，有助于形成对新闻的操作性定义。而在《新闻与人情故事》的序言中，帕克所力求探讨的，则是对新闻趣味（news interest）和人情趣味（human interest）这两种基本的新闻形式，或者说是新闻的两个基本面向的进一步区分（Hughes，1968，p. xii）。

对帕克而言，上述区分工作有助于解释一个现实中常见的人性悖论——改良家认为应该发表或出版的东西，一般并不是人们最想读的；人们更想出版编辑精良、知识性强的，但最想读的是趣味性强的。这也说明了为什么很多高质量的报刊往往发行量有限，便士报却广受欢迎。事实上，自1835年便士报兴起，纽约和伦敦的报纸发行人们逐渐发现两个基本规律：第一，大多数人觉得读新闻比读社论容易；第二，一般人都更喜欢被愉悦而非被教化。为了生存竞争，这两条规律在大众化报纸和好莱坞影业中被广泛应用（Hughes，1968，p. xiii）。

帕克承认，报纸内容中时常混杂着新闻趣味和人情趣味这两个常见的因素，但他还是试图将新闻趣味单独抽象出来。他反对记者具有天然的"新闻嗅觉"这种说法，认为记者的新闻敏感并不是来自某种天性，而是来自后天的职业训练。好的记者要知道如何把具体的事件放入更广泛的社会进程来呈现，但不用去解释它，这是评论者需要做的事情。记者看待事件的视角要尽可能地非个人化，排除个人好恶或价值判断。新闻报道的艺术在于其能够让各种立场的群体承认和接受报道中的基本事实。虽然人们对事件的意义有着各自的理解，但客观的事实报道构成了公共讨论的共同视域（Hughes，1968，p. xv）。这样的新闻趣味具有了较为明确的规范性和理想化的特质。帕克承认，不是所有报纸上刊登的东西都是新闻，除此之外，还有广告、社论等内容。

（二）超越时空的人情故事

除了非个人化的客观性，帕克认为，某一事件要成为新闻，还需要具有重要性，而重要的程度与特定的时空要素相关，即要考察其时效性。即使某一事件非常重要，它的历史记录也不可能再成为新闻，因为人们不能再对这个事件做什么（Hughes，1968，p. xvii）。帕克进一步指出，很多事实性新闻的价值会随着时间的推移或空间的改变而迅速损耗，但一定程度上能够突破时空限制的人情故事能起到不错的凝聚公众的作用。

把新闻写得生动化和戏剧化或者所谓的"黄色新闻"潮流极大地改变了19世纪末20世纪初的美国报业，许多便士报热衷于出版浪漫故事和坊间传闻。帕克认为，这些内容被广泛阅读是因为报道本身的趣味性，而非指涉了某些重要的现实。因为它们赋予新闻故事以象征价值（symbolic character），成为过去与未来的连结点，并作为共同生活的再现，传承着人们对于习俗、传统、风俗、社会规范的共同理解。也正是基于这种社会价值，帕克肯定并欣然称赞了海伦对人情故事的分析，认为其研究已经超越了传统的新闻研究，不仅关注报业对公共舆论和政治的影响，还展现出大众传播对社会组织和人类关系更复杂多元、更深远的意义。

海伦对人情故事的研究受到帕克启发，她从对美国人言与行差异的解释出发（Hughes，1968，p. vii），开篇就澄清了这样一个误解：虽然托利党的出版家坚持报业有益于民主的健康发展，认为大规模的发行量是公众获知信息的必要条件，然而，其市场发行经理遵循的不是这一思路，他们通过连载漫画、雇用电影明星来宣传，认为真正让发行量大增的不是那些严肃的新闻，而是不被看重的人情故事（Hughes，1968，p. 1）。与其导师不同的是，海伦对人情故事采取了更为积极的态度，甚至认为用人情故事框架写作的新闻才更易于向普通民众渗透。

三、什么是人情故事？

根据海伦的分析，人情故事大概在 19 世纪 30 年代以后出现，随后被便士报、小报、廉价小说等多种类型的报刊竞相模仿和革新，到 20 世纪初已经进化为常用的新闻写作策略，改变了报纸组织的许多方面，成为美国报业的典型特征。这类新闻通常采取个人化的视角，主题涉及战争、火灾、洪水、事故、丑闻、犯罪以及个人生活中的突发与反常经历，总之，讲述的是对多数人有影响或者让多数人感到意外的内容，能够引发人们的共情和想象（Hughes，1968，p. 212）。

（一）美国报业的早期历史

在进入对人情故事的分析之前，海伦对美国报业的早期历史做了简要回顾。美国的早期报纸同欧洲一样发端于私人订阅的新闻信。新闻信的编辑通常是邮政官，所涉内容主要是滞后的欧洲政治新闻。随着北美大陆自治意愿的日益强烈，报纸开始成为传播公共舆论的工具，党派报刊时代，报纸最主要的功能就是传递主流价值和维系政治忠诚

(Hughes，1968，p.5)。政党报刊以付费订阅和政党津贴为主要收入来源，不需要采用太多营销策略。发行量有限一方面是由于价格高昂，另一方面也是报纸自身的编辑策略，他们把读者设定为受过良好教育的、关心政治或者经济事务的一小群人。19 世纪 30 年代，虽然政党报刊在内战之后仍积极开办，并被沃尔特·李普曼（Walter Lippmann）等评论家认为承担着"教堂或学校的功能"，但实际上，随着便士报的兴起，这项功能显然被便士报接替了。这些报纸的目的是赢利而非传播信息，它们的读者更喜欢新闻而非编辑的评论（Hughes，1968，p.7）。

1830 年后，以《纽约太阳报》为代表的便士报取得了巨大的商业成功，创造了新的读者群。这些读者被定位为工匠等受教育程度相对较低的群体，他们之前大多没有读报的习惯。这些便士报广泛兜售私人化的街谈巷议、宠物故事和法庭案件等，这些不重要的报道（items）成为美国最早的人情故事，也让便士报的发行量大幅上升（Hughes，1968，p.8）。

经过不断的试探，人情故事作为一种固定的报道框架最终在《纽约太阳报》被确立下来，用以指称那些关注日常突发的灾难或戏剧化事件的闲话小报道（Hughes，1968，p.13）。在以赚钱为主要目的的便士报看来，受欢迎的新闻就是促进发行的最好广告。在激烈的市场竞争中，便士报纷纷采取大量的非常规手段来迎合读者的喜好。约瑟夫·普利策（Joseph Pulitzer）发现，人们更关心日常琐事，即使是政治新闻，人们也更愿意关注伟大人物的个性特征（Hughes，1968，p.18）。各家报纸在报道形式上的竞争愈演愈烈，所谓"黄色新闻"只是他们用来贬损竞争对手的说辞。

在能够集中反映报纸竞争策略和风格的头版，人情故事框架日益占据主导地位。为了在街头零售中更有竞争力，大标题、轰动的新闻故事、连环画以及其他醒目的设计成为各家报纸的常用模式（Hughes，1968，p.38）。由于察觉到人们对社论和评论专栏的阅读意愿较低，二者在头版的重要性大幅下降，新闻则撑起了门面。此外，天气和商品的打折新闻因为总是有人读也会出现在头版，但有的时候，头版还会出现一些人情报道，并不是因为这些报道重要，而是编辑意识到，这会让头版看起来很有趣，从而提高报纸的销量（Hughes，1968，p. 46）。

到了海伦所处的时代，广告占据了新闻机构收入的 3/4（Hughes，1968，p. 27）。为了提高发行量，记者们首要的任务就是把新闻变得有趣。追求快速和简洁的倒金字塔写作模式显然不再符合要求，即使是那些具有公认的新闻价值的重要事件，也常会为了竞争的需要而突出其人情趣味的方面。最终，人情故事成为报道新闻事件的常见框架（Hughes，1968，p. 70）。

（二）人情故事与人类本性

人情故事的英文为 human interest story，本文将其译作"人情故事"是考虑到这类文体对人们的情感需求的独特吸引力，但从词源上，还应该关注其与人类天性（human nature）之间的关联。无论是帕克还是海伦都认为，人情故事是根植于人性的，其产生与人类社会有着自然的关联，而这种自然属性，也恰恰使人情新闻及对其的研究在强调新闻作为社会改良工具的新闻观中仍能保有一席之地。

人情故事的频现与记者写作新闻时的自然倾向有关。大众化时代，美国记者被要求不能发表政治立场，除此之外再无明确禁忌，人情故事是个理想的展现风格的领域。具体写作中，记者首先需要构造出一个具有可读性的故事，耸人听闻的、改良主义的、党派社论的或者人情故事，对于记者来说都是可以选择的，最终的倾向取决于记者的即时需要（Hughes，1968，p. 82）。而人情故事是其中最容易被选择的一种。这是记者基于受众视角做出的选择。人情故事具有一定的文学性，不需要太多专业的知识和长期的观察，并且允许记者在报道中部分地分享自身的直觉感受，进而引发读者的感同身受，从而取得更好的效果。

人情故事受欢迎的原因也在于人类自然的情感和好奇心。这些故事经常是关于新闻核心要素以外的个人化的细节。虽然这些细节在不同地区和不同报纸中的称谓和形式有细微差别，但其核心功能是让人们能够读到别人的日记（Hughes，1968，p. 182）。在传统社会，这类故事早已广泛存在，民谣、八卦等无论何时都是人们普遍关心的话题。

而在向现代城市社会的转型中，普通民众渴求八卦的天性还是发生了一些变化。在小镇上，亲戚或邻居的个人事务不是故事，而是新闻，与自己的生活直接相关。在大城市，陌生人的个人经历却可以变成被谈论的故事。当一个社区内部的人关系紧密，公开的出版物会将新闻内容限制在无伤大雅的外部事务上；而在一个以陌生人为主的社会中，当地的报纸则会大量公开私人生活的细节（Hughes，1968，pp.152-155）。最好的人情故事可以引起广泛的共情，尤其是那些让读者欢笑、流泪的个人遭遇，比如订婚、丧亲、离婚、自杀等。这些故事都是熟悉的主题的变体，每个人都会遇到类似的事情，从这个意义上说，这种体验又是公共的。

（三）人情故事的积极意义

在报纸成为商品之前，"上层人士"主导着报纸，人情故事对于市民阶层共通情感的激发和满足使其在19、20世纪的美国具有自身独特的积极意义，即便这只是大众化报刊为了提升销量而让记者提供更有吸引力的报道的意外结果（Hughes，1968，p.262）。虽然这类新闻常被认为是不重要、不精致的，却几乎是早期美国城市化进程中普通市民唯一可及的读物（Hughes，1968，p.106）。当大众报刊扩大市场的需求日益强烈，普通市民这个被广告商和学者都忽略了的阶层开始影响报纸的编辑方针，报纸权力的天平进而开始向底层倾斜（Hughes，1968，p.25）。

简单的用词、简单的故事、简单的讲述方式，人情故事框架增强了国际、国内大事，法律，科技和经济等方面的信息对普通民众的渗透性（Hughes，1968，p.268）。虽然这些人情故事的核心是一些永恒的主题，但与民间传说不同的是，报刊上的人情故事是不断更新的当下的真实故事，其中的主人公的遭遇经常超出本群体既有的经验范围。在一个剧烈变化的社会中，对于普通民众来说，人情故事可能是最有活力的媒介（Hughes，1968，p.291）。它可以帮助离开传统小城镇的新市民在陌生的大都市生活中找到熟悉的慰藉，感受更广阔的新奇世界的躁动。通过了解越来越多他人的生活，人情故事有助于拓展读者的个性边界，提高读者对其他个体的容忍度（Hughes，1968，pp.279-289），而这正是严肃报刊所无法实现的社会价值。

四、评价与反思

海伦在学术生涯中至少曾主笔或共同主笔了 20 篇论文、13 部著作，涉及多个主题，报纸研究是海伦作为独立研究者的核心旨趣。这不仅是因为她的父母曾经是报人，还因为她对报纸有着独特的认识。相对于舆论宣传的工具，海伦更倾向于把报业视为社会的晴雨表，采取更中立也更经验的路径对报业形态的演变和社会角色展开分析。

海伦第一篇公开发表的论文《林德伯格绑架案：人情趣味和政治》于 1936 年发表在《美国社会学研究》上。在这篇论文中，她对报纸的谱系进行了历史分析，并指出美国报业在第一次世界大战期间的角色发生了转变，从政治工具进化为综合出版物。相比于说教意味更浓的德国报纸，海伦认为美国报纸更倾向于把读者放在首位，更聚焦受众所认为重要的事情，这是一种大众化的策略。《新闻与人情故事》是在海伦 1936 年的博士论文的基础上修改出版的，也是海伦最受关注的作品，受到了同时代的许多学者，如拉斯韦尔、威利等人的认可。如果说帕克对于便士报的研究是一部美国报业的自然史，那么海伦则呈现了一部人情故事的自然史，她在美国历史、政治、社会条件演变的大背景中对人情故事的社会角色的分析，已经超越了 20 世纪 40 年代美国实用主义进步观对于报纸历史的规范研究范式。

对新闻的历史研究从 19 世纪后半叶就已经开始，以曾供职于《纽约先驱论坛报》的弗雷德里克·哈德森（Fredrick Hudson）于 1873 年出版的《美国新闻业》为代表。该书按照报刊、广播或影视媒体的产生、发展和演进脉络，广泛地搜集史料，事无巨细地呈现史料，注重对重要机构和人物的介绍。20 世纪 40 年代以后，美国新闻史研究开始从描述转向阐释，以弗兰克·莫特（Frank Mott）于 1941 年出版的《美国新闻史》和埃德温·埃默里（Edwin Emery）于 1954 年出版的《报刊与美国：大众传媒解释史》为代表，开始在社会、政治和经济的情境中去解读新闻业的发展（陈昌凤，2003）。遗憾的是，这种转变只是一种部分的改良，虽然增加了阐释性的内容，却仍无法脱离既有德国研究传统的规范视角，难以有效上升到理论的高度（陈昌凤，2016）。

在此学术气候中，海伦的人情故事新闻研究虽同样具有特定的规范立场，比如强调人情故事对底层民众可能具有的教化作用，但从总体上看，海伦还是将人情故事的繁荣视为美国早期城市化、民众的自然本性以及报业激烈的市场竞争交织互动的社会历史进程的部分自然结果。她对这种变化采取了接受的态度，而非着力于探究改良。

到了 20 世纪 70 年代末，迈克尔·舒德森（Michael Schudson）在《发掘新闻：美国报业的社会史》（以下简称《发掘新闻》）中将新闻和报业的历史放入更广泛的社会互动中去分析，这一举动被认为具有开创性意义（陈昌凤，2016）。但实际上，被埋没的《新闻与人情故事》早在 40 年前就已经开始了这种尝试。对于海伦所关注的这段历史，舒德森也曾有论述。他承认，19 世纪末 20 世纪初，新闻专业主义理念尚未定型，以纽约地区为代表，不同种类的报纸为迎合工业化转型社会中人们的不同需求，做出了两种不同的风格选择：他将约瑟夫·普利策的《世界报》代表的娱乐化风格称为"故事模式"，而将阿瑟·苏兹贝格（Arthur Sulzberger）的《纽约时报》所倡导的严肃、庄重的风格称为"信息模式"（舒德森，2009，pp. 107-117）。虽然舒德森也承认两家报纸在实际操作中都涉及对这两种报道模式的使用，但在风云变幻的美国国内国际环境下，"信息模式"最终战胜了"故事模式"而成为新闻专业主义的核心原则。从舒德森对这段历史的丰富呈现中可以看到，"故事模式"或是"人情新闻"其实一直广泛存在于日常新闻实践中。如果以当下作为历史进程的唯一结果来倒推"人情新闻"缺少社会价值，不免有目的论的嫌疑。对历史进程的多维度分析，也许是舒德森为了避免倒决定论而采取的应对策略，但这种在宏观社会历史背景与具体新闻实践的策略选择之间建立因果关联的分析方法还是受到了不少质疑。海伦的经验分析可以弥补上述不足，不仅因为她将报业竞争作为人情故事产生和繁荣的大背景，而且因为她在具体的编辑部新闻生产过程和版面内容变化等交叉分析中呈现了早期城市化的经验及其对报业的市场化的影响。

从这个意义上说，虽然帕克退休之后，社会学芝加哥学派日渐衰落，海伦的研究也因其女性身份而未得到足够的关注，但这不应该影响我们对海伦的作品本身做认真的习读。

（陶文静　上海大学）

参 考 文 献

Aimee-Marie, D., "'Thinking Dirty': Digging Up Three Founding 'Matriarchs' of Communication Studies," *Communication Theory*, 2012 (1).

Helmes-Hayes, R. C., "Everett Hughes: Theorist of the Second Chicago School," *International Journal of Politics, Culture, and Society*, 1998 (4).

Hughes, H. M., *News and the Human Interest Story*, New York: Greenwood Press, 1968.

Hughes, H. M., "Maid of All Work or Departmental Sister-in-Law? The Faculty Wife Employed on Campus," *American Journal of Sociology*, 1973 (4).

Peters, J. D., et al., *Mass Communication and American Social Thought: Key Texts, 1919-1968*, New York: Rowman & Littlefield, 2004.

Wahl-Jorgensen, K., "Future Directions for Political Communication Scholarship: Considering Emotion in Mediated Public Participation," *The International Encyclopedia of Media Studies*, Oxford: Wiley-Blackwell, 2012.

〔法〕阿兰·库隆：《芝加哥学派》，郑文彬译，北京：商务印书馆，2000。

陈昌凤：《从哈德森到夏德森：美国新闻史研究的视角和方法谈》，方汉奇主编：《新闻春秋：中国新闻改革学术研讨会暨中国新闻史学会年会论文集》，成都：四川大学出版社，2003。

陈昌凤：《新闻史研究的社会学转向——再读〈发掘新闻：美国报业的社会史〉》，《新闻春秋》2016（3）。

方师师、於红梅：《詹姆斯·W·凯瑞版本的芝加哥学派及其建构》，《国际新闻界》2010（12）。

刘海龙：《连续与断裂：帕克与传播研究芝加哥学派神话》，《学术研究》2015（2）。

刘娜、黄顺铭、田辉：《"舆论"与"共同生活"：罗伯特·E.帕克新闻思想中两个被忽视的关键词》，《国际新闻界》2018（8）。

〔美〕迈克尔·舒德森：《发掘新闻：美国报业的社会史》，陈昌凤、常江译，北京：北京大学出版社，2009。

〔美〕詹姆斯·W.凯瑞：《作为文化的传播》，丁未译，北京：华夏出版社，2005。

周晓虹：《芝加哥社会学派（上篇）》，张立升主编：《社会学家茶座（总第4辑）》，济南：山东人民出版社，2003。

周晓虹：《芝加哥社会学派的贡献与局限》，《社会科学研究》2004（6）。

拓 展 阅 读

〔美〕罗伯特·E·帕克：《移民报刊及其控制》，陈静静、展江译，北京：中国人民大学出版社，2011。

弗雷德里克·西伯特等

《传媒的四种理论》

　　20 世纪是大众传媒的时代。然而，大众媒体落地到不同的国家、地区，呈现出来的样态迥异，这就吸引了诸多学者投身媒介体制的比较研究，去探究不同文化、政治、经济语境下的不同媒体有着怎样的特点。其中，西伯特等人所著的《传媒的四种理论》是关于媒介体制比较研究最早的成果之一。

一、成书背景

（一）作者简介

　　《传媒的四种理论》由三位作者共同完成，分别是弗雷德里克·西伯特（Fredrick Siebert）、西奥多·彼得森（Theodore Peterson）和威尔伯·施拉姆（Wilbur Schramm）。

　　弗雷德里克·西伯特是美国著名的新闻传播学学者、媒介法学家、新闻教育家。他早年在明尼苏达州和伊利诺伊州有过新闻工作经历，后来历任密歇根州立大学新闻学院院长和传播艺术与科学学院院长。密歇根州立大学为褒奖他的贡献，长期开展西伯特系列演讲活动（Siebert Lecture Series），为研讨美国的媒介自由与宪法第一修正案等问题提供了讲坛。除了《传媒的四种理论》，西伯特还著有《英格兰的新闻自由

（1476—1776）》和《新闻界的权利和特许权》等书。他的学术成果主要集中在媒介自由与大众传播法、媒介权利两个领域，曾对美国新闻学研究产生了深远的影响。

西奥多·彼得森是美国新闻传播学学者，曾是伊利诺伊大学传播学院首任院长，在数十年的教学生涯中为美国传媒业培养了大量人才。其主要著作有《为杂志撰写非虚构作品》和《20世纪的杂志》。因在新闻学研究与教学中的杰出成就，他曾获美国职业新闻工作者协会（Sigma Delta Chi）杰出新闻学研究奖、明尼苏达大学杰出校友成就奖和伊利诺伊大学杰出本科教学奖。

威尔伯·施拉姆是美国著名的新闻传播学学者。他任艾奥瓦大学新闻学院院长期间，首次设立了大众传播学博士生项目，之后在伊利诺伊大学创建了传播研究所并招收博士生，此举被传播学界视为美国传播学建制化的开端。此后，施拉姆以美国国务院、新闻署和国防部传播学学者的身份，参与了有关美国国家冷战推广与宣传计划的课题并担任要职，而《传媒的四种理论》的编纂也是施拉姆上述工作的重要内容。施拉姆的研究领域十分广泛，如传媒对社会行为的影响、传播艺术与劝服等，他的代表著作有《大众传播学》《大众传播过程和效果》等。

（二）时代背景分析

《传媒的四种理论》出版于20世纪50年代，不论从全球政治环境还是美国传媒市场环境来说，都有鲜明的时代特征。对该书成书背景做一个清晰的阐述，有助于我们厘清施拉姆等人划分传媒四种理论的内在逻辑，建立对这四种理论的正确认知。

就美国国内政治环境而言，该书出版于美苏冷战末期，因苏联处于对抗中的颓势地位，资本主义世界充满了"胜利"的气氛（郭镇之，1997）。冷战式思维将世界区分为以美、苏为首的两大阵营，当时美国社会对事物的评判，整体陷入了视己方阵营一切为优、观他方阵营一切为劣的认知模式。与此同时，这种思维也促使美国知识界对敌对阵营进行研究，《传媒的四种理论》就是在这样的特定时代，受到特定的思维方式与氛围的影响而诞生的。

　　对该书出版时的冷战政治背景的分析，已是学术界老生常谈的话题，但是其诞生的经济背景，却常常被研究者忽视。在当时的美国社会，广播电视作为新媒体开始进入人们的日常生活，并发挥着越来越重要的作用。美国电话电报公司、美国广播电台和美联社等媒体的迅速商业化，以及反垄断思潮的兴起，也成为这本书重要的成书背景。第二次世界大战后，美国传媒业持续发展、报刊行业的兼并导致垄断化和集中化问题十分严重。媒体兼并造成了消息来源的单一化，破坏了信息内容的多样性，这与作为自由至上主义理论要旨之一的言论多样化的理想图景格格不入。此外，广播电视要使用电波，而电波资源是有限的。因此，即使是从分配频率的角度考虑，也需要实行统一的电波管制。同时，在日趋激烈的市场竞争中，美国传媒业作为私有企业受利润驱动，常常滥用新闻自由，大量刊播耸人听闻、低级庸俗的内容。

　　除了传媒业在商业层面的过度诉求所引发的乱象，20世纪50年代，美国的宏观经济层面和社会观念领域也发生了诸多变化。比如，当时百万美元规模的公司逐渐被亿万美元规模的跨行业大型联合企业取代。同样，西方的新闻自由制度也遇到新的挑战。大众媒介自由放任的发展，从根本上动摇了自由至上观念的根基。由于大众传播业已为少数垄断者所掌握，"观点的自由市场"（the open marketplace of ideas）的理念无疑受到了威胁。因此，我们不仅要看到这本书出台时的政治背景，还要看到当时媒体商业化已经成为一种浪潮，反垄断的热情也逐渐高涨。

　　以上种种传媒现实，促使美国社会对自由至上主义理论遇到的问题提出应对方案。为了让传统的新闻自由制度健康有效地在国家政治生活中发挥作用，对新闻自由制度的调整与完善被提上了西方政治文化生活的日程（西伯特、彼得森、施拉姆，2008，译者序言，p.16）。基于此，学术界围绕传媒与政府、公众的关系对自由至上主义理论进行反思，探索传媒的社会责任与自由之间的关系，也就成了题中应有之义。

二、传媒的四种模式

《传媒的四种理论》于 1956 年由伊利诺伊大学出版社出版。该书由四篇论文组成，分别为《传媒的威权主义理论》《传媒的自由至上主义理论》《传媒的社会责任理论》和《传媒的苏联共产主义理论》。作者们根据政治和社会理论的基本原理，基于新闻事业和政治制度的关系阐述了各自的理论观点，着重讨论了在不同的社会政治制度下对新闻媒介的控制和新闻自由的问题（西伯特、彼得森、施拉姆，2008，译者序言，p. 1）。虽然名为《传媒的四种理论》，但实际上施拉姆等论述的是媒体与社会和政治结构之间的关系，即认为媒体是嵌入现代社会与政治的，不同的社会、政治或时代与空间都会产生不一样的媒体制度。因此，阅读该书可以发现，几位作者完全是按照历史的、政治的维度来划分四种传媒理论的。该书清晰地向我们呈现了四种传媒理论的哲学和政治基础、传媒制度，并且通过两两比较，在宏观层面为读者揭示出不同体制下新闻媒介与其所处社会的关系，为后来的新闻学研究提供了崭新的理论视角。

在《传媒的四种理论》一书中，四种理论被清晰地划分为四个章节，每个章节大体上根据不同媒介理论的形成与发展进行编排。三位作者每介绍一种理论时，都试图追踪该理论的哲学根源，在此基础上梳理每个理论的发展历程，并与其他理论进行比较。具体而言，第一，研究一些"人与国家的基本假设"，即（1）人的本性；（2）社会与国家的本质；（3）人与国家的关系；（4）基本哲学问题，知识和真理的本质（西伯特、彼得森、施拉姆，2008，pp. 2-3）。每种理论的哲学溯源都建立在对以上基本假设的回答上。第二，在讨论哲学和政治根源的基础上梳理每个理论的发展历程，呈现该理论指导下传媒制度的具体表现，讨论其是如何影响和规范报刊、电影、电视等大众媒介的。值得注意的是，该书还通过比较理论之间的差异，来帮助读者加深对四种理论的认识。

三位作者从意识形态框架内的历史和政治视角切入，预设了一种先入为主的价值立场，因此，他们对四种理论的讨论并不完全客观。

该书认为，威权主义理论的哲学基础是君主、军事独裁者或特权人物享有绝对的统治权，这是一种最古老的政治观点（希伯特、唐纳、昂格雷特等，1979）。这种理论的具体体现是资本主义革命爆发前整个欧洲国家或地区的媒体审查制度，它表现为英国 15 世纪的特许制、17 世纪的新闻审查制度，以及 18 世纪的特种营业税制。在西伯特看来，威权主义理论本身恰恰建立在国家或政府对媒体高度管控的基础之上，只不过这种管控有两种方式，一种是通过政治上的新闻审查，另一种是通过资本，即税收的方式进行调节。西伯特认为，纳粹德国这样的法西斯国家就是威权主义在现代社会的典型代表。

而对西伯特来说，第二种理论，即传媒的自由至上主义理论则从理性主义出发，强调媒体自身的高度言论自由。他认为，传媒的根本目标是通过提供各种事实和观点，帮助公众做出判断，揭露真相，协助解决政治和社会问题。这一过程的重要特征在于它不受政府的控制和支配（西伯特、彼得森、施拉姆，2008，p. 43）。约翰·弥尔顿（John Milton）的《论出版自由》打响了传媒自由口号的第一枪，"自我修正过程"（self-righting process）和"观点的自由市场"是其最重要的观点。不难看出，传媒的自由至上主义理论就是把原本在经济市场中看不见的手，也就是市场本身起到的绝对主导性作用套用到媒体制度的运行上。

第三种理论是作者们寄予厚望的社会责任理论，它是对自由至上主义理论的一次修正。正如该书的译者序言中所提到的："'社会责任理论'的提出，不是为了否定、而是为了'拯救'和巩固美国的核心价值观——自由、民主和个人主义。"（西伯特、彼得森、施拉姆，2008，译者序言，p. 26）自由至上主义者认为，任何人只要拥有足够的资本就可以创办传媒企业（西伯特、彼得森、施拉姆，2008，p. 43）。社会责任理论不仅认同这一前提，还认为传媒应当提供充分的条件，让社会各群体都能使用新闻工具。这种理论一方面强调"观点的自由市场"的作用，另一方面要求传媒本身秉持行业伦理，为实现公众福利尽到相应的责任。这是因为，如果传媒不承担自己的责任，那么其他一些机构（比如政府）必然会担负起大众传播的重要职能（西伯特、彼得森、施拉姆，2008，p. 62）。

第四种是苏联共产主义理论。施拉姆认为，该理论是由马克思、列宁、斯大林的哲学学说发展而来的。苏联共产主义传媒的主要任务是贯彻党和政府的决策、方针，最终"促进阶级斗争中工人阶级和世界共产主义的进步，维持和巩固苏维埃政权"（西伯特、彼得森、施拉姆，2008，p. 109）。在施拉姆看来，大众传媒既然成为国家职能的一部分，其权力势必不能与其他社会力量相提并论。而苏联共产主义理论之所以有效，是因为它将媒体限制在高度管控的状态中（西伯特、彼得森、施拉姆，2008，p. 131）。

三、评价与反思

《传媒的四种理论》出版后在西方学术界产生了广泛影响，很多学者对该书都给予了正面评价。比如，美国路易斯安那州立大学新闻学教授约翰·梅里尔（John Merrill）就评价说，几乎所有谈论新闻哲学的文章和书籍都要提及该书，评论或援引其中的观点（Merrill，1993，pp. 97-98）。芬兰学者卡尔·诺顿斯登（Kaarle Nordenstreng）也指出，《传媒的四种理论》阐明了媒介体制与不同政治体制和哲学基础之间的联系，提出了一个广受欢迎的媒体社会角色观念。该书将大众传播研究引向了分析新闻业与社会在政治价值观、职业伦理和思想史等方面的关联这一领域。诺顿斯登还认为，该书填补了传播的学术研究和新闻业的职业实践之间明显存在的思想鸿沟（诺顿斯登、陈世华，2017）。

对《传媒的四种理论》持批判态度的约翰·尼罗（John Nerone）也承认，《传媒的四种理论》是高尚的，它能将一项本质上是历史性的事业与规范理论的一种抽象图式相结合（转引自刘淑华，2012）。《传媒的四种理论》提供了另一种思考新闻出版与社会关系的方法。就传统而言，新闻出版规范理论的思考主要采用的是法律路径，在此路径下，美国媒体都被置于宪法第一修正案宽泛的法律范畴内考察。同时，在美国自由主义法学传统中，学者们倾向于从个人而非机构的视角来理解其所研究的对象。而《传媒的四种理论》开拓了媒体研究的历史领域，认识到对自由主体的关注点应该从个人转移到机构上面。此外，该书可以帮助我们认清古典自由主义的内在矛盾，它在每一章的叙述中都包含了翔实的知识与分析，关于威权与自由、消极自由与积极自由、传媒与政府等的阐释都是极有价值的（刘淑华，2012）。

尽管很多学者认可该书为新闻传播研究注入了新鲜血液，但对其观点持保留态度甚至批评态度的学者也不在少数。尼罗就曾批评施拉姆以一种有效但不公平的冷战式思维方式论述马克思主义，认为他将马克思与斯大林的观点混为一谈，并进一步将马克思主义歪曲为集权主义，借此对苏联进行抨击。另外，施拉姆本人的学术生涯显示了他与美国政府的深厚渊源，其论述的客观性遭到学界的强烈质疑。西伯特的经历反映了新闻教育与传播媒介之间的紧密关系，他的一些研究因受到美国报业大亨的资助而引发了研究者的批评。尼罗还指出，《传媒的四种理论》并没有提供四种理论，只是提供了一种理论和四个例子，从古典自由主义出发界定了四种理论（Nerone，1995）。

还有一些学者针对几种理论本身或其中的核心理念表达了不同的观点，主要有：

（一）对"威权主义理论"的质疑

针对《传媒的四种理论》中的"威权主义理论"，有研究者指出威权主义不能被视为一种媒介理论，"因为除了已经湮灭的英国王朝之外，施拉姆等人并未提供威权主义的任何'理论'，所以不如将威权主义看作一种政治实践"（转引自郭镇之，1997）。威权主义源自欧洲资产阶级革命爆发之前的绝对主义王权时期，此时威权主义主要体现的是国家和政府对于报纸媒体的掌控和审查，通过政治和经济两种方式对传媒进行管控。西伯特只将国家和政府对传媒的管控定义为威权主义，按此逻辑，除却国家和政府以外，是否还存在其他威权力量对传媒的控制？很明显，在当下社会，资本市场已经成为操控媒体的重要力量，正如有研究者追问的：为什么不把对经济的控制也称为威权主义呢？（郭镇之，1997）

如此看来，与其说威权主义是一套理论，不如说它是一整套具有历史脉络的政治实践或者说政治运行模式。将这样一套政治运行模式或政治实践简单地定义为媒体制度，确实有失公允。正如西伯特自己承认的："尽管这些理论（指威权主义理论）本身已被大多数民主国家所抛弃，但威权主义国家的某些做法仍然影响着民主国家的实践。"（西伯特、彼得森、施拉姆，2008，p.28）他的话似乎也佐证了威权主义更像是一种政治实践，因为它不仅出现在过去的王权时期，也出现在当下的社会和国家之中。

（二）对"理性"前提的质疑

自由至上主义理论的前提是"相信人是理性的动物"，由此假定人人会依据理性进行思考、判断和发表意见，并遵从理性的启示去追求真理、抛弃谬误。而根据马克思主义的观点，人是历史的、现实的、阶级的人。"理性"可以说是一种意识形态，它取决于经济基础，是一定社会的经济基础在社会意识形态领域中的反映。因此，人在新闻传播中都是理性和非理性、主体性和客体性、个体性和整体性、有能力和缺乏能力、有道德和缺乏道德、自由和依附、追求真理和沉溺于感官享受、有序和混乱等的矛盾体（徐耀魁，1998，p.217）。从这个意义上看，"理性人"这一前提值得商榷。

社会责任理论所依傍的"公众理性"也受到了研究者的质疑。受众是传播过程当中重要的一环，大众传播媒介的主要目标就是吸引受众的眼球，因而受众的需求和反馈对大众传媒机构的发展具有举足轻重的作用。但事实上，传受双方的地位根本无法做到平等。处于媒体控制之下的大众存在着无法克服的局限性。任何大众传媒都不可能在内容选择上完全满足目标受众的知情权，媒体在实质上主导着大众的视线、思想及观点。公众的理性是建立在每个公民个体本身的认知能力和知识水平之上的，因而，这种理性的观点也是值得探讨的（刘淑华，2012）。

（三）对新闻自由的再思考

新闻自由究竟是怎样的自由？在《传媒的四种理论》一书中，西伯特也没有给出一个答案。就连他自己也承认，自由至上主义理论的"最大缺陷，在于没有给大众传媒的日常运作提供一个精确的标准——简言之，就是区分自由和滥用自由的固定标准。它是含糊的，不确定的，有时还是前后矛盾的"(西伯特、彼得森、施拉姆，2008，p. 60)。关于社会责任理论，哈钦斯委员会通过名为《一个自由而负责的新闻界》的报告，向我们展示了新闻自由内涵的可伸缩性。"新闻自由意味着免于……的自由（freedom from）和从事……的自由（freedom for）。"就前者而言，传媒有"不受限制的自由"，后者则"需要通过必要的手段来实现既定的目标"。换言之，公民们拥有的仅仅是消极自由，而真正的传媒自由应当是积极自由和消极自由的结合（西伯特、彼得森、施拉姆，2008，p. 82)。赫伯特·阿特休尔（Herbert Altschull）曾批评"新闻自由不受外界控制、不受权力操纵"的观点。他深刻地揭露标榜"新闻自由"的美国新闻界，实际上已陷入一个自身无法克服的两难困境。一方面，无数新闻工作者将"新闻自由"视作崇高的职业理想并毕生为之努力工作；另一方面，新闻媒介从整体上说又是社会统治力量的一个代言机构，受到商业利润的支配。因此，他认为"新闻自由"根本无法在这样的困境中得以实现，只要有"私利"存在，新闻就会丧失自由（林珊，1990)。

该书问世后，也不断有学者继续完善该书不够成熟的体系划分。总的来讲，后来的学者从两个方面超越了西伯特等人的理论：

1. 对分析层次加以完善

《传媒的四种理论》的几位作者认为：威权主义源于从柏拉图到马基雅维利历经几个世纪的威权政治思想，自由至上主义理论源于弥尔顿、洛克、密尔和启蒙运动，社会责任理论源于启蒙运动哲学的某些带有行为主义性质的怀疑，苏联共产主义理论源于马克思、列宁、斯大林等人的实践（西伯特、彼得森、施拉姆，2008，引言，pp. 5-6)。它们的共同逻辑是，哲学基础决定政治体系，再通过政治体系影响传媒体制。在诺顿斯登看来，这表明该书引入了一种媒介体制的类型学，每一种类型意味着一种有其自身政治哲学的政治体系（诺顿斯登、陈世华，2017)。

按照上述思路，诺顿斯登对该书的分析层次进行了完善，把书中对哲学取向、政治体制和媒介体制同一层次的思考分割出来，因为他认为，三个不同层次的类型之间并没有一一对应的关系。规范理论的四种历史传统都不是与特定的民主模式或者媒体角色一一对应的，所以他分别从三个层次提出了不同的关注点：哲学-规范传统-法团主义、自由至上主义、社会责任理论和公民参与；政治-民主模式-行政民主、多元民主、公民民主和直接民主；媒体-媒体的角色-监督角色、推进角色、激进角色和协作角色。同时他强调，这三个层次并不是彼此完全独立的，在深藏于任何一种媒介规范传统之中的价值观和特定民主模式的声望之间注定存在特定的对应关系，在一个特定的价值取向和角色之间必然存在逻辑上的联系。然而，三个层次之间的关系更多的是自由活动的，而且它们提供了看待某一问题的不同视角（诺顿斯登、陈世华，2017）。

2. 推动媒介规范理论不断发展

随着各国政治经济的发展和媒介体制的变革，冷战也烟消云散，原有西方主流的传媒理论也被学术界重新评估。1971 年，美国学者拉尔夫·洛温斯坦（Ralph Lowenstein）和约翰·梅里尔在"四种理论"的基础上提出了"五种理论"，此后不断有学者对"四种理论"做出修正和改进。如英国学者丹尼斯·麦奎尔（Denis McQuail）的"六种（5＋1）理论"，卡尔·诺顿斯登提出的媒介研究的"五种范式"等都是典型的代表。英国伦敦大学的詹姆斯·科伦（James Curran）和韩国首尔大学的朴明珍（Myung-Jin Park）进行了更为有益的尝试，他们声称要彻底颠覆英语世界既有的媒介理论。两人主编的《去西方化媒介研究》以全新的"五种理论"统领全书，汇集了多国学者对亚、非、拉美多国和地区进行研究的 22 篇论文（西伯特、彼得森、施拉姆，2008，译者序言，p.25）。丹尼尔·哈林（Daniel Hallin）和保罗·曼奇尼（Paul Mancini）也基于对一系列欧洲及北美国家媒介系统的比较研究，提出了三种基本的"媒介-国家"关系模式：自由至上主义模式、民主法团模式，以及极化多元主义模式（哈林、曼奇尼，2012）。这些后续研究，都在不同维度上丰富了"传媒的四种理论"的研究。但无论如何，《传媒的四种理论》所进行的开拓性研究，奠定了其在新闻学理论史上的经典地位。正如有学者所言，它向我们展示的将传媒体系和活动放入不同的社会和政治结构加以理解，并努力探寻不同社会制度与传媒的真正关系的研究方法对美国乃至整个西方新闻学研究产生了一定的影响，为此后涌现的其他各种模式奠定了理论基石（芮必峰，1996）。

（郭恩强　华东政法大学

陈咪　华东政法大学）

参 考 文 献

Merrill，J. C.，*The Dialectic in Journalism：Toward a Responsible Use of Press Freedom*，Baton Rouge：Louisiana State University Press，1993.

Nerone，J. C.，ed.，*Last Rights：Revisiting* Four Theories of the Press，Urbana：University of Illinois Press，1995.

〔美〕丹尼尔·C·哈林、〔意〕保罗·曼奇尼：《比较媒介体制（媒介与政治的三种模式）》，陈娟、展江等译，北京：中国人民大学出版社，2012。

〔美〕弗雷德里克·S·西伯特、西奥多·彼得森、威尔伯·施拉姆：《传媒的四种理论》，戴鑫译，北京：中国人民大学出版社，2008。

郭镇之：《对“四种理论”的反思与批判》，《国际新闻界》1997（1）。

卡拉·诺顿斯登、陈世华：《媒介规范理论的反思和超越》，《东南学术》2017（4）。

雷·E·希伯特、唐纳、德·F·昂格雷特等：《公众通讯的过程、制度和效果（一）》，《国际新闻界》1979（1）。

林珊：《新闻媒介是统治阶级的工具——评介美国新闻理论著作〈权力的媒介〉》，《国际新闻界》1990（1）。

刘淑华：《从“喧嚣”到“寂静”：社会责任论的兴起与衰落》，《湖北社会科学》2012（2）。

芮必峰：《西方“媒介哲学”评介》，《新闻与传播研究》1996（4）。

徐耀魁主编：《西方新闻理论评析》，北京：新华出版社，1998。

拓 展 阅 读

〔英〕弥尔顿：《论出版自由》，吴之椿译，北京：商务印书馆，2009。

杰里米·滕斯托尔

《工作中的记者：专业记者：
他们的新闻机构、消息来源和竞争者-同事》

一个多世纪前，现代传播学研究起源于美国，并随着现代传媒业的成长和两次世界大战得到了空前的发展。然而，时过境迁，大约从1950年开始，美国的大众媒体研究声势渐小，欧洲的情况也不乐观。《工作中的记者：专业记者：他们的新闻机构、消息来源和竞争者-同事》（以下简称《工作中的记者》）一书诞生于1971年，此前，英国甚至没有一部针对新闻业的社会科学研究著作。在《工作中的记者》中，社会学家杰里米·滕斯托尔（Jeremy Tunstall）通过细致深入的探索工作，为我们揭开了英国新闻业中专业记者群体的面纱。

一、成书背景

关于该书的作者——杰里米·滕斯托尔的公开资料，无论在英文世界还是中文世界都十分少见。如果想简要地了解滕斯托尔的学术地位，可能需要援引在他辞世后学者詹姆斯·库兰（James Curran）的评价："人们将主要以社会学家和英国媒体研究奠基人之一的身份铭记他，他的许多著作成为教学和研究的关键文本。但他身上还有更广泛的公共意义：滕斯托尔是最早一批系统地研究英国媒体的组织、公共政策和内容的学者之一，他是这一批判性传统的先驱，而他的缺席是英国新闻改革失败的一个原因。他的重要意义不仅在于他所完成的，也在于他所开启

的。"（Tunstall，2006）

《工作中的记者》是滕斯托尔完成的一部开创性的著作。该书出版于 1971 年，是英国第一部重要的研究专业记者的社会科学著作，也是英国关于新闻业研究的第一部社会科学著作。滕斯托尔曾在书中不无遗憾地表示：比较英美两国的研究，英国的大众媒体研究在数量上不及美国，但一些关于电视观众的研究质量很高；英国这种集中化的媒体形态，很适合研究国家层面的新闻机构和传播者。尽管如此，在本研究刚刚开始的 1965 年，学界还不存在关于英国新闻业任何方面的社会科学研究。无论是针对专业记者、传播机构还是职业招聘的研究都不见于世，也找不到任何能令社会学家、社会史学家或经济史学家满意的有关新闻业的历史研究。那么，美国的情况又如何呢？据滕斯托尔观察，美国确实已经有了关于新闻业各方面的大量研究，但大多数都是在州或本地一级开展的，国家层面的文献则少得多：华盛顿新闻方面的著作并不少，却没有滕斯托尔想要看到的比较社会科学研究方面的著作。此外，针对典型新闻机构——报纸或广播电台的研究也不充分，没有令人满意的、针对新闻这一职业的社会科学研究成果（Tunstall，1971，p.5）。可以认为，《工作中的记者》这一著作填补了英国新闻业研究的空白。在英国，新闻学的学术研究的发展主要得益于滕斯托尔的努力。在评述那一时期的记者及其职业环境时，芭比·泽利泽（Barbie Zelizer）认为："滕斯托尔几乎单枪匹马地编写了有关记者职业生活的文献，他在那里考察了各种专业记者的进入和维护模式……展现了职业和专业生活的共同属性。"（Zelizer，2006）

滕斯托尔为什么要开展这项研究？一言以蔽之，就是为了了解那些从事新闻采集工作的人。滕斯托尔开篇援引李普曼对于新闻职业化的论述并指出，我们无法了解社会上的所有事务，必须依赖各领域的专业记者。当然，人们仍然是有选择地接受新信息，并且尽力避免新信息与自己现有观念的冲突。这种假设在很多短期研究中得到了验证，人们发现媒体只有微弱的影响或者没有任何影响；然而，那些长期的、宏观的影响不容易被发现，却是实实在在的。或许是一种巧合，就在滕斯托尔展开研究的同一时期，美国学者马克斯韦尔·麦库姆斯（Maxwell Mc-

Combs）和唐纳德·肖（Donald Shaw）在 1968 年开始了著名的教堂山研究，并在《工作中的记者》出版的次年提出了议程设置理论。不过，滕斯托尔并没有像盖伊·塔克曼等学者一样将媒体的社会建构功能作为讨论的重点，一个原因可能是当时在英国尚不具备这种研究基础，但从主观角度来看，在新闻生产中滕斯托尔更关心的环节不是新闻处理，而是新闻采集。滕斯托尔承认国家记者和新闻机构在定义"事实"上发挥着重要作用，因为媒体拥有两项权力：挑选事实来发布、传播政府对选民的说明（Tunstall，1971，p. 2）。因此，为了充分评估那些"专业通讯员"所说的话，就需要对新闻采集活动有所了解。在这一逻辑下，《工作中的记者》向读者呈现了一个系统性的尝试，它考察了专业新闻采集者和他们的工作，并对不同新闻专业领域的记者进行了比较研究。

滕斯托尔对《工作中的记者》的定位是"对专业新闻记者的社会学分析"。该书立足于英国新闻业，调查了相对较小的一个群体——占据国家报纸员工总数 15％、全英国新闻工作者总数 2％的专业新闻记者，并且仅调查了他们的特定方面。滕斯托尔希望《工作中的记者》能够达到以下几个目标：（1）彰显一种社会学的意义。由于过往的研究多是基于社会心理学或政治科学的定位，滕斯托尔希望社会学的理论和概念能够发挥作用，并告诉人们社会学可以如何为大众媒体研究（以及其他领域）做出贡献。（2）增进对"专业新闻记者"这一目标事物的了解。《工作中的记者》是一项探索性的研究，滕斯托尔为此特地使用了多种研究方法，包括无结构式访谈、直接观察（包括参与新闻发布会）、问卷调查与回访等。尽管研究的核心对象是 207 名记者，但如果算上与记者相关的其他人士，访谈对象的总数达到 430 人。（3）为未来的传播者研究完善相关假设。这着重体现在最后一章对于"传播者"的讨论中。（4）为今后类似的研究提供一个合适的框架（Tunstall，1971，p. 6）。

二、非常规与不确定的新闻业

《工作中的记者》所研究的群体和使用的研究视角都具有探索性，用滕斯托尔自己的话来说，这个小群体"必须通过社会科学所完全未知的地带来接近"。因此，滕斯托尔试图呈现对新闻业的一种"初印象"——"作为职业和机构的新闻业"，其内容并非一种研究发现，而是一种假设（Tunstall，1971，p.5）。它分为三个层次：新闻之于社会、新闻机构及其"非常规"属性、新闻职业及其不确定性。

第一，滕斯托尔讨论了新闻业、新闻工作者乃至新闻本身在社会中的角色。滕斯托尔回顾了英国新闻业的中心地带与产业结构的变迁历史，并论及了英国新闻工作者的就业情况。有意思的是，尽管新闻业在英国被视作一个"不断衰落的行业"，但这更像是人们流露出的一种悲观情绪，而不是指现实中从业者的数量真正减少了。在新闻研究方面，滕斯托尔指出，欧美的"新闻流"研究的数据量较为庞大，但是很多研究的关注面较窄，可能仅针对特定的地区、新闻类型、生产环节展开，这些研究可以用一句话概括：新闻流是由供需关系决定的。他大量引述了其他学者的观点：帕克和李普曼讨论的是新闻需求，以及"如何满足新闻需求"这一问题与新闻价值的关系；两位挪威学者研究的是关于判定"什么是新闻"的标准的讨论。此外，他还回顾了库尔特·卢因（Kurt Lewin）的把关人研究。虽然这些引述堆叠在一起看起来十分广泛，但上述研究覆盖的范围恰恰都在该书重点讨论的"新闻采集"之外：事前的新闻判断、新闻的人际传播、新闻处理、受众的新闻需求……或许可以认为，滕斯托尔之所以纳入上述研究，是因为他认为它们能够对他自己的研究起到补充作用。

第二，滕斯托尔重点讨论了"作为非常规组织（non-routine bureaucracy）的新闻机构"。此前的沃伦·布里德（Warren Breed）等人的新闻机构研究都没有针对"新闻机构"这一概念发展出一套共识，在此前提下，要如何区别新闻机构（news organization）和媒体机构（media organization）？滕斯托尔给出的回答是：新闻机构的目标非商业性更强，而媒体机构的目标更具商业性；新闻机构的工作和制度更具非常规性，而媒体组织更具常规性。那么，常规性和非常规性——滕斯托尔从查尔斯·佩罗（Charles Perrow）处借用的这一对概念——又当作何理解？两个参考指标如下：一是工作中出现的例外情况的数量；二是例外情况发生时，调查工作（采写、汇编等新闻生产环节）得到保证的程度。媒体机构的工作是极其常规化的，但从属于媒体机构的新闻部门可就大不一样：意外情况是新闻工作中的家常便饭；新闻工作所强调的东西，也正是经验、直觉、意识、创造力这些"非常规"的要素。这种非常规性也体现在新闻机构的内部沟通中：由于时间紧迫，编辑之间往往用极简练的话语交流。滕斯托尔对此提出的进一步假设是，这样的工作模式会导致新闻机构更擅长生产单篇的快速新闻，而不是那种大型的、完整的报道。借用哈罗德·威伦斯基（Harold Wilensky）的概念来说，新闻机构为了免受组织病理（保密、竞争、等级制度等）之苦付出了相当大的代价，那就是日常工作中的混乱。新闻机构既可以集中资源推出某一篇报道，也可能在压力下"丢失"了某条首页报道。看过美剧《新闻编辑室》的人应该很容易想象这样的场景：在大型新闻机构开阔的办公空间里，电话、录像带、文字资料……一切用品都堆放得乱糟糟，而人们总是忙成一窝蜂。

第三，滕斯托尔将讨论层次提升到新闻业，并重点关注它的不确定性。英国的新闻行业似乎弥漫着一种不确定的气氛：新闻机构的掠夺性招募（仅招聘有经验的人）、缺乏可持续性的人事政策、国家新闻机构越来越低的吸引力……新闻教学和实践也存在冲突：一边是实验室体制下的标准化教育，一边是充满不确定性的职业。滕斯托尔回顾了英国新闻从业者培训制度的发展历史，发现这些努力的效果十分有限，一部分毕业生仍然把新闻业当作不得已的出路。英国的年轻人如何能够进入新闻行业？表面上，新闻工作者想通往伦敦有两条路，但只有少数人有幸直接进入，多数人还是得从地方媒体做起。由于缺乏职业晋升惯例，从业者们不得不依赖非正式的途径，包括加入各类职业共同体，同时，他们还普遍感到一种害怕被解雇的焦虑和不安全感。滕斯托尔还考察了各领域内专业记者的职业发展情况。在详细调查了专业记者的家庭背景（阶级背景）、受教育程度、工作履历、技能水平、职业期待（工作热忱和职业承诺）之后，滕斯托尔的结论是：虽然专业记者的职业发展存在一些传统模式，但往往有各种例外，那些缺乏清晰职业规划的专业记者，还是会时时感到不安和焦虑。谈论职业前景之时，受访者给出的最多的回答是"公共关系行业"，其次则是"照旧做新闻"。虽然多数人认为，专业记者不应该永远在同一个领域待下去（尽管这意味着稳定），但在实践中，长期待在同一个领域往往是一种常态。

那么，新闻业到底是一个什么样的职业？根据滕斯托尔的观察，新闻业首先是一种"过渡性"的职业，因为它经常接触各行各业的知识，新闻记者在专攻领域长时间积累，之后进入相关行业就更为容易。但是，新闻业具有了这种"进出自由"的灵活属性之后，还能被视作一个独立的行业吗？这个问题恐怕很难得到统一的回答，例如瑞典等国家就将新闻业视为一种"半职业"，而在英国全国新闻工作者联合会的发展史中，成员边界的模糊也是它的一个核心问题。有趣的是，新闻工作者常常被拿来和军人做类比：他们都追求荣誉，都在时间压力下工作，怀有充满感伤色彩的理想主义，拒绝商业世界的价值观，向往行业内的英雄人物……更具讽刺意味的是，他们的传统职业理念已经与职业现实脱节（Tunstall，1971，p.72）。因此，对于职业新闻业的追问还将继续。

三、新闻机构的多种目标

是什么促使新闻机构和记者采取不同的行动？滕斯托尔在第二章提出了新闻机构的"目标"这一重要概念，可以说对这个问题的解释几乎贯穿全书。通过回顾英国新闻史上编辑独立性和自主权减弱的趋势，以及观察新闻机构中具有不同新闻价值取向的编辑同新闻主管发生的冲突，滕斯托尔将新闻机构的种种表现视为多种目标驱动的结果。然而，这些目标应该如何把握？塔尔科特·帕森斯（Talcott Parsons）的四重分类（适应性、实施性、综合性、维护性）、阿米泰·埃奇奥尼（Amitai Etzioni）的双重组织结构、彼得·布劳（Peter Blau）和理查德·斯科特（Richard Scott）的"主要受益者"方法都未能令滕斯托尔满意。他认为这些分类法都不适用于新闻机构，因为新闻机构的营收模式太过独特，且新闻机构之间也千差万别。滕斯托尔给出的分类是：（1）受众收入目标（audience revenue goal），因为面向全社会的新闻机构必须要拥有受众；（2）广告收入目标（advertising revenue goal），这是商业新闻机构重点追逐的目标；（3）非收入目标（non-revenue goal），包括对政治立场、社会声誉等的追求。这三类目标可以套用到不同层级的分析对象上：(1) 大众媒体（收入目标）和高端媒体（非收入目标）；(2) 新闻机构/记者（非收入目标）和媒体机构/非记者（收入目标）；(3) 新闻处理者（收入目标）和新闻采集者（非收入目标）；(4) 新闻采集涉及的不同专业领域（收入和非收入目标）(Tunstall，1971，pp. 51-53)。

　　滕斯托尔还结合伊弗雷姆·尤奇曼（Ephraim Yuchtman）和斯坦利·西肖尔（Stanley Seashore）的"议价地位"（bargaining position）方法指出，为了维持机构内新闻工作者的竞争力，机构有时候必须追求一些非收入目标。换言之，不同类型的媒体、媒体机构/新闻机构、新闻收集者/处理者在对三种目标的追求上只是程度不同，而不是完全不涉足其他目标或只追求一种目标。滕斯托尔指出，广告收入目标和非收入目标常有冲突，但是受众收入目标往往是冲突双方都认可的，因此它具有一种折中的、联盟的性质。换句话说，"联盟目标"（coalition goal）未必是所有人都最强烈主张的那个，却是大多数人能够接受的选择。根据滕斯托尔的观点，只有受众收入目标可能成为联盟目标，只有它能被新闻采编、广告、发行、营销、会计、印刷商等部门和全国观众广泛一致地认可。

　　种种目标所能对应的也不仅仅是不同属性的新闻机构，滕斯托尔还将这些目标作为一种框架来审视专业记者及其涉足的领域，并延展出新的讨论空间。回顾历史可知，专业记者这一身份不是凭空而生的，它源自 20 世纪下半叶英国新闻机构对不同社会领域报道的细分。滕斯托尔通过初步调查梳理出了足球（体育）、犯罪、汽车、金融、海外新闻等专业领域，但在《工作中的记者》的大部分论述中，这些专业领域并不是以单一维度出现的——滕斯托尔把这些领域与新闻机构在这些领域重点追求的目标做了一一归并。其结果是：汽车、时尚对应广告目标领域；犯罪、足球对应受众目标领域；航空、教育、劳工对应混合目标领域；海外对应非收入目标领域（Tunstall，1971，pp. 84-94）。

四、身兼多重角色的专业记者

尽管专业记者已经是一种特定的职业，但他们同时也具备横向的多重身份：雇员（employee）、新闻采集者（newsgatherer）和竞争者-同事（competitor-colleague）。按照这一区分方式，滕斯托尔展开了对专业记者多重角色的讨论。但是，与其说是简单地比较三种角色的异同，不如说是在三个角色框架内讨论各自的相关问题。当然，这并不意味着三种角色间不存在交集，例如自主权与控制权就仍然是一对普遍适用的指标。

在新闻机构之内，自主权与控制权的关系是记者作为雇员所必须面对的一个问题。滕斯托尔指出，新闻机构通过定义领域及其目标、任命专业记者、完成日常的新闻处理工作等手段来行使控制权。专业记者则通过强调自己的新闻采集角色、培养独立于新闻机构的个人关系和知识，以求保留一定程度的自主权。但是，职业规范和新闻本身的不确定性，新闻机构内目标的不统一、沟通的不完善，新闻工作者对个人地位和声誉的追求，使得自主与控制问题处在持续的争议中。关于最后一点，滕斯托尔单独开辟了一小节予以说明：无论是记者团队内部还是记者团队之间，记者地位的差异都关涉他们在机构内的自主权。例如，一些新闻主管会刺激记者团队内因地位问题产生矛盾，以实现一种制衡，进而削弱团队整体的自主权；又或者，新闻主管会安排不同领域的记者撰写同一则报道，而这种有意制造竞争的做法，也被专业记者视作管理者对控制权的强化。

滕斯托尔也探讨了专业记者在消息来源面前的自主权问题，这更多是基于其新闻采集者的身份。滕斯托尔的假设是，非收入目标越重要，新闻采集者相对于其消息来源的自主权就越大；反之，收入目标越重要，新闻采集者就越受到消息来源的控制。尽管这一假设在观察中大体得到了证实，但滕斯托尔仍然指出，由于追求的目标不一，且不同领域的专业记者对于消息来源的报道倾向不尽相同（例如受众目标领域倾向于负面报道，广告领域则倾向于正面报道），因此在分析方法上，应该尽量不使用"自主/控制"的二分法，而是要更加细化（例如把控制中的政治控制和商业控制区分开）。或者，在自主、控制等概念存在争议的领域（如受众目标领域）保留争议，而在另一些不存在争议的领域（如广告目标领域）直接使用这些概念。另外，滕斯托尔还对技术的影响做了简要提醒：使用铅笔、电话或笔记本的记者，其自主权也可能受到这些技术工具的制约。

对于记者与消息源之间的关系，赫伯特·甘斯（Herbert Gans）的描述可能更为我们熟知："就像是一场拉锯战：尽管消息来源试图'管理'新闻并令自己以最佳的面貌出现，但新闻从业者同时也希望'管理'消息来源，借此抽取出他们想要的信息。"（甘斯，2009，pp. 145-146）但是，《工作中的记者》呈现的则是另外一面：滕斯托尔提到了记者与消息源"互换信息以求扩大宣传影响"的观点，但他表示这种看法忽略了太多的变数，比如新闻的不稳定性和社会互动结构的松散与混乱，实际上，记者和消息源并非简单的互惠互利关系。另外，对于组织消息来源和个人消息来源与记者的关系要分开来看，前一种关系中会出现准合同关系（双方不能轻易变更关系或退出），但后一种关系会以人情友谊的形式存在（有时甚至会因为这种人情而不再对问题深究）。

作为"竞争者-同事"，专业记者在"竞争/合作"这一对概念之下的表现也引起了滕斯托尔的注意。20世纪50年代，英国的免税报刊发展壮大，各家新闻机构开始投入同等的精力展开对新闻时效性的竞争。到了滕斯托尔所处的时代，竞争已经扩展至诸多方面：对与消息来源的接触、速度、独家新闻、"同事"间的人际竞争、报道的戏剧性……竞争深深地嵌入了英国新闻业的意识形态和职业语言，以至于"新闻"本身已经为"竞争"（或"不竞争"）所定义。竞争也影响了专业记者的自主权及其所受到的控制。滕斯托尔做出预测，竞争将因合作而改变，理由是他的这一假设：任何机构的员工都在努力减少因自身受到控制而产生的不确定性，并尽可能让这些不确定性至少从管理层转移到合作者身上（Tunstall，1971，p. 217）。这可能促使专业记者寻求一些相对更加可控的合作关系。同一家新闻机构内部或同一支报道团队中当然存在合作，但滕斯托尔在该书中以更大篇幅讨论的"合作关系"（exchange partnership)，更多是特指那种跨机构的同行合作，例如记者团体协会，或者在新闻事件中临时结成的互助关系。看起来，滕斯托尔饶有兴味地考察了专业记者对这种合作关系的态度，可能因为这种合作关系处于某种道德上的灰色地带——对自家新闻机构的不忠诚和对公众知情权的损害，因为双方记者如果统一了报道口径，就意味着让出了独家的新闻内容，也抹去了公众本应得到的多样化信息。但有些遗憾的是，接受访谈的记者们自身是否愿意暴露、是否愿意讲述他们的伙伴关系，以及是否能够察觉他人的伙伴关系并告知研究者，都受到多种因素的影响，因此调查的结果可能是不够准确的。

　　滕斯托尔还讨论了竞争与合作的关系。研究发现：越是被认为具有竞争能力的新闻机构，其专业记者团队就有越高的概率包含至少一个合作者；专业记者团队的竞争力越强，包含合作者的可能性就越大。但是对于记者们来说，新闻机构之间的竞争与合作，究竟是谁促进了谁的发展，其因果关系就不那么容易说清了。滕斯托尔还进一步推测，新闻价值观念可能也是通过与对手的竞争和与同事之间的信息交换而得到加强的，并不断通过口口相传、浸入集体记忆得以长久维持。

五、评价与反思

　　《工作中的记者》的出版距今已有五十余年，作为一种文化实践的新闻已经发生了重大变化；但通过滕斯托尔论及的许多经验性事实，我们得以窥见半个世纪前英国新闻业的整体面貌。在该书的收尾处，滕斯托尔在讨论媒体的卖方市场时，归纳了英国国家媒体行业的五大特征：第一，"省级"媒体在全国占据主导地位，主要位于伦敦；第二，国家报纸和电视是英国的两类主流媒体；第三，拥有多线媒介（国家报纸、省级报纸、杂志、商业电视、书籍）收益的多媒体机构越来越重要；第四，每日刊印的媒体在英国媒体产业中占据着主导地位，而其对产业的支配程度不为外界所知；第五，未来十年，全国性报纸的数量将进一步减少，而一些多媒体机构将进一步壮大（Tunstall, 1971, p. 281）。这些预言在今天是否变成了现实？滕斯托尔看好多媒体机构，认为它们将在未来的竞争中取得优势地位，而如今那些引起我们注意的超级媒体集团对市场的强大统治力是否印证了滕斯托尔的观点？滕斯托尔还提出，要特别注意那些可能会以多媒体机构为主导的新型视频电子媒体。再看当下互联网巨头纷纷入场的直播和短视频产业，这是否也在滕斯托尔提醒的范围之内？

媒体的声音有多大？这是滕斯托尔特别关注的另一个问题。在该书的末尾，滕斯托尔希望讨论从事新闻工作的意义所在：记者们是在为谁采集新闻？第一个答案是为了"广大受众"，但是受众与受众之间千差万别，受众个体对记者的影响力也微乎其微，而且没有哪个新闻机构仅仅为了迎合受众的需求而生产其内容。第二个答案是为了记者自己，但是滕斯托尔发现，记者一般属于受过高等教育的中产阶级，这是否会造成一种社会隔离？这种担忧也许会让后来的研究者思考：在数量上，我们是否应该拥有更多的记者？后面的答案还包括新闻价值、自主权与竞争/合作、权力……它们共同组成了附着在新闻采集者身上的意义。回到媒体数量这个议题上来，不难注意到，在滕斯托尔所面对的英国新闻业，占据统治地位的是那些集中化的、甚至垄断经营的新闻机构。因此，《工作中的记者》在媒体的垄断与竞争这个大问题上提供了一些新的论据，例如，一种倾向认为传播者声音的百花齐放构成了一种对抗垄断的力量，另一种倾向则认为这些传播者本身就构成了一种垄断（Tunstall，1971，p. 4）。可能正源于这一认知的张力，以及对新闻业寡头现象的担忧，滕斯托尔将"重新定义垄断"看作安排给社会科学的一项任务：未来的研究必须对特定媒体领域的垄断程度或竞争水平进行广泛的重新定义（Tunstall，1971，p. 282）。换言之，以后对垄断和竞争的讨论应该寻求更系统、更科学的量化体系，而不是再靠简单的意见收集。

《工作中的记者》的最后一个重要意义，与它开创性的研究地位密切相关，也就是它作为一部社会学研究著作的价值。该书的一个显著特点是滕斯托尔将其与过往的社会学文献联系起来的方式（Tunstall，1971，p. 60）。滕斯托尔的研究助手奥利弗·博伊德-巴雷特（Oliver Boyd-Barrett）认为，与之前几代的新闻回忆录相比，滕斯托尔的研究带来的一个重要启示是，新闻在某种程度上不是一个不可预知和混乱的事件世界，而是对"制度化"新闻的稳定可靠的预测、准备和日常管理，这一发现在后来的一些研究中得到了证实（Boyd-Barrett，2006，pp. 273-274）。这段话可以被解读为滕斯托尔向学界的一种宣告：可以用社会科学的方式来认识和把握新闻业。

自《工作中的记者》出版以来，滕斯托尔的研究主要涉及媒体权力、行业、机构和职业；同时，他也一直着迷于研究社会科学家，特别是社会学家和新闻工作者之间的关系（Tunstall，1971，p. 64）。滕斯托尔认为，社会学家和新闻工作者之间的共同点比双方可能会承认的要多：他们常常以夸夸其谈的方式误导外界（这句话应该是开玩笑），职业意识形态中都有悠久的保守主义传统，都喜欢关注生活的阴暗面，都强调现实被外墙和表象所遮蔽，甚至都会表达无政府主义的情绪……但是，社会学家和新闻工作者也常常暴露出对彼此的无知：尽管新闻业越来越多地参考社会学家的研究成果，他们却都没有意识到自己是在何种程度上依赖对方，以至于社会学家对新闻业往往好奇心不足。今天，新闻传播已经成为一个热门的学术领域，滕斯托尔想必无须再担心新闻业无人问津了；但是，今天的各学科能否如滕斯托尔所呼吁的一样，不是单方面对新闻业予取予求，而是能够以其研究成果反哺新闻业的发展，在社会科学家与新闻工作者之间建立一种良性的互动，是我们应当深入思考的问题。

（邵枫　复旦大学）

参 考 文 献

Boyd-Barrett，O.，"The Analysis of Media Occupations and Professionals," quoted from Tumber，H.，"*Journalists at Work*-revisited," *Javnost-The Public*，2006（3）.

Tumber，H.，"*Journalists at Work*-revisited," *Javnost-The Public*，2006（3）.

Tunstall，J.，*Journalists at Work：Specialist Correspondents：*

Their News Organizations，*News Sources*，*and Competitor-Colleagues*，London：Constable，1971.

Zelizer，B.，"Taking Journalism Seriously：News and the Academy," quoted from Tumber，H.，"*Journalists at Work*-revisited," *Javnost-The Public*，2006（3）.

〔美〕赫伯特·甘斯：《什么在决定新闻：对 CBS 晚间新闻、NBC 夜间新闻、〈新闻周刊〉及〈时代〉周刊的研究》，石琳、李红涛译，北京：北京大学出版社，2009。

拓 展 阅 读

Tunstall，J.，*The Anglo-American Media Connection*，New York：Oxford University Press，1999.

Tunstall，J.，*The Media are American*，New York：Columbia University Press，1977.

利昂·西加尔

《记者与官员：新闻生产的组织和政治》

什么决定着新闻的生产？在美国新闻生产社会学研究的"黄金时代"，这是一个研究者们力争回答的问题。在《记者与官员：新闻生产的组织和政治》（以下简称《记者与官员》）一书中，作者将政治学的视角引入对新闻生产的研究中，将新闻的生产不仅视为专业规制运作的结果，而且视为组织机制协调的过程；将新闻记者不仅视为新闻的生产者，而且视为媒体内部、媒体与政府之间的组织者。新闻的生产不仅受到新闻编辑室内部的生产常规、争辩与博弈的影响，也受制于新闻编辑室外部的权力关系，深深地嵌入国际政治格局。在组织与政治的坐标系中定位新闻生产，是《记者与官员》一书最突出的理论贡献。

一、成书背景

利昂·西加尔（Leon Sigal）（以下简称西加尔）的著作《记者与官员》成书于 1973 年，正值新闻生产社会学研究锋芒正盛的 20 世纪七八十年代。在此期间，媒介社会学的知识风格、学术立场和边界逐渐清晰，这一时期也被称为媒介社会学的"黄金时代"（李红涛、黄顺铭，2020）。在大众传播逐渐发展深入的背景下，《做新闻：现实的社会建构》（以下简称《做新闻》）、《什么在决定新闻：对 CBS 晚间新闻、NBC 夜间新闻、〈新闻周刊〉及〈时代〉周刊的研究》（以下简称《什么在决定新闻》）、《发掘新闻：美国报业的社会史》等名著陆续出版，传播学和社会学之间不断互动，新闻生产流程、新闻行业理念也在逐渐兴起的新闻编辑室观察研究中日益清晰。

在新闻生产社会学蓬勃发展的知识环境下，《记者与官员》中鲜明的政治学视角使其略显另类。该书作者西加尔一生的学术建树集中于政治学领域，他历任哥伦比亚大学国际关系和公共事务学院兼职教授与纽约社会科学研究委员会东北亚合作安全项目主任，其著作《解除陌生人的武装：与朝鲜的核外交》曾被美国外交学院（American Academy of Diplomacy）评为 1998 年年度最佳书籍。除 1989—1995 年曾在《纽约时报》编辑部工作外，西加尔的学术生涯与新闻传播学微弱的关联便是该书，其政治学的理论视野赋予了该书特殊的价值起点：决定新闻内容的不仅包括新闻编辑室中传统的生产常规，也包含新闻记者与报业机构所处的权力结构。新闻生产的过程就是政治互动的过程。

反观同时期新闻生产社会学的经典著作，更易厘清这一起点的特殊之处。经典的新闻生产社会学认为新闻是被建构的现实，迈克尔·舒德森也曾开宗明义地指出，组成新闻的不是政府官员，不是文化力量，而是"有血有肉的记者书写出的活生生的文字"（Schudson，1989）。这种观点是从生产的视角出发，将新闻编辑室视为一个新闻生产的工厂，其中，记者的职业传统、个人气质和经济地位在很大程度上决定了新闻的生产。但是这一视角的盲点是，将新闻工作者视为单独的个体，忽略了其组织机构，尤其是官僚组织对于新闻生产过程的深刻影响（Sigal，1973，p. 180）。

基于这一起点，在该书中，西加尔选择了《华盛顿邮报》与《纽约时报》作为案例，力图回答以下两个核心问题：其一，新闻是如何报道国家和世界的？新闻媒体如何处理、协调从各种渠道收集的信息？其二，官员为什么要利用新闻媒体？他们是如何通过新闻实现自身的目的的？基于对这两个问题的回答，该书分为两个部分。第一部分是第一章至第四章，从新闻机构内部视角出发，探讨新闻媒体中的组织政治，编辑部内部的角色分工、等级制度如何影响和塑造新闻生产常规。第二部分是第五章至第九章，从新闻机构外部视角出发，将新闻生产的过程视为记者与政府、官员、公共政策之间彼此影响的过程，并进一步清晰地回答了新闻业如何融入进而成为一个政治体系的问题。

二、价值、组织与常规：新闻编辑室内部的生产政治

在该书的前四章，西加尔搭建起了新闻编辑室内部的生产政治和官僚运作体系，从新闻的制作方式、报业机构的组织逻辑、新闻编辑室的固有节奏、新闻记者的职业信条等维度描述了新闻编辑室内部的多个侧面。新闻作品是驱动新闻媒体日常运转的基本线索。西加尔认为，新闻的最终呈现在很大程度上取决于新闻生产者在新闻生产的各个流程中所做的选择。而选择的发生受到以下要素的影响：面对信源时记者的政治偏好、记者选择和抄录的信息背后的新闻规则体系、报道现场的其他新闻记者施加的影响、广告商对报纸发行量及新闻市场施加的压力，等等。同时，在西加尔眼中，新闻编辑室内部的生产政治源于宏观层面的新闻官僚机制与微观层面的生产者谈判（bargain）。新闻官僚机制是新闻与政府两大信息处理机器耦合的产物，在新闻编辑室内部，这一机制具有强烈的空间和角色导向，不同的职业角色、工作版面，总站与分站，海内与海外构成了日常新闻生产机制的组织过程。在机制运作过程中，记者个体则在与新闻信源、分管编辑、新闻内容所涉及的政府官员，新闻编辑室内部甚至报纸总编辑的争执中游走。上述两条日常工作脉络汇成了决定新闻报道产生的工作方式。

新闻制作卷入官僚政治的主要体现在于新闻编辑室内部出现了正式和非正式的交流网络，新闻编辑室通过与经济组织协调资金、空间、人员和时间对新闻生产中的选择施加影响，新闻编辑室的内部分工，催生了组织内部的冲突模式，以此影响实际报道的新闻内容（Sigal，1973，p.8）。对于报业组织的监管主要通过对人员、空间和时间的分配得以实现。记者的日常差旅、版面中广告的安排、头版中所安排的文章数量、每一篇报道的长度、每日交稿的截止期限等，各种量化的方式被用来计量记者的个人业绩与报纸的生产效能，围绕上述要素展开的谈判构成了记者及版面编辑的工作常规。

更进一步而言，新闻编辑室内部的官僚机制源自其权力等级制度以及分工导致的控制权的分散。《纽约时报》与《华盛顿邮报》所属的新闻编辑室中都大致存在着"发行人-总编辑-编辑部编辑、夜班编辑-助理新闻编辑、文字编辑及记者"的权力体系。即使在新闻编辑室外部，尤其是在获取来自政府的信息时，这种不同记者与不同版面之间的权力体系也依然存在。这种运作模式在大多数情况下指向了新闻生产者之间的非正式交流网络，各部门、各角色的分工往往并非边界分明。因此，每当有不能明确归属所在版面的重要新闻出现时，各版面负责人往往会对该新闻展开激烈的争夺，这一争夺不仅关乎这一次报道的发表，也关乎今后类似的重要新闻的报道权的归属。在这一过程中，头版往往会成为各新闻编辑室内部的众矢之的。在每家新闻媒体的"装潢会"上，以编辑为代表的头版决策者需要从列好的头版新闻候选清单中挑选出当天的头版新闻。而在这一角力进程中，往往有一条"三岔路"（the three-way split），即国内版、国外版与都市版将展开直接的竞争（Sigal，1973，p.29），有时这种竞争需要处理编辑的申诉与仲裁。而当资深编辑之间产生意见分歧时，出版商往往会作为第三方调停机构加入进来，甚至成为调节总编辑与其他分管编辑之间分歧的最终法庭。此外，在新闻生产的时间层面上，编辑与记者个人也会展开拉锯，编辑往往希望记者能够尽早交稿，记者则希望能够为所记录故事的进一步发展留足时间。由此我们可以发现，控制权与新闻编辑室内部的生产节奏在无形中加剧着新闻的不确定性（Sigal，1973，p.33）。组织的约束和组织政治产生的压力一方面塑造了新闻生产的组织流程，另一方面也为新闻从业者提供了发动冲突的资源、论据和方式，这在潜移默化之中不断重塑着新闻生产的流程与范式。

在新闻室编辑内部的运转机制中，西加尔认为，读者的反馈、记者之间的交流、政府官员与新闻生产者的互动，包含在新闻生产的信息交流、共识形成的过程之中（Sigal，1973，p.37）。西加尔极力想要阐明记者个体与机构之间的互动可能发生的场所。除了传统的记者协会和俱乐部之外，新闻编辑室在政府中的巡航区域也是政治新闻产生的重要场所，如西加尔所列举的白宫大厅、国务院新闻室、参议院新闻走廊等都是各新闻编辑室巡航区域的交集部分。在这些巡航区域中，记者们一方面通过交换信息来完成个体无法完成的信息收集任务，另一方面通过对谈（Shop talk）来交换对于信源、特定新闻事件，甚至什么是新闻的看法。

因此，每一位时政条线记者都置身于新闻编辑室与自己巡航区域的双重空间，通过固定的条线，常年与固定的官员、固定的编辑打交道，长此以往，就提升了对于该条线政策细微变化的敏锐度。从某种程度上说，这也影响了理想状态的新闻生产——记者成为其消息来源的发言人，而不是一位冷静的观察者（Sigal，1973，p. 47）。巡航区域的工作也会在某种程度上打破传统的记者-编辑室二元关系的平衡。在编辑与记者的传统关系模式中，编辑会通过控制记者的发稿版面、奖金与差旅费等资源来约束记者的职业绩效。但一旦记者在华盛顿拥有了自己的巡航区域，甚至在相应的条线建立起自己的职业声誉，就能够多少脱离编辑的束缚。

在这种双重空间的夹击之下，有一项内容在不断被改写，即新闻生产的旧有惯例。比如在"客观报道即直接报道"的说法之外，"为什么"的概念和解释性报道的价值也不断被纳入新闻生产的范畴。以利润为动机的商业信条，为股东、雇员服务的管理信条让新闻自由与新闻责任依旧处于不稳定的矛盾之中。这也相应地改写了记者职业角色的构成要素：中立的观察者、政治的参与者、社会的好公民、小说家。这四个要素不断协调着记者与政府、新闻编辑室和社会之间的关系，也相应地增加着新闻职业标准的不确定性。

三、官员、报业与公共性：官僚机制互动下的新闻业

在新闻生产的实际运转中，新闻生产机制与官僚机制彼此依赖，具体体现为记者自身的生产节奏及常规与政府官员的工作惯习彼此依赖。在记者渴望报道有关政策的一手消息的同时，官员也渴望自己的言论可以在媒体上收获更广泛的影响力。这一维度为我们打开了审视新闻业的视角：新闻的生产并非是在一个固定的、封闭的工厂内进行。相反，新

闻的生产是在官僚体制之下不断调适的结果。官员个体的荣辱、新闻机构的利益、社会公共性的价值，都被裹挟在记者与编辑的采写编评之中，后者决定着新闻的生产。

在这一维度上，记者的日常工作程序会成为官员日常工作程序的一部分。具体而言，官员会通过把握新闻媒体的发稿节奏以及每日的截稿时间来精准地安排新闻发布的时间。此外，在记者专程前往外地采访时为其提供住宿，也创造了记者与官员非正式交谈的机会。更突出的是，这种日常程序是通过官员向媒体下发的新闻简报和定时召开的新闻发布会实现的，其中，新闻发布会是官僚机构与新闻生产互动的集大成之所。从信息生产的维度来看，官员在某种程度上决定着于何时、何地披露什么消息，而新闻发布会上针对某一新闻专题的提问与对答，本质上是新闻生产团队和政府新闻团队之间的角力。双方都尽可能地通过运用提问与回答的技巧来决定成稿的内容：或是更加真实、更加吸引人眼球，或是更多地展示了政府想要展示的东西。在公开渠道之外，记者与政府的互动也同样暗流涌动，记者通过获取背景简介（the background briefing）或是记者之间信息的二次转卖（Sigal，1973，p. 113）来实现对非官方信息的报道和承担报道官方信息的责任之间的平衡。

从这一角度来说，新闻工作的常规官方渠道与所有非正式的渠道泾渭分明。条线记者通过与自己熟悉的常规官方渠道进行互动，塑造了一种"被证实的新闻"（Sigal，1973，pp. 129-130），即坚持以共同的、常规的政府机构作为消息来源，获取相同的新闻信息，以应对不确定的新闻世界。以官僚系统为代表的常规渠道促进了新闻生产共识的达成，这种常规渠道是非新闻专业人员所不能企及的，这也相应地从侧面划定了新闻生产行业与其他行业的边界。

更进一步而言，为什么这种常规的渠道可以被维持呢？西加尔将政府对待新闻的手段称为新闻技法（maneuver），这种技法集中体现在美国政府对其与媒体和公众之间的关系的协调上。西加尔认为，华盛顿政界与新闻界合作的前提，是官员的职业模式与个人政策偏好的关系更加密切。官员的职业信念是，其推行的政策能够获得更广泛的支持，最终得以实行。此外，美国政府内部发出的信息往往需要新闻媒体向外围传播。同时，新闻界也扮演着政府与公众之间的中介（medium）与桥接角色，提供事实意义上的与官员眼中的"公众意见"，是官员试探公众对政策的反应的主要途径。通过这些新闻技法，政府官员可以有效地应对其他官员、政策制定和推行过程中游戏规则的变化。尤其对于《记者与官员》选择的两个研究对象《纽约时报》与《华盛顿邮报》而言，纸质媒体对于政策的呈现具有持久性和精确性，同时也为等级不够、无法登上电视的官员提供了公开发言的渠道。在常规渠道与新闻技法的背后，也存在着官员"泄密"的潜在信息渠道。一些因职位所限不能公开发言的官员会借新闻媒体之口，说出一些具有鲜明党派色彩或不便公开发表的观点，以达到顺利推行政策的目的。

最终，作者将对报纸政治功能的考察放置在国际政治的格局之中，将新闻视作情报与国际势力之间博弈的筹码。在不同国家的公开媒体之间的信息传递过程中，新闻的生产往往受到国家策略更多的控制。通过传播一些"相关但是具有误导性的材料，甚至是不真实的报道"（Sigal，1973，p.151），新闻生产以深度卷入国际公开情报系统的方式影响着国际政治进程。西加尔以美英"天空闪电"（Skybolt）导弹事件为例，把目光聚焦在了美英关系中双方官员与双方记者搭建起的信息传播网络之上。共同的语言、在两国设立的诸多新闻机构，让以新闻信息为线索的外交政治在英美关系中扮演着重要的角色。

对于新闻业与政治关系的未来，西加尔认为政府在新闻中的主导地位会逐渐被削弱。一方面，从消息来源上说，伴随着全球化进程的加快，全球新闻线人网络会愈发完善，新闻内容的来源不再过多依赖政府内部。同时，与新闻有关的竞争正逐步减少，围绕信息在政府层面展开的正式和非正式竞争也相应地减少。此外，新闻生产范式的革新让记者从传统刻板的生产时间限制中解放出来，更宽广的创作空间让记者有更充沛的精力深入社会新闻的场域，政治事件不再是主要的消息来源。这一趋势在西加尔看来，无疑有利于民主社会的成长，因为新闻业与政府的联络与共谋，在某种程度上让新闻界成为政府用以协调社会关系的"第四部门"，这种政府与社会、私人机构之间的相互渗透，将会带来社会控制加剧的风险。因此，在新闻界与政界的二元关系中保持有机的平衡，将成为新闻业成长过程中永恒的课题。

四、评价与反思

完成对该书的写作之后，西加尔对政治组织关系中信息与传播的角色价值仍保持关注。1975 年，他在发表于《政治学季刊》的《国会与官僚关系中的官方机密和非正式沟通》一文中提及官僚体系中非正式沟通的三个渠道：信息走私（bootlegging）、非正式简报、向新闻界泄密。从这一层面上说，信息不仅仅是政府与公众沟通的线索，也是官僚体系博弈与党争的筹码。在公共空间流通的信息越少，拥有信息的人就越容易操纵那些没有信息的人，因此，在非正式沟通环节中的信息流通会深入影响公共政策的制定过程。更为重要的是，在该书发表的年代以泄密系统的视角理解政府与新闻界的关系很大程度上被主流大众媒体研究所忽视。

同时，在西加尔的研究中，有一个价值预设分外清晰，即由于新闻生产中官僚体系和组织关系的参与，新闻的客观性几乎不可能达成，新闻中事实的呈现更多取决于新闻生产过程中人的互动以及基于政治、市场策略的信息选择。西加尔在 1978 年发表的《新闻人与竞选者：生产新闻的组织人》一文中选择大选作为政治进程影响新闻生产的一个个案，进一步阐明了组织政治视角下的新闻生产，将记者进一步视为新闻工作和竞选集团相互作用的产物，新闻生产集团中的组织管理和竞选集团的组织利益，是最终报道形成的必要条件。西加尔在这篇文章中点明，与其说新闻媒体在大选进程中履行的是锐化问题、描摹形象、宣传候选人的观点的职能，不如说其更多的是在帮候选人吸引注意力。"新闻记者不写乐谱，也不演奏乐器，他们只是放大一些音乐制作者的声音。"（Sigal，1978）同时，在选举的个案中，西加尔也细致刻画了《记者与官员》一书中着重描写的细节，比如，记者的组织关系、社会地位决定了他的消息来源网络，只有少数记者可以实现在固定的消息群体中漫游、随意选择消息来源，而大多数记者仍受到其在政府群体中固定的巡航领域的限制。

在西加尔 1986 年收录于论文集《读新闻》的文章《信源即新闻》中，新闻生产过程中组织关系与个体的作用得到进一步强化。在该文中，西加尔开宗明义地指出："新闻不是发生了什么，而是某人阐释的已经发生或将要发生的事情。"（Sigal，1986）社会经济发展的趋势、公共舆论的波动、官方思维的转变有时不会在事件本身中显现出来，而会通过信源的转述流露在报道之中。进一步说，西加尔也认为，新闻生产的进程本身就是生产者本位而非事实本位的——在审核新闻中出现的问题时，编辑和记者的本能反应是谁（who）提供的消息，而非为什么（why）事实呈现出这种样态。同时，记者在日常新闻生产链条中的本质，就是定期提供稳定的消息。在这一职业动机的驱使之下，政治条线的记者与政府官员群体形成了潜在的同盟关系，二者彼此利用以在各自的职业组织中获取竞争优势：记者利用官员在政府中的泄密策略来获取新闻，尤其是独家报道；官员利用记者对新闻的需求，向目标受众传递信息，努力在政府内外为自己和受众喜欢的行动方案争取和维持支持。

统合《记者与官员》之后西加尔的研究，可以发现，他大致延续了将新闻界定义为新闻工作体系与政府工作体系两个官僚机制之间的互动、新闻是组织政治的结果这一思路。虽然这一立场引发了颇多争议，但他并不否定专业性的新闻生产范式、以投资与广告为代表的市场因素对新闻生产流程的影响。以政治视角透视新闻生产的独特性在于，它不再受制于新闻生产与消费的固定环节中单一的组织目标，而将新闻生产视作一个动态的过程，在此之中，多元主体、多种动机共同影响着新闻的最终出产。新闻既是组织常规的副产品，受制于报业机构内部的等级体系、报业集团中总部与分部的架构，同时也在生产新的组织常规：以新闻为线索，政府相应地调整甚至改变自己的行政工作程序。在上述新闻界和政府不断冲撞、磨合的过程中，新闻生产的规制程序、新闻界的业内共识逐渐形成与成熟。

如果将《记者与官员》一书放置在美国 20 世纪七八十年代的新闻学研究脉络中，无疑，它开拓性地拓展了新闻编辑室外部的研究视角，开启了对新闻界与其他社会主体的互动的关注。也许是为了使报业与政界的二元关系得到较为清晰的阐释，该书在二者关系的建构中忽略了广告商对于新闻生产的影响，并将受众——新闻真正的消费者放置在较为边缘的维度，将决策者视为新闻的制造者和新闻的消费者，将新闻的消费过程看作决策者政策实现的过程，在某种程度上遮蔽了社会关系网络中新闻业需要协调与权衡的侧面，而正是这些侧面决定了新闻生产的过程与最终走向。

不过，即使时过境迁，新闻即政治的研究视角在新技术引领的新闻业变革中仍然具有生命力。未曾随着技术背景而改变的是政府和新闻界仍然相互依存、彼此协调，新闻编辑室内部的等级体系也并未因技术的发展而消失殆尽。但是二者关系发生的根本变革体现为，新媒体瓦解了新闻界在公共场域垄断的话语权力。新闻记者不再是官员与社会大众之间的唯一中介，相反，信息由政府、新闻机构抑或是社会公众发布，让记者与官僚机构之间的博弈变得更加复杂，新闻业如何在组织政治之下进行生产成为一个更加具有讨论价值的议题。

（毛天婵　复旦大学）

参 考 文 献

Schudson，M.，"The Sociology of News Production," *Media，Culture& Society*，1989（3）.

Sigal，L. V.，*Reporters and Officials：The Organization and Politics of Newsmaking*，Lexington：D. C. Heath and Co，1973.

Sigal，L. V.，"Source Makes the News," *Reading the News：A Pantheon Guide to Popular Culture*，New York：Pantheon Books，1986.

Sigal，L. V.，"Newsmen and Campaigners：Organization Men Make the News," *Political Science Quarterly*，1978（3）.

李红涛、黄顺铭：《从"十字路口"到"中间地带"——英美媒介社会学的边界工作与正当性建构》，《新闻与传播研究》2020（4）.

47

拓 展 阅 读

Manoff，K. and Schudson，M.，*Reading the News：A Pantheon Guide to Popular Culture*，New York：Pantheon Books，1986.

〔美〕安东尼·刘易斯：《批评官员的尺度——〈纽约时报〉诉警察局长沙利文案》，何帆译，北京：北京大学出版社，2011。

盖伊·塔克曼

《做新闻：现实的社会建构》

20 世纪 70 年代和 80 年代初，一批新闻社会学的著作［杰里米·滕斯托尔的《工作中的新闻记者》、迈克尔·舒德森的《发掘新闻：美国报业的社会史》、菲利普·施莱辛格（Philip Schlesinger）的《组装现实》、彼得·戈尔丁（Peter Golding）和菲利普·艾略特（Philip Eliot）的《生产新闻》］陆续面世，它们共同构成了人们想象"媒介社会学的黄金岁月"的核心文献（塔克曼，2022，推荐序，p.7）。这其中包括盖伊·塔克曼的著作：《做新闻：现实的社会建构》。

一、成书背景

盖伊·塔克曼是美国社会学家、布兰迪斯大学社会学博士、康涅狄格大学社会学系荣休教授，除了《做新闻》之外，其著作还有《边缘化女性：维多利亚时代的小说家、出版人和社会变迁》（1989）和《想成为你：公司化大学的内幕》（2009），其研究聚焦文化（媒介）社会学、性别与高等教育等领域。

新闻社会学的开创性研究基本都由社会学家开展。这一学术共同体大致有两条研究路径：如滕斯托尔采用的职业社会学路径，主要关注的是新闻职业群体所具备的一些共享特征，包括新闻工作者对自身职业的社会角色和行为规范的想象，此谓一种"属性视角"；而塔克曼的《做新闻》则是考察新闻生产过程中的实践以及实践主体之间的结构性关系，是谓一种"过程视角"。新闻社会学研究的"过程视角"将研究落脚于新闻是如何被生产出来的。在此设问下，塔克曼对"新闻是一种社会现实"的观点进行质疑与解构，进一步提出："社会现实是如何被建构的？"如此提问其实带有鲜明的政治与意识形态立场的理论预设：新闻不等于事实，新闻建构事实的过程中有各种结构性力量之间的博弈、对垒。这种对新闻事实的质疑也就是对"天真的经验主义"的质疑与批评。

《做新闻》的写作语境是 20 世纪六七十年代发源于美国且一定程度席卷西方民主国家的社会运动与左翼学术思潮。面对批评激进的社会运动、报道立场倾向政治行动者的新闻媒体，作为布兰迪斯大学社会学系的一名研究生，塔克曼将新闻媒体作为自己博士论文的田野地点，将自己"嵌入"所研究的群体，报道报道者（塔克曼，2022，中文版序，p.60）。从 1969 年 5 月的博士论文《新闻，新闻人的现实》到 1978 年脱胎于这篇论文的著作《做新闻》的面世，塔克曼通过对电视台和报纸新闻生产过程的观察，进一步明晰了此前的理论预设，并提出了"作为社会现实的新闻是被建构出来的"这一核心观点。

二、该书的两大主题

该书是塔克曼在自己的博士论文的基础上，结合不断更新的田野材料和其于 20 世纪 70 年代发表的一系列论文著成的。塔克曼引入"框架""新闻网"等理论资源，对在田野调查中获得的经验材料展开了阐释与理论升华。该书的副标题"现实的社会建构"便是其核心观点：新闻作为一种现实是被建构的。新闻生产活动就是在建构现实，而不是在描绘现实的画面（塔克曼，2022，p.18）。围绕这一核心观点，塔克曼进一步提出了该书的第二个主题：新闻生产过程并非发生在真空之中，新闻工作服务于组织利益，而专业主义强化了嵌入新闻工作的制度过程。

该书的基本结构呈现总-分-总的面貌。

盖伊·塔克曼

《做新闻：现实的社会建构》

第一章题为"作为框架的新闻"，作者开宗明义，引入"框架"概念，以"前窗"隐喻新闻，提出该书的理论预设：新闻是一种框架，与勾勒世界轮廓的其他框架一样，也存在问题。该书旨在探讨框架如何构成即新闻的社会建构过程，以及新闻工作与新闻工作者的组织情况（塔克曼，2022，p.7）。同时，第一章也介绍了塔克曼选择的田野地点（主要是"新闻台"、《滨海日报》和《纽约市政厅新闻中心》）和该书的大致结构。

第二至第七章层层递进，引用不同例证、从不同角度讨论以上两大主题。作者从新闻工作时空层面的基本安排入手，讨论了如下问题："事情如何转化为新闻事件"、日常事情如何降低自身的独特性而在集体协商中被赋予"新闻价值"（第二、三章）；新闻工作者创造分类体系使得新闻报道在类型化的同时也具有了一定的灵活空间（第三、四章）；各类报道手法创造出事实性网络，使得"消息源和新闻事实相互构成"，"事实性网络正当化现状"（第五、六章）；新闻媒体对妇女运动的报道体现了专业主义、组织常规以及与正规机构的联系（第七章）。

第八章至第十章，塔克曼则回到理论层面，通过对第二至第七章所提供的实证经验材料的分析与运用，进一步强调了该书的核心结论。作者从历史的维度出发，挑战新闻和社会变迁的传统观点，提出新闻是一种正当化的意识形态（第八章），而意识形态作为客体化的程序是一种"遮蔽现实"的手段；以阐释社会学为基础，讨论作为框架的新闻是一种现实建构（第九章）；提出与讨论"新闻即知识"这一结论（第十章）。在这一部分，作者明确了她提出的新的理论框架，即"将新闻视为社会建构和社会资源"。新闻生产指向一套常规实践，新闻专业人士声称有权裁定知识、呈现真实。

本文主要从理解新闻和新闻生产过程两方面来呈现该书的两大核心主题。在《做新闻》中，新闻的意涵是"现实的社会建构"，具体又可细化为"新闻即框架""新闻即意识形态""新闻即知识"，这恰是第一章、第八至第十章的主要表述。而第二至第七章作为实证章节，以案例和田野观察描述了新闻生产的常规化过程，以实证材料层层展现了日常事情如何通过新闻工作者、通过媒体而成为新闻报道（新闻事件）。

三、理解新闻——一种现实的社会建构

（一）何为"现实的社会建构"

知识社会学的分析对象就是"现实的社会建构"。在知识社会学的视角下，"知识"作为社会情境中被发展、传播和维持的产物会逐渐凝结成理所当然的"现实"。塔克曼关于"现实"这一概念的基本认识——"现实是在社会建构过程中凝结的"也是基于此。社会建构过程复杂多样，不同的具体建构过程生产了表征不一的现实。而塔克曼选择了新闻生产过程这一社会建构过程实体，分析了由其生产的现实表征——新闻，并从框架、意识形态、知识三个角度来理解作为社会建构的现实——新闻。

（二）新闻即框架

"新闻是通往世界的一扇窗。"在该书第一章的开篇，塔克曼便将自己的预设立场呈现在我们的面前。人们生活在有形的社会房间中，认识整个世界图景需要通过一扇扇窗户，而这些窗户便是框架。社会学家欧文·戈夫曼在其著作《框架分析》中将框架定义为人们用来认识和阐释外在客观世界的认知结构，认为框架能够定位、感知、理解、归纳众多具体事情、信息。塔克曼将戈夫曼关于框架的相关概念引入其论证过程，以探讨框架如何构成、新闻如何具有框架等问题。

日常世界的截片是指活动流中被任意截取的切片，当截片遍布我们周围，外在客观世界便充满混沌而不可知。为了厘清混乱，构建清晰的认识库，我们需要"窗框"，获得"我们想知道、需要知道和应该知道的东西"（塔克曼，2022，p.7）。而新闻便能满足我们的这一需要。但是，在塔克曼看来，作为窗口的新闻存在问题，它通过将截片转化成框架而形成，但新闻也许只是被任意截取的切片。在第一章中，塔克曼想象了一场一位大学教授与她丈夫的关于"一天发生之事"的对话，来说明将日常事情（截片）转化为共享的（公共的）经验而使其具有新闻价

值这一新闻生产过程中充满了协商与变动。因此，新闻既是妥协的产物，又是在妥协之中寻求共识的努力的产物。这是因为，在寻常之事被转变为具有公共讨论价值的事件时，发现、采集、传播新闻的专业人士调用机构过程、遵照机构实践（塔克曼，2022，p.10），宣称自己有权为民众和其他专业人士解释日常的事情，提供认识世界的框架。由此，新闻变成了一个社会机构、一种制度性方法——新闻成为专业主义的产物。总之，在新闻专业主义发展和现代新闻组织崛起的背景下，媒体的专业实践服务与组织需求相辅相成，正当化社会现状，强化当代社会安排。塔克曼通过提出"新闻即框架"这一隐喻，指出新闻和童话一样都是故事，都是人为建构甚至编造而成的，但是它们都会在个体之间传播，成为个体层面的公共资源（塔克曼，2022，p.11）和个体认识世界的框架。

框架是由谁建构的？正如塔克曼在想象某大学教授与其丈夫的对话时指出的那样，新闻生产过程具有协商性。在教授与丈夫的对话互动中，双方不断修改、建构着一天发生的事实（故事），在故事的建构（新闻框架的搭建）中，听故事的人（受众）扮演着主动的角色。而在第二章，塔克曼聚焦新闻机构存在的集体性协商情况，进一步说明具体的事情如何成为具有新闻价值的"新闻事件"。《滨海日报》的助理编辑、区域编辑、电讯编辑会坐在一起协商单条媒体新闻的价值，一起规划头版。从单个媒体内部看，不同新闻部门的编辑都希望能在每天的新闻产品上给自己的记者采写的稿子谋一个好位置（塔克曼，2022，p.39）。但从不同媒体之间看，"编辑部存在着相互决定的边界，关乎哪些报道能够被推到头版上"（塔克曼，2022，p.39）。同行之间的相互判定影响到整个行业对于某一新闻重要性的判断，对新闻价值的衡量基于媒体从业者之间形成的共识。由此，可以想象，基于宽松而完美的编辑间的人际平衡（塔克曼，2022，p.39），不同编辑、不同媒体会通力生产新闻。由此产生的结果就是窗口虽然不同，人们透过窗口看到的风景却大致相同。而且，作为框架的新闻在媒体的协商与平衡中变得更加统一而牢靠。

(三) 新闻即意识形态

在第八章"事实、言论自由与意识形态"中，塔克曼通过回顾美国新闻历史，证实了乔治·格伯纳（George Gerbner）所言的大众媒体"发轫于工业秩序，在文化上充当其左膀右臂"（塔克曼，2022，p.174），认同了汉斯·恩岑斯伯格（Hans Enzensberger）将媒体称为"意识工业"（塔克曼，2022，p.173）的观点。塔克曼归纳出了"新闻即意识形态"的诊断，在一定程度上否认了媒体作为"第四部门"的社会角色，而解释了媒体作为"工业秩序的文化部门"（塔克曼，2022，p.175）只不过是政府的延伸。塔克曼引用了同时期舒德森的著作《发掘新闻：美国报业的社会史》和达尔格伦的博士论文，分析了新闻专业主义的发展和客观性的崛起，分析了新闻与当代国家的密切关系。回顾美国新闻的历史，不难发现，早期便士报接纳了新兴资产阶级的观念，支持早期资本主义意识形态，强调个人所有权和自我利益，重新界定了公共和私人生活领域，也对新闻进行了重新界定。便士报将党派报纸中重言论与立场的新闻定义转变为对事实的强调，而"事实"的意义与呈现事实的方法也在不断变化。通过对收集补充性证据、使用引号等方法的运用，新闻工作者构建了全面而成熟的事实性网络。新闻媒体也全盘接纳了科学逻辑，用专业方法来查明事实并借此打造出"社会现实的仲裁者"这一角色定位（塔克曼，2022，p.177）。沿着舒德森关于媒体如何重新界定公共和私有活动的讨论，塔克曼做出了推论：理应合理化新的社会秩序的媒体没有形成一套全新的理念用以界定公私（塔克曼，2022，p.180），而是坚持此前的二分法，维持现状，维护国家的正当性，弱化政府与私人之间复杂的张力。通过维持公与私之间人为的分野，新闻媒体遮蔽了重要的社会力量的实际运作，实际上决定着什么事情可以成为新闻，拥有控制新闻的权力。在新闻工作者将专业理解加诸具体事件而形塑事实、正当化现状时，其实就是在将自己的意识形态形塑成事实表征——新闻。

塔克曼从卡尔·曼海姆的著作《意识形态与乌托邦》中得到启发，将"知识的情境决定论"应用于新闻，表明新闻本质上是中产阶级意志的表达，传播的是中产阶级的意识形态（塔克曼，2022，p.194）。由此出发，若想评估新闻的意识形态性，就不能将客观真相与中产阶级所描述的真相画等号，而需要探查、判定真相并与意识形态做对比。塔克曼借用多萝西·史密斯（Dorothy Smith）的理论对新闻的意识形态属性进行了论述：新闻像知识一样，为界定和建构社会现实提供了一套框架。但是，新闻作为意识形态，让人们无法透视有关当代社会的真相，无法接触各类不同的观点。世界的图景永远无法完全通过窗框展现在人们眼前。在此，塔克曼在一定程度上批判了新闻工作的天真经验主义。新闻工作是行动中的意识形态。

沿着史密斯关于"意识形态作为客体化的程序"是一种"遮蔽的手段"的路径（塔克曼，2022，p.214），塔克曼想表达却并没有在文中直言的是，作为意识形态的新闻是一种遮蔽的手段，它为社会行动者提供了生产社会结构的材料（社会资源），同时也削弱了行动者改变制度结构的能力。

（四）新闻即知识

在该书的第一章，塔克曼便指出《做新闻》是一部关于知识社会学研究的著作。因此，新闻与新闻生产已被置于意义生产、知识工业等更大的结构中，新闻具有了同知识一样的地位，可以被描述为一种理论性活动、一种社会资源，可以正当化现状。

第一，新闻是一种理论性活动。社会学与其研究领域之间是主体-主体的关系，社会理论的建构涉及双重诠释。塔克曼沿着这一思路，思考在新闻这种对社会生活的真实记录中，是否也存在同样的主体-主体关系。从新闻通过对象征符号的操纵产生的影响到新闻专业主义调用对科学探索的共同理解，再到"新新闻"运动体现的当代新闻哲学，塔克曼层层推进，认为"新闻本身或许也可以被描述成一种理论性的活动"（塔克曼，2022，p.223）。新闻会调用消息源的前理论表述，因为新闻工作者遵循的一条规则就是专业人士或者"权威"知道的比非专业人士多。新闻报道的理论化还体现在对事件的分类上。媒体将纷繁复杂的事件分为不同的类别与范畴，使其受制于相应的规则与规范。而这些范畴既可以是混乱失序、社会冲突类，也可以是稳定向前类。新闻报道将从不同消息源搜集而来的信息并置分类，"一方面宣称在被呈现为事实的现象之间存在着理论关系，另一方面也创造出这一层关系"（塔克曼，2022，p. 223）。

第二，新闻是一种社会资源。社会世界是一个行动域，在社会世界中，被社会成员视为理所当然的生活事实充当达成行动的资源和再生产社会结构的资源（塔克曼，2022，p. 226）。新闻被不断确认和再生产为"生活事实"，新闻媒体也被不断确认和再生产为正当化机构，被人们视为发布真实记录的社会机构。而当社会成员将文化和结构的某些意识形态的侧面视为客观的生活现实时，他们便是在确认世界的事实性，将生活事实再生产为结构化的规则，构造社会活动和社会结构。新闻便具有如此的能力。而情境中的行动者基于不同的意图和利益生成不同的规则和资源，即生成不同的事实与新闻。因此，新闻体现了社会资源的分配和权力问题。新闻的生产是社会建构过程，需要社会行动者共同参与。新闻作为一种社会资源，具有强大的能力，但是新闻并不是"预先给定的客观之物"，它是"社会建构和永不休止的人类成就"（塔克曼，2022，p. 227）。在理论评述中，塔克曼打破了新闻专业人士生产社会生活真实记录的迷思，也质疑了这些记录是否必然不偏不倚。

第三，新闻是对现状的再生产。"新闻既会利用制度结构，也会再生产这套结构。"（塔克曼，2022，p. 229）新闻机构和新闻工作者将集中化的信息源视为具有正当性的社会建制，将这些地点客体化为信息收集的应然场所（塔克曼，2022，p. 229）。同时，经由天真的经验主义，这些收集而来的信息被转化为客观的事实。由此，新闻机构逐渐正当化自赋的角色，自身的组织结构不断完善。新闻机构以领地、机构、话题为核心的指挥系统内部不断协商，以确认职权范围与新闻价值。新闻价值是协商的产物，协商的目的是将日常事件的截片分门别类，进而转变为新闻。这个过程中，正规机构的选题、故事受到关注，权力进一步强化，其他机构则被忽视，妇女新闻、体育新闻退出头版位置。在关于新闻价值的协商与确认中，社会现状不断被正当化。新闻工作者和新闻机构运用过往经验指导当下的实践，将事情类型化为新闻事件，虽然此后还会不断修正，但也只是再类型化，都是重新确认或维护现状。塔克曼认为，有必要将新闻视为巧妙的成就，它传递出对社会现实的特定理解，不断将社会现实正当化（塔克曼，2022，p.234）。

四、理解新闻生产——事情如何成为事件

（一）采集（空间层面的新闻网，时间维度的类型化）

美国早期报纸具有一项共同特征，即它们都颇为依赖中心地点或场所（塔克曼，2022，p.24）。作者结合美国新闻史，向我们展现出了系统化地点的重要性。新闻记者总是在合乎逻辑的地点寻找新闻，逐渐形成了新闻条线，发展出集中化的消息源。塔克曼将新闻条线比作脐带，而消息源便是营养来源。通过一连串的日常活动（新闻条线），记者和新闻掮客（消息源）成为某种意义上的战略同盟，成为消息源的机构和发布新闻事实的媒体相互确认并强化自身的公共正当性。

"集中化作为一种方法迅速发展起来，令报纸能够以最少的投入获得尽可能多的信息。"（塔克曼，2022，p.27）而媒体想要采集到更多信息，使呈现的新闻更接近世界图景的真相，则需整合新闻条线，形成新闻网。塔克曼将每一家通讯社想象成一张蜘蛛网，称"这些蛛网都宣称要'覆盖全世界'，以满足人们对于新闻的渴望"（塔克曼，2022，p.28）。但当新闻网的网格密度和网线拉伸强度提高，"新闻网"就逐渐成为"新闻毯"。如此，所有通讯社和新闻媒体的触角会彼此重叠而非相互补充。在"覆盖整个世界"的愿景下，新闻媒体和通讯社在新闻网上留下漏洞，筛选出"大鱼"（具有新闻价值、值得报道的新闻事件），并用一整套在专业层面共享的新闻理念让漏洞变得合理、正当。

新闻网奠定了新闻建构过程的基调，赋予了社会世界特定的秩序。在空间层面，新闻网被锚定在集中化的机构场所，新闻媒体在此设立记者站或对应的条线，这不仅强化了这些机构的正当性，也将日常现实的截片勾画成新闻，使其成为框架的一部分（塔克曼，2022，p.30）。如此，可以明确的是，在媒体与记者的选择下，扮演消息源的中央地点和

机构在新闻网中扮演着重要角色。新闻记者选择的位置不仅是地理位置也是社会阶级位置。市政厅产出的新闻更有可能被报道，而未被新闻网覆盖的事情则得不到关注。将记者安排进不同锚点的背后是一套复杂的官僚系统。在媒体内部，记者和编辑之间不停地进行竞争性协商，新闻网是一个由消息采集者构成的等级体系。新闻网中的生产者（记者、通讯员、编辑等）之间存在的等级差异会影响到相关报道的优先次序。关于新闻报道的重要性、显著性和趣味性等新闻价值看似存在客观的等级次序，实则在不断进行平衡与协商。而在新闻网中，排布记者的方式主要有三种，分别是地理领地权、组织专门化和话题专门化（塔克曼，2022，p.32）。地理领地权说明新闻媒体将世界分割成与报道职责相对应的领地区域，记者基于不同的职责选择不同的消息源，形成类别上归属于地方性或者全国性的新闻；组织专门化说明媒体会在集中化的场所设立记者站和条线，获得稳定、常规的新闻素材；话题专门化则说明了记者基于不同专题，如财经、体育、家庭等，选择不同的报道领域。

新闻网是在空间层面上讨论新闻生产中的新闻采集环节。而时间和空间是相互交织的。在新闻生产的前端，关于时间的讨论无法绕开。塔克曼认为，与空间层面的新闻网一样，对时间的结构化也会影响到对新闻价值的评估和对"何为新闻"的认定。

"新闻组织对记者的安排与各类机构的办公时间步调一致，即便是周末的日程安排也是如此。"（塔克曼，2022，p.49）这说明新闻生产的节奏与社会的时间节奏保持着一致性。而新闻组织与社会机构在工作时间上的同步性会影响到对各类事件新闻价值的评估。作者在观察"新闻台"的新闻生产流程时发现，其播发的新闻往往涵盖的是上午10点到下午4点之间发生的事情，而其他时间段的事情必须展示出非凡的竞争优势，才能被纳入当天的新闻产品（塔克曼，2022，pp.49-50）。

新闻网锚定在时间和空间之中并不断扩展，作为信息源的场所在增加，而日常现实的截片作为新闻的原材料便存在"过剩"的情况。为了掌控工作，新闻人必须在有限的时间内应对无限的事情。因此，将事情区分为不同的新闻故事，即类型化便浮现出来，可以说"新闻类型化镶嵌在时间的运用之中"（塔克曼，2022，p.52）。新闻人眼中的新闻类别主要分为硬新闻、软新闻、突发新闻、发展中的新闻和连续报道。如此，"新闻人的类型化嵌入实践性的任务当中，令新闻工作与潜在新闻事件的时间表保持同步"（塔克曼，2022，p.56）。

凭借类型化，新闻人将独一无二的事情转化成新闻的原材料，并运用常规手段加以处理和发布（塔克曼，2022，p.62）。类型化赋予了原材料以特定秩序，日常生活的截片被纳入特定框架。因此，新闻人以特定方式来感知日常世界，而人们也通过类型化的新闻产品来感知现实。在指出类型化的后果时，塔克曼提出了如下问题：类型化重要吗？它们还有什么价值？而后，她提到，建立在理所当然的假设基础上的类型化正在被客体化。新闻记者在如此的常规当中正形成专业主义（塔克曼，2022，pp.63-68）。

（二）专业主义、消息源、新闻叙事

在第四章，塔克曼聚焦纽约市政厅记者站 9 名记者的日常活动，探讨了新闻专业主义与组织灵活性之间的关系。消息源和记者内部都存在着等级秩序。消息源的地位越高，记者的地位越高，而消息源的累积还会形成"马太效应"，使得"大新闻"总会落入大牌记者手中。如此看来，记者为了提高自身地位与价值，对于消息源的竞争是一种常态？这样是否会破坏现有的专业分工？的确，拥有更多的消息源，意味着会踏入别人的专长领域，侵犯别人"想到的选题或拿到的信息"这类私有财产。但在跟消息源打交道时，记者具有专业自主性。"到底是将信息视为所在部门的财产，还是个人财产，取决于记者工作控制的需要。"（塔克曼，2022，p.83）同样，是独占还是和对手分享信息，记者也有自己的一整套规范。分享信息、相互协作是与人方便、与己方便，这牵涉到同僚合作原则——服务组织需求、按时完成工作、获得乐于助人的专业声望有助于职业流动。总之，记者在努力维护自己的专业自主性：一方面保护自己的私有消息源和专长领域；另一方面从其他领域搜集素材，保持新闻网的灵活。

如何寻找合适的消息源？选择让什么样的事情成为新闻？媒体需要无懈可击的消息源，这背后存在一系列规则，而这些规则镶嵌在对日常世界及其制度的结构化理解中。换言之，对事实的识别和发掘植根于日常方法。验证事实需要与常识对照，需要将个别事实放置于事实性网络中判断。个别事实相互指涉，共同构筑了一个事实性网络（塔克曼，2022，p.95）。常识具有一种正当性，被认为是"历史给定之物"。新闻报道的事实如果与位高权重的自我呈现和普遍理解相悖，便是在否认被公认的正当性，这会令新闻网土崩瓦解。塔克曼举出伯恩斯坦和伍德沃德对水门阴谋的调查报道的编辑政策来说明其如何重构总统的地位与身份，重构历史给定之物。"新闻本质上仰仗对社会世界的公认理解。"（塔克曼，2022，p.96）只有将已有的常识或者整体性框架加诸某个事情，我们才能确认其事实性，赋予事件意义。这也说明事情成为新闻是一种可验证的事实。

新闻叙事不仅是新闻呈现的形式，其观念也引导着记者寻找事实。不同的新闻类型具有不同的叙事模式。硬新闻的叙事模式，往往基于何人、何事、何时、何地、何故和如何——新闻报道的六要素。而软新闻体裁（不定期报道）的叙事形态多种多样。"以什么方式呈现事实，决定了要问哪些问题。"（塔克曼，2022，pp.110-111）"火灾""审判""总统之死""丧命的孩子"，这些故事形式对应着特定的事实和消息源，但是叙事模式的选择会引导记者使用不同的类型化手段、寻找不同的角度呈现新闻故事。在此，记者的专业主义也体现为"向合适的消息源提出合适的问题"（塔克曼，2022，p.112）。

可以说，"构建叙事的能力是一种专业技能"（塔克曼，2022，p.117）。新闻记者创造的故事既要能维系事实性网络又要构造出戏剧张力。新闻写作中存在着"新闻话"，在时态、段落、字词顺序上都有自身鲜明的特征（塔克曼，2022，p.118）。塔克曼认为，新闻片是视觉语言，也是再现事实的话语。电视新闻的镜头叙事中，特定的象征人物、象征事件构造了具象的事实性，电视将新闻叙事等同于事实性网络，这其实也物化了新闻媒体对时间和空间的官僚化安排。回到对新闻专业主义的讨论，在媒体生产新闻故事的过程中，专业主义通过对消息源的选择与新闻叙事的呈现形式将媒体组织的规范与意图融于新闻之中。媒体正当化所报道的现状，也正当化自身的规范和价值准则。

（三）事情如何成为新闻事件（妇女运动社会议题成为新闻话题）

"对时间和空间的社会安排影响着新闻工作。"（塔克曼，2022，p.147）如前所言，媒体所能报道的新闻有限，很多事情会被新闻网过滤、遗漏。在日常实践中，新闻工作更加强调有始有终的、具体的事件而不是带有一系列关联和分析性特征的议题。议题并不具备特定的时间点，像一种"无名的问题"（塔克曼，2022，p.148）绵延不断。芭芭拉·菲利普斯（Barbara Phillips）认为，新闻工作的本质创造出了新闻从业者的共同意识，如具体化的逻辑、聚焦当下的导向、对偶发事件的强调、对结构必要的忽视，从而导致媒体生产的是新闻马赛克镶嵌画，只能呈现表面现实（塔克曼，2022，p.149）。"新闻工作的取向和社会运动参与者的取向之间存在落差，折射出新闻行当的职业意识和社会运动更具分析性的意识之间的冲突。"（塔克曼，2022，pp.149-150）因此，在新闻工作将议题形塑为新闻故事的过程中，存在对议题的诉求进行转化的实践。

塔克曼描述与分析了妇女运动成为新闻话题的脉络。早期媒体报道对妇女运动极尽排斥和嘲笑之能事，许多记者绕过事实性网络，将妇女运动建构成软新闻（塔克曼，2022，p.152）。在这个过程中，"男性新闻人"秉持的专业意识形态是将男性关注的议题重要化，并不断强调男性议题的正当性，进而维护男性权威、边缘化女性议题、削弱女性地位。而后，媒体进行了一种专业实践——"回应报道"。它将结构强加在运动之上，寻找（提名）运动的领袖，刊发准正当性领袖的观点。但被媒体利用的运动发言人随时都有被抛弃的可能。同时，"职业意识让新闻工作者在不经意之间贬低扰乱社会秩序的事件"（塔克曼，2022，p.156）。妇女运动逐渐受到关注，但是其正当性并没有得到媒体的确认。标准化的报道实践始终正当化掌握制度权力的人。经由一批女性主义记者的努力，妇女议题得以转变为新闻故事。女性主义记者将议题转变为报道条线，并设立了专门的办公室。但是，由于女权团体活动常与统辖报纸的时间表相冲突，许多报道往往赶上截稿期限才得以见报。报纸没有完全成为运动的资源，有关妇女运动的报道通常见诸各报纸的女性版。

妇女运动被构造成新闻话题，是媒体内部官僚化制度的调整与媒体机构内部的竞争与协商的结果。妇女运动最终迈向了制度化，被纳入媒体的常规报道，相关的议题也转化为新闻。在一定程度上，妇女运动的正当性在媒体报道中得到了确认与强化。新闻建构的现实世界变得更加真实、丰富。但是，任何社会运动发起的议题与事件必然受制于正统新闻叙事的框架。"相关的争议内嵌在事实性网络中，变得人为可控。"（塔克曼，2022，p.169）而"一旦被纳入事实性网络之中加以架构，社会运动就无法挑战正规机构的正当性，更无法削弱新闻网的力量"（塔克曼，2022，p.169）。妇女运动虽然成为新闻话题，但是仍然受制于菲利普斯口中的新闻人传统的职业意识。新闻实践是行动中的意识形态，新闻人的专业实践维系着既有的社会结构和规范。

五、评价与反思

《做新闻》为重新理解新闻与新闻生产提供了一个窗口。关于新闻的意涵多种多样，而塔克曼站在"天真的经验主义"的对立面，反思"新闻是事实"的合理性，反思客观性与专业主义，以建构主义的立场解释新闻与事实的不对等、新闻与新闻生产背后存在的结构性关系。她打破了新闻的神话意义，但并不是充满批判性的。如她所言，"知识总归都是社会建构的产物"（塔克曼，2022，p.235）。新闻也是社会建构的产物，它是"认识的手段"，为人们提供了一扇通往世界的窗户。在新闻的正当化作用下，个人、组织甚至国家得以确认自己的位置坐标，获得经验与意义，因此，新闻是一种社会资源。新闻也是"遮蔽的手段"，它是一种意识形态，是权力关系的体现。这其中包括新闻正当化了权威机构，扮演了权力的左膀右臂的角色。新闻机构也通过宣称新闻的事实性、客观性，通过专业实践来获得、强化自身的权力。塔克曼的"新闻是社会建构的现实"的诊断显然是辩证的。

同时，我们应该具备在不同的社会情境下品读经典著作的能力。不仅要了解作品写作和出版时的历史场景，还要结合自身所处的情境来思考作品的价值。《做新闻》一书的基础是塔克曼于 20 世纪 60 年代写作的博士论文。在那个时期，西方学术界存在着对新闻专业主义的批判的历史氛围。左翼激进年轻学者面对的是变化的现实与保守的新闻媒体。在此背景下，塔克曼走进新闻的常规生产过程，重新认识、理解新闻。由于带有鲜明的立场预设，她在电视台与报社进行的田野调查中所获得的经验材料一定程度上是对已有立场的确认。学术研究与研究者的生命体验是联系在一起的。而研究者的生命体验带有多少个人性也同样值得我们思考。回到当下，"新闻不等于事实""新闻是被社会所建构的"，《做新闻》的观点在"后真相"的语境下似乎得到了确证。在互联网等技术推动媒体向前发展、新闻被大量生产和传播的同时，质疑新闻的声音也逐渐变强。主流媒体传播的事实与自媒体、网民传播的事实彼此重叠、互为补充的同时，也存在冲突。在媒体量级有限，传播与发声渠道不通畅、不便利的前互联网时代，媒体呈现的事实和受众获得的事实的断裂还不明显。而如今，在新闻生产主体不断增加、大量新闻被推送至受众面前的同时，人们的判断与选择逐渐多样化。然而，同一新闻背后的事实内容却不一致，或者说同一事实具有不同的意识导向。真实与虚假的边界在混乱中变得模糊。塔克曼的观点正好是一针清醒剂，她告诉我们：要透过事实呈现的差异去认识结构性问题与各种关系。

当然，结合当下的情境，可以看到，塔克曼进入的田野具有历史性，即她所观察的新闻生产过程只是传统的新闻生产过程。而如今，在互联网等新技术发展、生产主体转变与受众兴趣调整的背景下，新闻生产的常规化过程早已发生了变化，新闻产品的呈现也有了新形态。比如，新闻网所锚定的场所发生了变化，以前被遗漏的地点由于新闻生产的时间扩延得以被发现；新闻价值不断被评估，而协商的主体不仅仅局限在媒体内部；"人人都有麦克风"让人们能够各抒己见，传递的新闻的意识形态不再统一。在如今的研究与思考中，我们需要在目前的经验材料中去确证抑或是补充，甚至可能推翻塔克曼的观点。研究需要面对现实生活场景，对于新闻生产的研究要求我们走进新一代的新闻编辑室，运用新的观察思路和观察手段获得实证结果与观点。

（杨德坤　复旦大学）

参 考 文 献

〔美〕盖伊·塔克曼：《做新闻：现实的社会建构》，李红涛译，北京：中国人民大学出版社，2022。

拓 展 阅 读

〔美〕彼得·L.伯格、托马斯·卢克曼：《现实的社会建构：知识社会学论纲》，吴肃然译，北京：北京大学出版社，2019。

〔德〕卡尔·曼海姆：《意识形态与乌托邦》，李步楼等译，北京：商务印书馆，2014。

迈克尔·舒德森

《发掘新闻：美国报业的社会史》

　　迈克尔·舒德森是当代美国新闻传播学领域最具影响力的学者之一，被广泛视为媒介社会学（media sociology）的重要代表人物，其学术著作的主题涵盖了媒介与社会关系的多个方面，并以此为切口，深入至对美国当代公共生活的探讨。在他诸多学术著作中，最负盛名的便是《发掘新闻：美国报业的社会史》一书。2016 年，该书获得了国际传播学会最高学术奖"国际传播学会院士图书奖"。在《发掘新闻》中，舒德森基于媒介社会学的视角，创造性地将报业放置到美国近现代社会史的宏阔框架内，深刻揭示了政治、经济、文化和技术结构对新闻业和传播理念的建构过程。其中，他重点考察了"客观性"原则的诞生及发展的历史，从而开创了美国新闻史研究的社会科学路径（陈昌凤，2016）。沿着舒德森所展示的时间线索，以民主、市场、社会三维视角为牵引，我们或许能对新闻业的"娱乐化""职业理想"与"政府管理"等问题形成更深层次的理解。

一、成书背景

　　《发掘新闻》一书成稿于 20 世纪 70 年代后期，是迈克尔·舒德森踏入学术界后的第一部著作。作者在该书中运用情境化的媒介史研究方法，充分结合一手、二手资料，提供了一个借助新闻与报纸不断进化的过程理解美国新闻业的思路。但全书的讨论绝不仅局限于新闻业，与新闻客观性这一核心问题相伴而生的是作者对现代新闻机制与美国政治、经济、文化、社会生活之间发展关系的交互式思考：我们处于一个怎样的社会？新闻机构具有怎样独特的社会地位？为何它要维护"客观性"这一特殊理念？这一知识观又将如何影响美国时下的社会情境与公众认知？舒德森在该书中借助强大的逻辑地图对以上问题进行勾连，并做出了有效的回应，这不仅缘于舒德森对其所处的社会政治环境的充分认知，还得益于他本人的知识背景与学术经历。

从该书的创作背景来看，随着第二次世界大战的结束，美国报业也在经历了"黄色新闻"（19世纪末）、"小报时代"（20世纪20—30年代）等诸多浪潮后，迈入了较为成熟的阶段。这种"成熟"一方面是指《纽约时报》、联合通讯社、《华盛顿邮报》等媒体的市场化发展，带来了稳定的新闻从业者、不断拓展的新闻市场以及层出不穷的新闻理念等；另一方面，也是指对传统新闻业的反思及学术研究的日趋成熟。彼时新闻的客观性成为极具争议性的议题，无论是美国社会的"中立派"与进步主义者，抑或是记者、编辑、评论员等新闻工作者，似乎都难以通透地回答新闻业客观性理念的应然、实然与必然问题。在此情况下，研究者和从业者开始尝试从不同视角（自然科学、社会科学、跨学科等）来审视新闻业乃至新闻学本体，试图发现以"新闻"为载体的某种知识和权威的正规化过程。在此宏观背景下，该书的出现恰逢其时。

舒德森本人拥有的社会学、经典社会理论背景，以及通过历史研究来分析问题的强烈倾向，也使该书跳脱了传统的"就新闻论新闻"的研究思路，通过历史对新闻研究中一些"不言自明"的概念进行祛魅（常江、何仁亿，2018）。对舒德森来说，深入历史语境是把握一切观念形成与流变的关键所在，即使如"客观性"这样对于美国政治生活而言不可或缺的价值内核，也应当对它的社会历史进行追踪。这也解释了为何他能对美国新闻业的行业价值标准进行冷峻的考察与反思，系统地阐释现代新闻机制与政治、经济、文化、社会生活的互动关系，以及客观性的根源与发展脉络。

二、新闻业的革命：报业、社会与职业理想

　　舒德森在该书第一章便将目光投向"新闻"的本源——19世纪30年代的便士报。以此为起点，美国新闻业迎来了一场商业革命：以《纽约太阳报》《晚讯报》《纽约先驱报》为代表的报纸凭借巨大的发行量、极为低廉的售价（1便士），在极短时间（几周）内迅速打开了全国性市场。它们的出现迎合了彼时政界、商界等的民主化浪潮，但也引发了不少华尔街大报的抨击，甚至"六便士报"也纷纷加入这场报业斗争。便士报价格低廉且内容更加新奇或煽情，迎合了当时新出现的各种阶层的口味，也导致了阶层间的利益斗争。舒德森敏锐洞察到这一报业斗争的阶层、政党斗争本质，即传统精英阶层对中产阶级入侵的抵抗。他同时揭示了"便士报"得以流行的三大社会因素：其一，印刷技术及相关行业的发展。19世纪初，古登堡（Gutenberg）的印刷术升级为铁板印刷，配合着造纸术、蒸汽印刷机的发展，1小时即可印1000份，而"便士报"的电报服务也精准地抓住了受众对时效性的渴望。其二，美国识字率的上升。作者并未将识字率的上升归功于报业，而是更多地强调政治、经济权利的扩展，以及由此带来的阅读社会化的过程，即推动识字率上升的是社会交往以及必要的环境需求。其三，结合李普曼、帕克、弗兰克·莫特等人的部分观点，作者认可报业的这种变化是一种自然史的结果，亦是一种社会形态自然而然的演化过程。

　　即便在今天看来，舒德森对这一阶段新闻业的分析依旧具有很高的价值，除了丰富的经验材料外，更难得的是作者的认识论。该书将现代新闻业的起源锚定于"便士报"时代，在契合新闻业共识的基础上，援引了路易斯·沃斯（Louis Wirth）、理查德·桑内特（Richard Sennett）、道格拉斯·米勒（Douglas Miller）等人的观点，论述中多涉及"民主化""社区""社会"等分析，隐约可见的是诸多社会机制系统对新闻业的影响与建构。因此，与其说该书是对"便士报"演变历程的研究，毋宁说舒德森将"便士报"作为一个观测棱镜，以此折射"民主市场社会"文化的发展，思考新闻业如何更加"契合"这种社会的脉动。

彼时美国新闻业所处的社会环境风起云涌，新闻业内部也在经历一场专业知识与价值的革命。1880 年后，记者这一职业的地位也得到了提升，他们"有史以来首次在报业世界扮演了主角"（舒德森，2009，p.55）。在美国内战、铅版印刷、娱乐浪潮、城市扩容等诸多社会性"催化剂"的影响下，一方面，记者群体在某种程度上视自己为科学家，比前人更大胆、更准确、更现实地发掘工业社会的经济和政治真相：他们直面"现实"，把"观察"视为方法，将新闻现象与"自然-社会"科学联系起来，在新闻中建构出可供公众审视、推论的知识体系与符合民主市场要求的理念。另一方面，得益于小说家对报业的渗透，新闻业开始强调作品中感情色彩与现实细节的糅合，呈现出幽默与"伪亲切感"（false geniality）的特征，记者们希望将"事实"转化为读者喜欢的"故事"。在科学和文学两种路径的影响下，新闻记者的职业理想得以萌生。舒德森以亲历过那个时代的记者的回忆录为材料，勾勒出记者对（新闻）事实与观点的认知区别、对准确性的自我要求、对欺骗/虚伪等的憎恶、对固定新闻风格的行业警惕以及对新闻业内部规训的反思等。

不难发现，这种职业理想的萌芽是新闻业内外部诸多因素共同作用的结果，但舒德森无疑更加强调外部（社会性）因素，例如，市场经济的出现、政治民主理念的发展、城市居民阶级的出现等。在书中，舒德森使用了"现实主义"（realism）一词来表明新闻业对于生活的重现、对于知识的生产以及在科学进步下的发展与重构。舒德森从社会学角度去理解新闻业在科学与文学两重路径中的发展，并将新闻业内部的种种矛盾再次折射到社会学中进行思考。这种路径不仅契合对于新闻业深层研究的范式需求，也在一定程度上解释了新闻在职业化之后所呈现的种种结构性矛盾，并为一系列问题做了铺垫：19 世纪 90 年代后作为"娱乐"（故事性报道）的新闻业和作为"信息"（严肃性报道）的新闻业为何会萌芽、为何会同时存在，两种类型的新闻业发展的目的是什么等。

三、客观性理念的流变：娱乐、信息与意识形态

事实上，客观性最初的起源并非那么"理想主义"，而是源于便士

报所带来的报纸商业化浪潮。为了满足更多阶层的信息需求、赚取更多的利润，便士报更加注重事实而轻视社论。它所开创的"民主市场社会"文化容不下盲目顺从，在此基础上才会产生尊重"事实"而非盲从"价值"的客观性理念。但是，这一时期的美国新闻业还未产生共同的信念理想，因而客观性也尚未成为一种被奉为圭臬的专业理念。"从世纪之交直到 20 世纪 20 年代，'客观性'这个词始终没有出现在记者或新闻批评家的辞典中"（舒德森，2009，p.108）。客观性真正成为美国新闻业所追求的一种意识形态和价值，要从"娱乐"与"信息"两类新闻模式对新闻业的冲击开始。

19 世纪 90 年代，"便士报"虽然式微，却带来了报纸的工业化浪潮。由约瑟夫·普利策执掌与复兴的《世界报》和威廉·赫斯特（William Hearst）买下的《新闻报》成为当时（1890—1896 年）美国发行量最大的两家报纸，它们是新闻界所谓的"新新闻学"（New Journalism）的代表。这一流派最明显的特征就是融合了小说的创造想象力及新闻记者的采访技巧，一反新闻界主要依赖消息来源提供消息的传统，而是由记者对现场的一件事进行深入观察并作详尽分析。从表面看，"新新闻学"仅是对写作风格、描述类型以及老式新闻"教条"进行了更新，这些做法在后世（20 世纪 70 年代）的汇总中也多被视为发挥了正向作用的改革，但彼时的新闻业对这些做法，乃至两报之间的竞争及竞争方式"深感忧虑不安"（舒德森，2009，p.78）。这种不安的根源在于，两报依旧属于偏向娱乐大众的，有着低俗、琐碎、消闲、恶俗等特点的"便士报"。更有甚者，《世界报》挑起打压同行的价格战，并掀起"煽情主义"（sensationalism）的浪潮，同时利用"自我广告"（self-advertisement）来吸引眼球、促进销售；《新闻报》则不断强化娱乐信息，甚至引以为豪。两报因为相互比拼、挖墙脚而催生的"黄色新闻"更成为美国新闻业历史上的污点。

当"娱乐"为新闻业确定了步调之时，"信息"则为新闻业建立了标准，这一标准伴随着 1886 年《纽约时报》的崛起而被新闻业广泛接纳。在第三章中，舒德森展现了《纽约时报》在当时所获得的社会声誉：以专业、严谨的态度报道房产、财经新闻，被誉为"商业圣经"；以严肃、庄重的社论和政治新闻来传播信息，赢得了精英阶层的信赖；以"阅遍天下，杜绝丑闻"（All the World's News，Not a School for Scandal）为口号，成为低俗报业环境中的一股清流。同时，面对已经习惯了便士报售价的读者，《纽约时报》也适度地以降价、促销等方式拓展销路，在低俗新闻业最为狂热的时代，严肃新闻却在茁壮成长。然而，《纽约时报》的成功并非得益于其"客观性"的新闻生产。舒德森在书中借本杰明·斯托伯格（Benjamin Stolberg）的嘲讽点出，"被人看到在读《纽约时报》，'是不必羞愧的'。在斯托伯格眼中，正是这一点才使该报获得了成功，并非因为《时报》自身有多么优秀的质量"（舒德森，2009，p. 104）。换言之，《时报》"受人尊重"本身就暗含着一种道德分野，背后是高雅文化和通俗文化、特定社会群体与普通阶层之间的道德论争。

回到该书的核心之处，即关于新闻（业）"客观性"的讨论。"客观性"之所以会成为美国新闻业追求的一种意识形态和价值理念，与经历了"娱乐"和"信息"模式后，记者和民众逐渐对"事实主观化"产生了清醒的认识紧密相关。20世纪20年代，记者已经不再相信事实可以不证自明，不再坚持信息的功效，抛弃了进步主义时代中产阶级引以为豪的中立性。而民众也逐渐意识到，即便是寻找事实也牵扯到利害关系，也有选择性，甚至理性自身也受到利益、意志或偏见的影响（舒德森，2009，p. 108）。当事实衰落，记者便从目的的统一转向方法的统一，客观性理念由此诞生。客观性建立在事实和价值完全分隔的基础上，成为人们认识世界的普遍而有效的标准，它的崛起与其说是对天真经验主义和对事实的盲从，不如说是对怀疑主义的回击。正如舒德森在书中所说的那样，"它最终表达的不是对事实的信任，而是声明为一个连事实都不能相信的世界设计了一个方法"（舒德森，2009，p. 110）。

面对事实的主观化趋势，新闻业本身也在以多种方式做出回应。例如，公开承认新闻报道的主观性成分、提升细分领域记者的专业化能力、允许和鼓励署名新闻报道、着力发展"解释性报道"、成立彼此公认的报业公会等。但是，纵观全书，舒德森看似在论证客观性理念在新闻业的流变，实则在不断质疑"客观性"是否真的存在这一问题：他借用李普曼的学术观点，试图在理论层面向读者展现客观性理念的复杂性；借用利奥·罗斯顿（Leo Rosten）的田野经验，证明客观性仅是测量记者自身的主观实际状况的手段，且记者本身就对客观性存有怀疑；通过展示出版协会、编辑协会和出版商的"出走"和"分裂"等事实，印证报业工会其实存在鲜明的政治立场，而非坚持新闻和公共原则……最后，正如作者自己得出的结论，"20世纪30年代的客观性理念虽然是一个很流行的新闻学专业价值观，但它刚一形成便土崩瓦解了"（舒德森，2009，p.143）。

新闻业为何要建构这样一种意识形态，并将之奉为圭臬呢？舒德森认为，这是新闻业在尴尬地为自己辩护，为自身存在的合理性、这一行业存有的准则等辩护。在这里，舒德森试图提出的深层观点是：新闻业如此信奉"客观性"，就行业本身来说是必需且必要的，否则新闻业存在的合理性会受到质疑；就社会环境而言，在大众深感忧虑和无所适从的情况下，他们也需要去相信，在那样一个时代真的有这么一个行业在坚守所谓的客观与严肃，为公民而非特权发声。然而，公众似乎也发现了，客观性萌芽的根源在于掩饰公众对充斥着等级、特权的美国社会的一种失落感，新闻业只不过是这种群体心态的一块"遮羞布"，其折射的是美国社会群体性的怀疑、尴尬，乃至空洞与寂静。

四、反思性的生成：管理、变革与批判文化

如果说，19世纪30年代的"客观性"还只是一种探讨和追问的话，到了60年代它就彻底沦为一个带有"侮辱性"的词，甚至新闻专业主义本身也遭受批评和质疑（舒德森，2009，p.146）。第二次世界大战以后，知识分子被公众视为"新官僚"，政府决策者（政客）被视为"聪明绝顶者"，新闻业的客观性理念自然而然地也被视为拒绝挑战威权

和特权的基本理念，这也让新闻业新的理念、制度、运营方式得以萌芽。① 舒德森本人似乎也急于继续探讨"客观性"问题，转而投身于对社会整体环境的批判与反思，试图唤起报业对内容变革的渴望。他认为，政府对新闻管理的日益强化和全社会弥漫的由越战引发的"对抗文化"是这种批评转向得以出现的两大核心原因——就前者而言，巴黎和会之后，政府和媒体形成现代性关系，这种关系以新闻业能够控制政府所需要的舆论为表象，却呈现出深层次的政府对新闻（业）控制的强化。在此背景下，"僵化模式"（Frozen Patterns）、"伪事件"（Pseudo Event）、麦卡锡现象等层出不穷，公众对于新闻业的失望加剧，而新闻业本身的愤怒、突破、抵抗、怀疑等亦从未中断。就后者而言，当美苏冷战、古巴导弹危机、肯尼迪遇刺等一系列事件发生之后，美国民众不得不开始反思政府治理问题，这股批判思潮蔓延到了教育界、知识界和新闻界，最直接的影响就是普通公民、新闻工作者等不再轻易相信政府，并试图以个体的努力推动新闻界的相对独立。

在以上两股力量的推动下，对新闻业中"客观性"的批判带来了至少三种不同于20世纪30年代的反思性结论：第一，公众普遍认为，新闻报道的内容是建立在一整套基本的政治假设之上的，而这些假设的正确性从来就没有被质疑过，且新一代的新闻工作者在成长过程之中就已熟知这些政治假设。所以，这些假设就是"客观性"隐藏的讯息。第二，形式是内容的重要承载，而新闻报道的形式也形成了其自身的偏见。例如，倒金字塔写作模式倾向于冷静的陈述，呈现出的事实往往较少涉及现实世界的相关背景，而不少新闻作品着重陈述"事件"的结果而非"过程"，表现出明显的偏见。第三，新闻采编的套路也严格遵守一定的社会模式，采访新闻的过程本身就建构出一种现实，从而巩固了官方的观点。在这里，"客观性"关注社会形态和生产过程的后果，更像是一种实践方法，而不仅仅是某种理念与信仰。作者引用了盖伊·塔

---

① 今天我们熟悉的诸如"新闻分析""激进新闻""特写"以及更有力度的"解释性报道"等表述均出自这一时段。

克曼、伯纳德·科恩（Bernard Cohen）等学者的观点来支撑和论述这些反思性结论，表明新闻职业及新闻组织在新时代的变革，以及为破解困境所做出的努力。

即便新闻业的职业实践和程序均受到某种意识形态的钳制，隐藏在美国社会的文学传统与揭丑传统之中，但新闻业为改变"现状"所做出的诸多努力依旧值得被记录。例如，新闻业接续了文学传统的"新新闻"形式，在情感和知识的驱动下一定程度上改变了日报的新闻写作风格；"元新闻"则将形式本身内化到了报道的主题之中，强调体验中的新闻报道，强化了新闻对客观性的追求；"揭丑新闻"虽然带有明显的激进属性，但其对报纸"硬新闻"产生的影响，以及给记者群体的鼓励不可小视；随着"水门事件"的轰动性影响，无论是调查性记者还是调查性报道都发挥着日益重要的作用，在机制中的合法性地位得以确立……应该说，舒德森并没有对新闻界的改变所带来的实质性影响做出一个定性判断，他仍旧对新闻业及新闻工作者心怀希冀——相信他们在面对风险、不确定性甚至被迫屈从时，仍能探寻客观性、寻求真理，即使这种相信本身夹杂着怀疑。

五、评价与反思

《发掘新闻》一书之所以在媒介社会学领域备受推崇，一方面在于该书确有超越新闻学本体的视界，考察了美国新闻业（报业）的深层问题，得出了颇有见地的结论；另一方面也在于其贡献了社会学的相关方法论：该书合理组接了来自行业记者的手记、同辈学者的观点、新闻评论摘录、报纸刊登的材料等多重素材，以横跨学界与业界的纵横视野，旁征博引，循序渐进地呈现出美国波澜壮阔的报业发展史。

回到最初的问题：为什么我们要信奉客观性？舒德森给出了如下答案："一方面是因为想要这样做、必须这样做；另一方面……客观性的根源……不是用来为权威、特权提供掩饰，而是用来遮掩我们在凝视现代社会时眼神中流露出的失落感。"（舒德森，2009，p.145）然而，对于客观性本身所存在的争议，作者似乎陷入了一种中庸逻辑，并未为我们精确而有效地描述"客观性"理念是否会实现，以及有无实现的条件，而是像个理想主义者那样为我们勾勒了蓝图，"新闻业还未出现一个崭新的理想来成功地挑战客观性理念，但仍然存在着一线希望"，新闻从业者要"相信自己、相信同事、相信世界，包容世界，但同时又要怀疑自己、怀疑同事、怀疑世界的表现，不迷失于世界"。因此，与其说该书理清了关于"客观性"的争议，毋宁说呈现了舒德森对"客观性"何以可能、何以争议的自我探索。

尽管舒德森没有给出确切的答案，但他引入了不同的思考维度，展现了未来研究的无限可能。比如，他用连贯的历史知识点明了一个大众隐约知晓但又难以大声言说的现实——我们只不过"需要一种逃避"，但"逃避"背后有着怎样的社会心理动因与社会权力机制，中西方社会语境的迥异如何影响人们对客观性的承认，仍可进一步追问。再如，他所提及的反对客观性的两个传统之一——"新新闻"，这种由"情感与知识驱动"的新闻（舒德森，2009，p. 170）在如今的数字新闻时代实现了复归，而数字新闻相较于"发掘新闻"时代的文字新闻，该如何处理新闻中情感因素与客观性之间的关系，仍旧值得我们去思索。

（姜海　电子科技大学

万旭琪　复旦大学）

参 考 文 献

常江、何仁忆：《迈克尔·舒德森：新闻学不是一个学科——历史、常识祛魅与非中心化》，《新闻界》2018（1）。

陈昌凤：《新闻史研究的社会学转向——再读〈发掘新闻：美国报业的社会史〉》，《新闻春秋》2016（3）。

〔美〕迈克尔·舒德森：《发掘新闻：美国报业的社会史》，陈昌凤、常江译，北京：北京大学出版社，2009。

拓 展 阅 读

〔美〕盖伊·塔克曼：《做新闻：现实的社会建构》，李红涛译，北京：中国人民大学出版社，2022。

〔美〕赫伯特·甘斯：《什么在决定新闻：对 CBS 晚间新闻、NBC 夜间新闻、〈新闻周刊〉及〈时代〉周刊的研究》，石琳、李红涛译，北京：北京大学出版社，2009。

〔美〕托德·吉特林：《新左派运动的媒介镜像》，张锐译，北京：华夏出版社，2007。

赫伯特·甘斯

《什么在决定新闻：对 CBS 晚间新闻、NBC 夜间新闻、〈新闻周刊〉及〈时代〉周刊的研究》

从 20 世纪 60 年代中期开始，一批社会学学者进入新闻编辑室，采用参与式观察、深度访谈等方法对新闻生产的过程进行了细致、全面的解剖，形成了新闻学研究中一支非常重要的脉络，即从新闻组织的角度对新闻生产的过程进行描述、分析和解释。在对新闻生产社会学、媒介社会学乃至新闻研究学术史的梳理中可知，这批集中在 20 世纪 70 年代面世的研究占据着极其重要的地位，它们共同创造了公认的新闻社会学的黄金时代。赫伯特·甘斯的经典著作《什么在决定新闻》是其中的代表性作品。

一、成书背景

赫伯特·甘斯出生于德国科隆的一个中产阶级家庭，1939 年初随家人逃离德国，途经英国，最终在美国芝加哥定居。他本科和硕士阶段均就读于芝加哥大学，1953 年来到宾夕法尼亚大学城市规划专业攻读博士学位。1985 年起，他开始担任美国哥伦比亚大学罗伯特·林德（Robert Lynd）社会学教授，直至 2007 年荣休，并在 1988 年任美国社会学协会第 78 任主席。甘斯自称是一位多领域（Multi-Field）的社会学家，他漫长的学术生涯广泛地涉及了六大研究领域：一是社区研究和城市社会学，二是公共政策，三是种族和民族，四是流行文化、媒体和新闻媒体，五是民主，六是公共社会学（Gans，2009）。《什么在决定新闻》称得上是甘斯对自己学术专长的一次偏离。但事实上，甘斯对新闻生产的研究兴趣既源于特定社会时期的影响，也与其个人的学术经历一脉相承。

1962 年的古巴导弹危机是促成甘斯进行新闻生产研究的直接动力。一方面，在担心危机引发核爆大屠杀之时，他也感到好奇：为什么新闻媒体上发声的都是些鼓吹战争的人？因此，他决定对一些新闻编辑室进行民族志研究以满足他的好奇心。另一方面，危机其实在他开始研究之前就已存在了很长时间，而他本人的专长更多展现在国内问题上，所以真正让研究成形的外部因素是 20 世纪 60 年代末期的美国国内现实问题，尤其是新闻媒体对反战游行中的社会秩序、贫民窟失序和文化震荡等问题的关注。1963 年，美国总统肯尼迪遇刺后，保罗·拉扎斯菲尔德（Paul Lazarsfeld）获得资助要对电视网如何报道刺杀事件进行研究，甘斯加入了此项研究。作为项目组中最资深的访员，他被分配去访谈电视主播和媒体高管。甘斯期望这个项目能为将来从事研究提供入场的机会，但他开始自己的研究后，即使在没有熟人的新闻机构，他也轻易地获得了入场机会。

一直以来，甘斯属于对新闻媒体颇为亲善的社会学学者。在人生的不同阶段，他都曾与新闻、传播问题结缘，因为亲近而表现出兴趣，兴趣又激发了他深入研究的动力。甘斯在中学阶段就开始接触新闻业并一度打算将其作为首选职业，后来在大学和军队期间都曾从事过记者工作，实际上对新闻工作不算陌生。在芝加哥大学期间，他曾修过伯纳德·贝雷尔森（Bernard Berelson）的传播学课程，学习了内容分析，了解了有限效果论，还为莫里斯·詹诺维茨（Morris Janowitz）的社区媒体研究做过准备工作。甘斯对新闻和传播问题的研究由来已久。早在 1949 年，甘斯在选修伊莱休·卡茨（Elihu Katz）和大卫·里斯曼（David Riseman）的研究生课程时写了一篇题为《流行文化与高雅文化》的课程作业，最终扩充为一本同名著作，于 1974 年出版。1957 年，他还完成了一项对好莱坞电影的研究，甚至一度打算对电影制作过程进行民族志研究。1962 年，他发表的论文研究了英国对美国电影和电视节目的消费情况。可以说，甘斯先从娱乐媒体和流行文化着手，然后进入了对新闻媒体的研究。这一研究兴趣甚至可以追溯至他随家人刚刚移居美国时。那时，美国媒体上的娱乐节目为他提供了一个渠道来"满足移民对新国家的好奇心"，这也为他此后在媒体行业的各种活动埋下了种子。博士毕业后，甘斯曾教过大众传播和流行文化方面的课程。在宾夕法尼亚大学时，他与同事一起为建立大众传播项目而游说，最终这一设想随着安纳伯格传播学院的建立成为现实。多年以后，在哥伦比亚大学，甘斯又与同事一起促成了哥大新闻学院传播学博士生项目的诞生。因此，甘斯的跨界之举并非偶然，他于20世纪六七十年代所进行的新闻生产研究仍然体现着其一以贯之的学术关怀。

同时，这些在新闻、传播领域的经历也深深地影响了甘斯作为社会学家对新闻业的看法。在2018年为《当代社会学》杂志撰写的文章中，甘斯对社会学和新闻业进行了深入的比较分析。他认为，二者服务的对象不同，关心的话题不同，使用的方法不同，呈现其发现的方式也不同。但二者也存在一些相似之处，比如使用相近的方法，都尽量追求客观等。在倡导促进两个学科的交融时，他特别指出，社会学应该把记者所在的新闻机构纳入研究，不仅新闻学学者和传播学学者要在新闻编辑室做田野，社会学家也需要如此。

二、田野经验材料的呈现

《什么在决定新闻》分为三大部分，分别冠名为"新闻""新闻从业者"和"新闻政策"，由十个章节组成。在具体章节的分配上，第一部分共两章，第二部分独占七章，第三部分仅有一章。前两部分是对实证材料的展现和分析，最后一部分则提出了具有规范意义的政策建议。

第一部分主要是甘斯针对新闻的内容分析。他选取了1967年、1971年和1975年三年中隔月抽取的6个月的报道样本组成分析文本。电视新闻的数据都来自哥伦比亚广播公司（CBS），因为只有这家电视网拥有1967年完整的播出脚本。新闻杂志则选择了《新闻周刊》（甘斯，2009，pp.6-7）。排除了选举新闻、越战新闻及与之直接相关的国内新闻后，甘斯将其研究聚焦于美国国内新闻中反复出现的模式，"旨在揭示哪些是新闻从业者长久以来所选择的新闻，而非他们如何作出选择"（甘斯，2009，p.4）。甘斯重点分析了新闻呈现的国家与社会图景以及新闻中的价值。在新闻呈现的国家与社会图景中，与知名人士有关的活动占据主要位置，其中绝大多数拥有公职，而所谓的"无名之辈"必须通过特定的方式才能出现在新闻中，比如作为示威者、受害者、法律及道德违反者等（甘斯，2009，pp.10-19）。除此之外，新闻中反复出现的主题还包括国家与社会的存续与凝聚力，以及威胁到凝聚力的冲突与分化（甘斯，2009，p.23）。至于新闻中的价值，甘斯关注的是那些有关国家与社会以及主要的国家与社会议题的偏向性陈述，并且是那些在长时段内出现在很多不同类型的新闻故事中的价值，即"恒久价值"（甘斯，2009，pp.50-51）。他概括了八组恒久价值：民族优越感、利他的民主、负责任的资本主义、小城镇的田园主义、个人主义、温和主义、社会秩序、国家领导权，并详尽地讨论了后两组价值（甘斯，2009，p.52）。在这一部分末尾，甘斯将新闻中价值的聚集体以及与之紧密联系的现实判断称为"准意识形态"，并认为"准意识形态"总是在保守主义和自由主义所框定的边界之内游移，与"改革主义"的倾向更为接近（甘斯，2009，pp.85-86）。查尔斯·惠特尼（Charles Whitney）认为甘斯对新闻中的价值的分析令人"印象深刻"，因为"做起来比预期容易，但很少有人想到这么做"。因此，他认为第一部分是该书最有力、最有新意的贡献（Whitney，1979）。

　　第二部分的七章内容围绕着建构新闻文本的新闻从业者展开，试图实现两个目标："一是分析新闻从业者如何工作，二是解释第一部分的发现。"（甘斯，2009，p.87）作为全书的主体，这一部分研究的主要内容是：四家机构的新闻从业者如何选择新闻，同时又将哪些故事剔除出去；他们如何报道被选择的故事；他们为何如此选择；他们是一群什么样的人。这部分内容也构成了甘斯写作该书的最初目标，他希望告诉人们记者如何做出关于新闻的决策，以及新闻节目和新闻杂志为何成为人们看到的样子。

　　甘斯对新闻选择的分析首先建立在"新闻是从消息来源传递到受众

的信息"的观点上。在传递过程中，新闻从业者作为官僚制商业机构的雇员同时也是一个专业领域的成员，负责概括、提炼并修正那些从信源处得来的素材，将之变成适合受众接收的信息（甘斯，2009，p.98）。这一过程并非线性的，而是环形的；消息来源、新闻从业者与受众实质上共存于同一个系统之内，相互拉锯，在信息传递过程中一同行使权力（甘斯，2009，pp.98-99）。由此，甘斯认为新闻故事的选择在根本上由两个过程构成：一个决定新闻的可用性，并将新闻从业者与消息来源联系起来；另一个决定新闻的相适性，并建立起新闻从业者与受众之间的关联（甘斯，2009，p.99）。新闻从业者与消息来源的关系其实是媒体接近权问题，反映出新闻编辑室之外的等级制的社会结构；而可用信息总会超过能够发表的数量，这就决定了新闻从业者必须做出"相适性"判断，以匹配有限的人力、时间、版面等资源（甘斯，2009，p.100）。

关于可用性与相适性的判断是在相当数量的各种考量因素的引导与支配下完成的（甘斯，2009，p.100）。考量指新闻从业者在进行新闻选择时所运用的不成文规则，甘斯根据田野调查的结果将其划分为七个范畴，分别是消息来源、实质内容、产品与价值考量，以及商业、受众与政治考量（甘斯，2009，p.100）。前四个范畴是新闻从业者主动调用的考量因素，而后三个范畴体现了加诸新闻从业者的外部力量（甘斯，2009，p.100）。所有考量的存在都是为了惯例化新闻从业者的任务，使新闻机构的日常运行成为可能；考量之所以能够惯例化也是因为它们同时服务于新闻选择流程中的多重参与者（甘斯，2009，p.359）。

甘斯认为不存在对新闻的单一解释，但如果必须挑选一些解释性的因素，那么在所有的考量中，那些统辖消息来源选择的因素具有最重要的意义。新闻从业者依赖特定的消息来源，一方面源于这些消息来源拥有权力，既能够构成全国性新闻的消息之源，也能给新闻从业者及新闻机构施加压力；另一方面因为即使这些消息来源没有权力，媒体也会出于效率方面的考虑选择他们，最有权力的消息来源往往也是最有效率的（甘斯，2009，pp.360-361）。同时，效率与受众的权力也会对媒体产生影响，新闻媒体要维持现有的形式，离不开一个庞大的受众群；但是，甘斯的调查与分析显示，当时受众的权力弱于消息来源的权力，他们难以影响消息来源的行为，也无法塑造新闻故事的面貌。因此，新闻从业者所拥有的自主性会受到效率与权力的双重约束（甘斯，2009，pp. 362-363）。

对于新闻选择的分析，甘斯颇有信心，坚信如果再进行一次研究，他当初揭示的"决定什么是新闻"的过程和进入其间的种种考量，以及对新闻价值的判断与假设都不会有太大变化。"新闻从业者所报道的事件总是新颖的，但他们的新闻故事却并非如此，而他们用来判定新闻构成要素和再现方式的那些方法，在新颖程度上则更逊一筹。"（甘斯，2009，前言，p. 10）

尽管甘斯可能是第一个在媒体中进行拓展式田野研究的社会学家，但由于拖延太久，等到 1979 年《什么在决定新闻》出版时，已经有其他学者完成了类似的民族志研究著作。当时，甘斯也时刻关注着关于"新闻"这个主题的文献（甘斯，2009，pp. 87-88）。比如，甘斯在讨论消息来源时就引用了西加尔的《记者与官员》，分析新闻生产中的权力时则提及了布里德的新闻编辑室社会控制研究。此外，塔克曼、爱德华·爱泼斯坦（Edward Epstein）、哈维·莫罗奇（Harvey Molotch）、玛丽莲·莱斯特（Marilyn Lester）等人的研究都出现在他的参考文献里。甘斯广泛地吸收了这一领域其他同时代学者的成果，相当全面地提出和讨论了各种可能对新闻内容产生或大或小影响的因素，这种"包罗万象"反而成了甘斯这本书最大的优点。在借鉴的同时，甘斯还与这些已有的研究进行对话，将自己的研究与其他媒介社会学家的研究进行了重要的区隔。比如，他承认塔克曼、莱斯特等现象学取向的研究者在理解记者及其工作方面做出了重要贡献，她们强调新闻是被建构的产物，但甘斯则指出在现象学理论流行之前，社会学家已经发现，新闻从业者所报道的事件实际是按照时间顺序排列的新闻"配件"或者说就是一组组相互关联的现象（甘斯，2009，p. 97）。

在该书的第三部分"新闻政策"中，甘斯提出了一种研究能够展示并且呈现存在于美国或关于美国的所有视角的多视角新闻的构想。甘斯认为，多视角新闻在五个方面与正在实践的新闻有所不同：第一，多视角新闻将会更加全国化；第二，多视角新闻将会在现有的由上到下的取径上增加一个由下到上的视野；第三，多视角新闻将会报道更多有关产出的新闻；第四，多视角新闻将会致力于更具代表性；第五，多视角新闻将更多强调服务新闻。为了适应多视角新闻，新闻业的工作方式必须有所改变（甘斯，2009，pp.396-398）。甘斯就此提出了一套有关新闻的公共政策，他甚至建议政府成立一个新闻基金会，为新闻的生产和消费提供资助（甘斯，2009，pp.416-417）。这部分内容带有很强的规范性色彩，与前两部分分别基于内容分析和参与式观察所呈现的实证研究取向差异很大。而该书遭人诟病之处也恰恰在此，有人认为这部分内容几乎没有被实践的机会（Whitney，1979），或是无法让人产生兴趣（Gollin，1980）。有趣的是，这些持批评意见的书评人都来自美国，而一位来自英国的书评人则因该国也有类似的建议而对此观点抱以同情之理解（Rayner，1980）。

这一部分内容看似有些令人难以接受，但如果深入甘斯本人的学术历程，就会发现它相当符合逻辑。甘斯是一位具有很强公共政策取向的社会学学者，从治学理念来说，他一直强调社会学要变得对社会更有用处，社会学学者要把那些已经或应该被列入决策者、政治家和社会运动领袖议程的主题和问题列为优先考虑的研究（Gans，2010）。2011年，他又撰文重新审视了多视角新闻，探讨其在数字新闻兴起的时代所具有的可能性（Gans，2011）。在数字技术崛起、新闻业陷入危机的时刻，这些40多年前的观点更显其预见性。

三、作为方法的新闻编辑室观察

在甘斯的众多学术作品中，1962年的《都市村民》、1967年的《莱维敦居民》和1979年的《什么在决定新闻》构成了一个以参与式观察为主要方法特征的三部曲。参与式观察是甘斯最喜爱的方法，他也认为这是最科学的，因为它是仅有的能接近人的方法。研究者可以观察人们做了什么，而其他实证方法只是在向人们报告他们做了什么。他之所以被参与式观察吸引是因为他可以使用这种方法来理解美国社会的一部分，而不只是个人所卷入的一点点地方（Gans，1999）。

甘斯的田野工作分为两个阶段：第一阶段是 1965 年至 1969 年。1965 年 10 月到 1966 年 4 月，他进入田野调查的第一站：美国全国广播公司（NBC）；1966 年 5 月至 1967 年 5 月，他在哥伦比亚广播公司进行田野工作。甘斯于 1968 年 5 月进入《新闻周刊》，8 月底离开；1969 年 4 月 1 日进入《时代》周刊，7 月中旬离开。第二阶段是 1975 年 5 月到 7 月，他分别花费了一整月的时间待在美国全国广播公司、《新闻周刊》和《时代》周刊，原计划 8 月去哥伦比亚广播公司再做观察，但该公司只允许他进行了一些访谈。除了这次拒绝外，甘斯并没有遇到太多"入场"难题，而是比较容易地获得了进行田野调查的许可。他此前已经接触过一些电视新闻记者，一位大学时代的朋友帮他介绍了一家新闻机构，在没有熟人的情况下，他会径直联系新闻机构（甘斯，2009，pp. 88-91）。在田野中，甘斯并没有真正参与到新闻工作中去。"绝大多数情况下，我都是在观察人们的所作所为，尔后与他们讨论其中的方法及理由。此外，我会问及他们过去的工作，也会询问有关其同事、老板与新闻机构的过去和现在的问题。我还参与到经常在办公室内外发生的众多非正式讨论中去。最后，我还同其他各式各样涉入新闻生产环节中的人交谈，包括新闻执行官，发行、广告和调研部门的职员，电视网纪录片的制作人员和派驻纽约的外国通讯员，以及很多曾在或当时正在其他全国性的或地方性的新闻媒体中供职的人。"（甘斯，2009，p. 88）

事实上，甘斯的参与式观察也是典型的芝加哥社会学派使用的田野调查法。尽管甘斯博士阶段离开了芝加哥大学，并从社会学专业转投城市规划专业，但他借以建立其学术声望的著作却都深受芝加哥社会学派的影响。与塔克曼相比，甘斯更早地在芝加哥大学期间接受了休斯的田野研究的训练，对他来说，芝加哥学派就等同于休斯，那时民族志作为一个独立的领域还没有被发明出来（Gans, 1999）。按照甘斯的说法，他接受这种方法没有任何困难，因为他是一个移民，几乎每个移民在他或她到达海岸时就开始了田野工作。从这个意义说，甘斯从 1940 年就开始做田野了。

在某种程度上，甘斯把新闻从业者视为一个社区，这其实延续了他另一个主要的研究领域——社区研究（community studies），这一兴趣早在 40 年代他在休斯的田野方法课上即已产生（Gans，2009）。在甘斯所研究的三个社区，即郊区社区伊利诺伊州的帕克福里斯特、城市社区波士顿西区以及新泽西州的莱维敦，他都选择作为一名参与者，亲身接触这些社区的居民以及他们的生活文化。以他 1967 年出版的《莱维敦居民》为例，在莱维敦居住的两年间，甘斯进行了多种多样的参与式观察活动：第一，作为一位业主和居民，他像别人一样使用社区内的各种设施，以此研究自己的居住情况，并观察其他居民。第二，作为一个具体街区的住户，他可以观察自己的所作所为，也可以研究邻居与他及其他邻居的关系。第三，甘斯参加了所有相关组织的会议，除了女性俱乐部和宗教组织的活动。第四，甘斯进行了两种类型的非正式访谈，就像记者定期与线人联络一样。第五，甘斯以居民身份拜访社会人士，谈论有关莱维敦的话题。甘斯把自己在这些活动中的角色归结为三种：完全的研究者、研究者-参与者、完全的参与者（Gans，1967，pp. 439-440）。

对甘斯来说，他观察新闻从业者的方法与前两本类似的著作中使用的方法大致相同，观察他们与观察其他人没有什么大的差异。他需要注意的一点是："除了新闻记者们的行话，就是在故事选择和生产过程变得一团慌乱的时候，如何靠边站以免影响新闻记者的工作。"（甘斯，2009，p. 90）还有一点差异是，"当我研究社区的时候，我不能总是告诉每个人——特别是我在大型集会中遇到的人——为什么我会出现在那里；但在新闻室内，我会告诉每个人自己是前来研究他们的社会学家。由于我经常出现在新闻室里，我后来就可以自由地观察任何事情并与任何人交谈。不过，我不能进入编辑或制片人批评下属的场合，以及一些执行官参与的会议；但无论哪种情况，我都能够在事后很轻易地了解到发生了什么。"（甘斯，2009，pp. 90-91）

四、评价与反思

《什么在决定新闻》尽可能从各个层面剖析了新闻生产的过程，其要点很难被简单地归纳；但是，它仍提出了一些具有高度启发性或描述功能的概念，以及新闻与社会文化、社会建制之间的关系等问题，这都给后来的新闻研究以启发。例如，甘斯在该书中把记者与消息来源的关系比喻为一场舞蹈，"虽然跳探戈需要两个人，要么是消息来源要么是新闻从业者领舞，但通常情况下扮演领舞角色的都是消息来源"（甘斯，2009，p. 144）。基于记者与消息来源相互依赖的观点，相继有研究重新探讨了"谁来领舞"的问题。一项对大选背景下瑞典记者与政治消息来源的关系的研究表明：政客通常作为新闻故事的消息来源出现在报道中，他们与记者在新闻制作过程中和媒体议程上分享权力，但记者拥有决定新闻故事框架和内容的最终权力；因此，在瑞典的大选报道中，大多数情况是记者在领舞（Strömbäck，2006）。伊戈尔·沃比奇（Igor Vobič）等学者通过研究推特对话中斯洛文尼亚记者与政客的关系分析谁在"推特探戈"中领舞，其结果表明，"推特探戈"并非由记者或政客主导，其主导地位的归属由这些行动者是否作为发起者或回应者参与推特对话决定。斯洛文尼亚的新闻编辑室或政党也尚未将社交媒体网络的原则和实践制度化，推特被用于表达记者与政客的关系；这种关系不仅受到政治和专业因素影响，还受到个人的主观因素的影响（Vobič，et al.，2017）。因此，甘斯在 20 世纪六七十年代对新闻生产所做的分析仍可以激发当今新闻学研究的想象力，在不同时空中得到更多的探讨。

除了内容方面的影响，甘斯为写作《什么在决定新闻》所进行的详尽的田野研究，被视为运用参与式观察进行新闻研究的典范。尽管在这本书出版后的近 30 年里，美国社会学家基本上没有再进入新闻编辑室，以至于艾里克·克里南伯格（Eric Klinenberg）直言"新闻机构的社会学研究几乎已经死亡"（Klinenberg，2005），但是，甘斯等人开启的这种研究传统已在新闻学界被奉为正统。2004 年以来，运用参与式观察方法研究数字化环境中的新闻业的专著和期刊论文大量发表，昭示着 20 世纪 70 年代形成的新闻民族志传统的复兴（白红义，2017）。

（白红义　复旦大学

雷悦雯　复旦大学）

参 考 文 献

Gans, H. J. , *The Levittowners : Ways of Life and Politics in a New Suburban Community*, New York: Columbia University Press, 1967.

Gans, H. J. , "Making Sociology More Socially Useful," *Contexts*, 2010 (2).

Gans, H. J. , "Multiperspectival News Revisited: Journalism and Representative Democracy," *Journalism*, 2011 (1).

Gans, H. J. , "Participant Observation in the Era of 'Ethnography'," *Journal of Contemporary Ethnography*, 1999 (5).

Gans, H. J. , "Working in Six Research Areas: A Multi-Field Sociological Career," *Annual Review of Sociology*, 2009 (35).

Gollin, A. , "Critiques and Celebrations of the Newsmaking Process: An Expository Review," *Public Opinion Quarterly*, 1980 (2).

Klinenberg, E. , "Convergence: News Production in a Digital Age," *The ANNALS of the American Academy of Political and Social Science*, 2005 (1).

Rayner, G. , "Review of *Deciding What's News*," *The Sociological Review*, 1980 (3).

Strömbäck, J. , "Do Politicians Lead the Tango? : A Study of the Relationship between Swedish Journalists and their Political Sources in the Context of Election Campaigns," *European Journal of Communication*, 2006 (2).

Vobič, I. , et al. , "Who Leads the Twitter Tango?," *Digital Journalism*, 2017 (9).

Whitney, D. C. , "Review of Deciding What's News," *Journalism Quarterly*, 1979 (3).

白红义:《在新闻室做田野:作为方法的新闻民族志研究》,《现代传播》2017（4）。

〔美〕赫伯特・甘斯：《什么在决定新闻：对 CBS 晚间新闻、NBC 夜间新闻、〈新闻周刊〉及〈时代〉周刊的研究》，石琳、李红涛译，北京：北京大学出版社，2009。

拓 展 阅 读

Ryfe, D. M. , *Can Journalism Survive? An Inside Look at American Newsrooms* , Cambridge：Polity，2012.

〔美〕尼基・阿瑟：《〈纽约时报〉是怎么做新闻的》，徐芳芳译，上海：上海译文出版社，2019。

马克·费什曼

《制造新闻》

20 世纪 60—80 年代，一批美国社会学学者进入大众媒体的新闻编辑室从事参与式观察研究，其中的不少研究成果后来成为新闻社会学的经典文献。尤其是 20 世纪 70 年代末 80 年代初，盖伊·塔克曼的《做新闻》、赫伯特·甘斯的《什么在决定新闻》与马克·费什曼（Mark Fishman）的《制造新闻》相继出版，并被称为"新闻生产三部曲"。长期以来，中国新闻学界对前两部著作较为熟悉，而对《制造新闻》相对陌生。《制造新闻》与《做新闻》具有相近的理论取向，二者关注的都是新闻现实的社会建构，但前者研究的重点在于新闻记者如何建构公共现实以及新闻的意识形态属性，指出工作常规使记者陷入被官僚制定义的世界。

一、成书背景

马克·费什曼于 1977 年获得美国加州大学圣芭芭拉分校社会学博士学位，并于 1974—1975 年在纽约市立大学布鲁克林学院社会学系任讲师，1975 年之后在该校担任助理教授，后为该系和纽约市立大学研究生院的副教授。费什曼的研究领域包括犯罪新闻、犯罪在大众媒体中的再现、"真人秀"和新闻社会学。

该书在费什曼 1977 年的博士毕业论文《制造新闻：媒介新闻生产

的社会组织》的基础上改写而成。1973 年，费什曼在《声音》报担任
了 7 个月的市政厅和县政府条线记者，并在 1974 年 2 月至 7 月转入
《记录》报，以社会学家的身份进行田野调查。在正式田野调查之前，
费什曼阅读了劳伦斯·维德（Lawrence Wieder）1964 年 8 月至 1965 年
1 月在《记录》报进行参与式观察的记录。因此，该书的田野数据相对
多元且丰富，尤其是包含两个时期对同一机构的观察记录。在撰写博士
论文期间，费什曼与塔克曼交流不算多，但在 1980 年出版该书时，费
什曼特地在前言中感谢了塔克曼的宝贵意见，且在文中十几次与塔克曼
的观点展开对话，可见塔克曼对该书产生的影响（李红涛，2021）。此
外，该书延续了费什曼的导师哈维·莫洛奇（Harvey Molotch）对"公
共事件"的关注，并与莫洛奇、莱斯特和塔克曼共享或共同发展了新闻
生产的社会建构视角。费什曼借用常人方法学的理论资源，或许也跟
唐·齐默尔曼（Don Zimmerman）是其论文指导委员会成员有关。

二、研究起点：现实的社会建构

费什曼在该书开篇就提出，社会学家和记者都生产社会事实。报纸
文章和邻里八卦、民意调查、社会科学理论一样，都是人们为了特定的
社会目的而相互述说的有关自己世界的"故事"，是社会内部对自身的
叙述（Fishman，1980，p. 3）。他引述威廉·托马斯（William Thom-
as）的观点认为，这些关于世界如何运转的看法与我们在世界上如何工
作紧密相连，它们不仅帮助社会成员通过对彼此的叙述更好地了解世
界，又让世界最终按照我们理解的方式存在（Fishman，1980，p. 3）。

费什曼将有关社会的"事实"理解为人为生产的"叙述"，并指出
这些"叙述"的来源及其对"现实世界"的影响。这不仅展现了费什曼
的观点，即"社会现实是由社会建构的"，还指出了围绕社会的"叙述"
在建构现实时的重要作用。对此，费什曼进一步强调，"现实的社会建
构不是一种反常现象，而是在互动的本质中所固有的"，是特有的且不
可避免的（Fishman，1980，pp. 3-4）。他通过犯罪浪潮这一案例解释了
新闻被社会建构的现象。

　　1976年底，纽约经历了一场针对老年人的重大犯罪浪潮。有关这类犯罪的报道连续七周见诸纽约媒体。公众对罪行表示抗议；纽约市市长、特别警察队、州议会和社区都采取了相应的行动。几个月后，哈里斯民意调查（Harris poll）的结果反映出民众对犯罪浪潮的普遍恐惧。此时，费什曼正在纽约市一家电视新闻编辑室里开展田野工作。在观察、分析了犯罪浪潮的发展过程后，他怀疑整个新闻生产过程或许在创造它所报道的犯罪浪潮。最显著的一点在于，尽管警方数据显示此类犯罪较上一年有所减少，记者们依然决定按计划继续报道，不理会"不可靠且不完整"的警方数据。

　　在考察犯罪浪潮的形成过程时，费什曼发现了新闻工作中的两大动力机制：第一，编辑将单独发生且不受关注的事件基于共同的元素（比如，针对老年人的犯罪）合成一个主题组，从而"重新发现"了这些单独事件的新闻价值，并使电视节目和报纸呈现出一种秩序；第二，所有的记者和编辑都依赖其他新闻机构来了解当天的重要新闻，早中晚不同时间段发行的媒体之间共享有关新闻线索和事件进展的信息，当各媒体依次报道的犯罪主题在媒体组织的共同体中建立起来时，犯罪主题就成为媒体圈必须报道的热门事件。由此，新闻媒体报道犯罪浪潮的三大阶段被勾勒出来：单个犯罪事件被报道、单个媒体设置犯罪主题组、媒体组织之间相互跟进主题并形成宣传浪潮。此外，费什曼发现，媒体犯罪新闻的消息来源完全是执法机构，执法机构停止相关行为后，报道逐渐消失，犯罪浪潮也结束了（Fishman，1980，p.10）。

　　费什曼据此指出，犯罪浪潮这一公共事件（public event）不仅通过新闻报道可见，而且在很大程度上产生于新闻报道（Fishman，1980，p.11）。犯罪浪潮是否真实存在？费什曼认为没有简单的答案。一方面，犯罪在纽约的大街上真实存在，并非由新闻机构"发明"；另一方面，官方数据显示，老年人受害者数量并未增加，但该数据也未必反映了实际情况。值得注意的是，新闻媒体将公众的注意力集中于犯罪主题，并为该主题提供了决定性的内容和形式，充当了在公共意识中创造犯罪浪潮的角色。基于对这种被建构的浪潮的恐惧，人们采取了真实的行动。由此，费什曼反驳了那种存在一个先在的现实而新闻扭曲或反映了这一现实的观点，并提出，"认为新闻扭曲或反映现实是没有用的，因为'现实'是被制造出来的，而新闻是制造它们的体制的一部分"（Fishman，1980，p. 12）。

过往的新闻学研究基于"现实由独立于新闻工作者的事实和事件组成，新闻只能反映或扭曲现实"的预设，无论是将记者视为"把关人"研究新闻选择，还是将其视为"组织人"研究组织力量对客观性职业理想的影响，都只将新闻生产过程认定为新闻选择的过程。该书则采用现实建构的视角，关注新闻的生产过程，包括记者通达世界的工作惯例以及将世界转换为故事的方法（Fishman，1980，p. 13）。新闻是新闻工作者运用某种方法的结果。使用的方法不同，新闻的形式也会不同，公众也会以不同的方式了解他们直接经验之外的世界（Fishman，1980，p. 14）。

三、被官僚制定义的新闻世界

针对该书的核心关切——"记者通达世界的工作惯例以及将世界转换为故事的方法"，费什曼将新闻生产过程分为四个阶段进行分析：（1）发现偶发事件（occurrences）；（2）将它们解释为有意义的事件（events）；（3）调查它们的事实性；（4）将它们组合成故事（Fishman，1980，p. 16）。第一个阶段关注"通达世界"，后三个阶段则从转译、调查和写作三个层次描述"将世界转换为故事"的过程。此外，前两个阶段关注记者的思维活动，而后两个阶段则偏向记者的报道技术。这四个阶段大致与第二章至第五章——对应。第二章和第三章对前两个阶段的详细描述，呈现了该书指出的核心问题——新闻记者日常沉浸在被官僚制定义的新闻世界中。

（一）记者通达世界的工作惯例

在第二章中，费什曼描述了编辑室内外的新闻工作常规的整体结构，即"条线"（beat）。条线是新闻生产中对规则和资源的特定组合安排，决定了记者可以接触到的一手经验，定义了可能的新闻世界

（Fishman，1980，p.16）。条线具有以下特点：（1）记者对条线具有报道管辖权而非所有权；（2）条线包括编辑室外一系列复杂、连贯又相互关联的活动；（3）条线是记者所属的社会环境，而记者自身事实上也是条线的一部分（Fishman，1980，pp.28-30）。一系列重复出现的活动主题和位置实体决定了条线的二重性特征：条线是记者负责报道的一系列主题或记者必须要去的地方和要看的人（Fishman，1980，pp.28-29）。主题和领域的一致性和稳定性使得记者通过条线感知并维持社会的组织秩序。

那么，新闻记者如何通过条线探测事件呢？在探测事件时，记者会在条线中有策略地并系统性地接触少数几个最有价值的消息源。费什曼将这种安排称为"轮次"（round），它为记者提供了大部分日常接触条线的机会，并奠定了所有条线工作的基础。轮次的形成与新闻工作的两个限制性因素有关：新闻机构的要求和新闻世界的复杂性。一方面，条线记者有义务依照新闻机构的新闻生产时间表制定自己的时间表，并在上级设定的截止日期之前产出新闻，填满每天的报道配额；另一方面，条线记者需要处理非常庞杂的信息，因为不同受访者的受访时间、受访地点、记录的方式、配合的程度都各不相同，这需要记者根据条线中各个行动者自身的时间安排和官僚组织（条线设置）的安排来制订报道活动的计划。总体而言，条线记者的工作受制于两个时间面向：报纸的整合时间和事件发生并能让记者接触到的时间。

费什曼认为，轮次是条线记者工作的一种理想化模式，是记者在条线中行动的必备知识与行动指南，更暗含着一种意识形态，定义着利益相关方、事件争议和新闻价值。不过，理想化的轮次只是为记者提供了需要拜访的最少的地点和人员。通过时间、地点、人员的重复，轮次让条线和记者的工作都变得可预测，为线人与记者建立起稳定的联系。虽然通过条线内循环往复的官方活动，记者已经意识到政府将后台的实际工作进行美化包装的行为，但记者观察社会并发现新闻事件的视角已经被条线内的常规官僚化地建构了，他们需要以这些常规为地图迅速定位事件及其官方知情者，才能为媒体组织提供每日所需的稳定数量的、可预测的、可靠的信息。因此，记者无法脱离条线而工作。费什曼由此指出，对记者来说，世界是被官僚地组织起来的（Fishman，1980，p. 51）。

（二）记者将世界解读为事件的方法

费什曼从第三章开始讲述记者"将世界转换为故事的方法"的第一步——解读，即如何将一个单纯的偶发事件解释为有意义的公共事件（Fishman，1980，p. 16）。解读问题至关重要，因为"事件是一种被转译的现象，是由思想、言语和行动组织起来的东西，它只能是某个人的事件"（Fishman，1980，p. 54）。事件与许多被系统性地忽略了的"非事件"（nonevents）厘清了常规新闻判断的本质。费什曼的研究发现，记者对于新闻事件的认知和解读方式与官僚机构的官员相同（Fishman，1980，p. 54），记者在转译和解读阶段依旧被官僚制影响。

费什曼将正式组织把复杂活动组织成事件的解读方案称为阶段结构（phase structures）。其中，每个阶段定义了一个可能的新闻事件，而整个阶段序列则描述了相互交织的活动在不同时间阶段发展变化的过程（Fishman，1980，pp. 54-55）。事实上，阶段结构是一种在日常思维中非常普遍的在连续发展的阶段中描绘事件的图式（scheme）。费什曼划分出常识阶段结构（common sense phase structures）、官僚阶段结构（bureaucratic phase structures）和新闻阶段结构（news phase structures）三种类别。

常识阶段结构具有以下特征：（1）结构的特定阶段的划分和增减随意且灵活；（2）结构中的每个阶段都对应一个事件；（3）阶段按顺序发生，因此具有可预测性；（4）阶段的持续时间是典型的、可预期的且合理的；（5）阶段之间有连续性，其对应的事件有一定的同一性（Fishman，1980，pp. 56-57）。

官僚阶段结构描述的是由条线记者报道的官僚机构正式地生产和处理的事件。结构中每一个阶段都被预先分类了，有正式且固定的名称、数目和顺序。例如，犯罪与法律条线的官僚阶段结构就被划分为逮捕、预审、提审、辩诉交易、缓刑审查和判决几个部分。官僚阶段结构与常识阶段结构类似，但有两点不同：（1）前者的阶段由官僚机构按正规程序划分，不能随意增减；（2）前者所具有的常识阶段结构的三个特征，即阶段的顺序、持续时间和连续性，也由官僚人员定义和处理（Fishman，1980，p. 61）。

一般来说，新闻阶段结构产生于官僚阶段结构，但会根据记者报道的目标进行删减。虽然官僚图式只是串联事件的一种角度，但记者并不接触非官方的解读方案。通过轮次，记者系统性地暴露在官僚机构包装好的活动环境中，因此轻易地接受了官僚机构对事件的定义，从而不自觉地在新闻报道中借用官僚阶段结构描述事件。费什曼发现，记者们对官僚定义的新闻阶段结构了如指掌，并将其运用至各种场合。记者只要看到活动属于某个官僚阶段结构，就会视其为有新闻价值的事件（Fishman，1980，p. 66）。因此，被官僚制组织的世界不仅决定了记者在条线内的活动、接触的新闻来源以及新闻事件的形式和内容，还定义了事件可能被报道的时间。

借助官僚阶段结构，记者建立起对连续新闻报道的敏感性。他们对持续新闻的定义是"基于一段时间内发生的事件，对同一主题进行的一系列报道"（Tuchman，1973）。通过官僚机构预先安排的时间表，记者和编辑能提前知道尚未发生的事件大致的时间、地点及内容（Fishman，1980，p. 68），提前判断事件后续阶段的新闻价值，并根据官僚阶段结构的连续性和后续阶段到来的必然性，在事件的初始阶段就开始设置连续报道的计划，从后往前推算新闻报道的时机。借用官僚阶段结构，新闻工作者得以自由地处理不可预见的紧急情况（Tuchman，1973）。费什曼指出，塔克曼认为新闻工作者努力将意外事件常规化，而他的研究则展示了新闻世界的一个关键部分（条线机构）如何为这种常规化提供资源（Fishman，1980，p. 69）。

由上可知，被纳入官僚阶段结构的官方事务才会被条线记者转译为事件，结构之外的则被定义为"非事件"。事件的形成与某些共享的解读方案有关（Fishman，1980，p. 76），而"非事件"就是指被某种解读方案忽略又被另一种方案关注的事件。这一概念与"新闻选择性"概念不同，后者与"选择性知觉"有关，用于解释记者报道某些事件而不报道其他事件的原因，其隐含的假设是所有事件（无论是否被报道）都是新闻世界中客观"存在"的未阐明的实体,任何有能力且头脑清醒的观察者都能感知到。而费什曼认为,非事件不是纯粹靠选择性知觉筛选出来的,因为纯粹的、未阐明的事件是毫无意义的。任何事件都发生在认知者(使用解释方案和关联方案)与物质世界中的行为(它们本身无意义或不可知)之间的关系中(Fishman,1980,p.77)。因此,新闻选择性这一概念事实上模糊了新闻报道中事件的形成方式。

费什曼通过案例分析阐明,非事件不是没有被记者感知到,而是在专业上被认为不值得关注。只要它们不在官僚阶段结构之内,不属于记者管辖的条线领域,它们就是不合法且不可发表的事件,其新闻价值就将不被考虑。记者被他们探测事件的方式蒙蔽了双眼(Fishman,1980,p.84)。因此,条线记者的新闻选择现象,不是由记者的个人偏见、保护官僚消息来源的意图或者编辑的命令导致,而是由被官僚制定义的探测和转译事件的方法导致的。

四、记者对官方事实的有限怀疑与调查

记者虽然沉浸在被官僚制定义的新闻世界中,但并非不具备个体的能动性,只不过这种能动性是有限的,这体现为记者对于官僚叙述的有限怀疑与调查。

(一)记者相信或怀疑官僚叙述的理由

第四章探讨了记者相信或怀疑官僚叙述并开启调查的理由,即他们对已发现和转译的事件进行(或不进行)进一步调查的原因和时间点,这涉及记者核实"事实"的方法和标准(Fishman,1980,p.17)。

费什曼发现,被记者视为事实性的、不需要进一步证实的叙述是官僚叙述——通常是官僚机构的档案文件、官员的发言记录或正式组织的会议记录(Fishman,1980,pp.85-86)。同一事件通常会有多个官僚机构介入,这些机构先后提供的叙述会形成一条叙述链。而记者往往只采用链条末端的信息,对原始活动或叙述不予追溯。对于记者来说,官僚叙述是新闻工作的"硬数据",构成了直接的报道;非官僚叙述则是软

数据、未经证实的报告或猜测，若不做进一步调查就不能作为硬新闻发表，只能作为解释性报道或新闻分析的材料（Fishman，1980，pp. 87-88；p. 92）。因此，即便记者基于官方叙述得出了被证实的推论，这一推论也必须通过被授权的官员道出，否则将被编辑视为有偏见（Fishman，1980，p. 90）。在这种情况下，记者质疑官僚叙述就需要特殊的动机。

这一情况与记者对事实的判断标准有关。新闻事实的基本判断方法是"某事之所以如此，是因为有人说了它"（Fishman，1980，p. 92）。记者主要通过采访（而非问卷调查、实验、田野调查等社会科学研究方法）从他人的叙述中获取事实，且这个"他人"必须是有能力的知情者（不管其作断言的程序如何）。对于沉浸在被官僚制定义的世界中的记者而言，官僚因其特定的社会结构地位，被社会授权拥有对特定事务的管辖权和专家知识，因此被视为有能力的知情者。由此，官僚等级制度构成了记者的"可信度等级制度"（Fishman，1980，p. 94）。新闻工作者也因此参与维护了社会中被授权的知情者设置的规范秩序（Fishman，1980，p. 96）。此外，新闻报道的效率要求也让记者倾向于将官僚叙述视为现实（而非现实的某一个版本）。因此，如果官员对自己有权且有责任知道的事务不知情，将会受到记者的投诉与追责，因为他们不能为记者提供新闻（Fishman，1980，pp. 95-96）。

除了官僚的知情能力，官僚叙述的"施为性"（performative）也是其被视为事实的主要原因。"施为性"一词由英国语言哲学家约翰·朗肖·奥斯汀（John Langshaw Austin）创造，特指某些语言表达方式在表达内容的同时还实施了行为（Fishman，1980，p. 96）。而"施为性话语"（performative utterance）或"施为句"（performatives）不是对事物的陈述，而是行为本身，因此不论真假，只看是否使用恰当（Fishman，1980，p. 97）。官僚机构是"施为句"的肥沃土壤，因为该机构的存在正是为了建立一种适合实施公共行为的社会环境，而这些行为多数是在这种环境中通过"施为句"来完成的。官僚机构的"施为句"既出现在特定的社会交往（如城市议会会议）中，也出现在文件（如记录谈判请求的官方合同）中。新闻工作者和其他社会人员都依赖这样一个事实：社会中的事务将被持续并规范地以施为性文件中陈述的方式执行。不过，官僚叙述的施为性或强制行为的事实性是一个程度问题，有些文件可能更具施为性。总体而言，社会中事实的基础是其预期的执行力，而这些事实又成为人们进一步推断和行动的基础。因此，各类社会人员（不仅仅是记者）都依赖机构提供的官僚文件来提供确凿的数据和社会事实（Fishman，1980，p. 100）。

不过，记者也会因以下两个假定对官僚叙述产生怀疑：（1）官员可能在细节上（而非根本上）偶尔犯错或有无心的疏忽；（2）对某事可能存在其他合理的观点或官员之间的叙述可能相互冲突（Fishman，1980，p. 108）。此时，记者会优先寻找其他官僚叙述来对有疑问的部分进行核实。可见，记者对官僚叙述的怀疑相当有限，官僚的日常工作被认为是"动机透明"的（Fishman，1980，p. 105），只会在能力上而非根本上被记者质疑。

（二）记者进行调查并撰写新闻的方法

记者会对非官僚叙述以及细节上有问题或自相矛盾的官僚叙述开展进一步调查。那么，记者如何发现官僚叙述中的错漏呢？费什曼指出，记者依靠各种对象、行动者和行为的类型化（typification）来理解和发现所接收的叙述中的不规范行为和遗失的信息（Fishman，1980，p. 109）。他总结了两种非常重要的类型化：一种是前文提到的常识和官僚阶段结构；另一种是记者拥有的"将事件参与者视为具有典型兴趣和动机、可能的行为方式等社会类型"的知识（Fishman，1980，p. 109；p. 115）。值得注意的是，这些类型化不是稳定地存在于记者的头脑中，而是记者在与条线内的官僚机构工作人员的互动中学习并发展起来的。

对同一事物的不同说法，记者不会如哲学家般将其视为不同版本的现实，而是将其视为同一现实在不同视角下呈现出的不同样貌（Fishman，1980，pp. 116-117）。视角的不同则源于观察者的以下三个特点：（1）位置不同，包括接触事件时的物理位置和时间位置；（2）能力不同，包括天生的观察能力、经验能力和社会结构能力（在社会结构中所处的位置，如是否官僚）；（3）利益不同，即观察者可能只看到少数利益相关的东西，甚至可能有选择地呈现自己所看到的东西（Fishman，1980，pp. 117-118）。

这三大特点是判断某项叙述的真实性的常用标准：首先，新闻来源的能力是其叙述能否被接受的先决条件。即使其所在位置或利益角度有利，只要该叙述被视为不称职的，就将被忽略（Fishman，1980，pp. 118-119）。其次，在能力得到保障的基础上，记者会采用"三角事实定位法"（the fact-by-triangulation method）锁定身处不同位置的消息来源，并借助某种共同的参照框架（如同一社会在文化上共享的关于时间、距离和方向的解释方案）让事件的不同方面相互呼应并具有可比性（Fishman，1980，pp. 121-122）；最后，社会结构位置所诱发的观察者的特殊利益（而不是个人偏见）会被记者着重考量。着手报道时，记者会根据社会结构位置围绕某一事件组织各个利益集团中的消息来源（Fishman，1980，p. 124）。在调查时，记者会优先寻找官僚消息来源，然后基于官僚叙述一一核实其他利益方的叙述，形成一条可相互比较的叙述链，同时引导消息来源按照统一的框架来定义事件并代表其所在的社会结构位置发言。在这一过程中，新闻报道的结构被调查的方式定义为正反两方，问题的各个方面也被平均呈现在新闻报道中。

虽然"三角事实定位法"帮助记者更好地处理了关于同一事件的不同叙述，达到了平衡报道的目标，但费什曼遗憾地指出，只有在官僚叙述相互冲突时，记者才会关注关于该事件的争议，并采用这一调查方法（Fishman，1980，p. 133）。如此一来，争议存在与否、事件的利益相关方、辩论的相关术语都受到条线内官僚机构的巨大影响，记者在调查时所体现的能动性很有限。

五、评价与反思

《制造新闻》以现实的社会建构为研究起点，通过事件的探查、转译、调查和写作四个阶段详尽地阐释了新闻记者建构公共现实的方法，揭示出新闻记者的工作常规如何在经济逻辑、规范逻辑和官僚逻辑的驱动下让记者对官僚叙述产生了习惯性的依赖，并最终陷入被官僚制定义的新闻世界。与其他学者不同的是，费什曼在此强调的不是新闻编辑室内外各股力量如何控制记者生产"被操纵的新闻"，而是大部分记者认为的专业、诚实、可靠的工作常规和标准实践本身如何使记者间接遭受了官僚体系的控制，而记者囿于习惯难以觉察，只能发挥有限度的能动性。

费什曼在书中不仅提出了轮次、官僚阶段结构、非事件、官僚叙述链等形象且具有阐释力的概念，还运用受现象学社会学和常人方法学等理论资源影响的现实的社会建构视角，重新定义了事件与非事件，并与传统上长期占据新闻学研究中心位置的"新闻选择性"研究拉开了距离（Fishman，1980，p. 13）。他还引入了施为性、意识形态霸权等理论资源，加强了该书的分析性。不过，也有学者持有批评的观点，如利昂·西加尔认为，费什曼忽视了新闻编辑室内部的专业逻辑和揭发丑闻的传统，也忽视了受众对于新闻的倾向及与其他消息来源的接触，这些相反的动力机制也应被纳入考虑的范围（Sigal，1982）。此外，费什曼并未阐释新闻记者建构现实的方法为"现实的社会建构"这一颇具认识论色彩的问题提供了哪些证据。这一点还需结合塔克曼的《做新闻》与伯格、卢克曼的《现实的社会建构》进一步学习和了解。

（丁振球　复旦大学）

参 考 文 献

Fishman，M.，*Manufacturing the News*，Austin：University of Texas Press，1980.

Sigal，L. V.，"Book Reviews," *American Journal of Sociology*，1982（6）.

Tuchman，G.，"Making News by Doing Work：Routinizing the Unexpected," *American Journal of Sociology*，1973（1）.

李红涛：《从 1969 到 1978：〈做新闻〉的诞生》，《新闻记者》2021（4）。

拓 展 阅 读

〔美〕彼得·L. 伯格、托马斯·卢克曼：《现实的社会建构：知识社会学论纲》，吴肃然译，北京：北京大学出版社，2019。

〔美〕盖伊·塔克曼：《做新闻：现实的社会建构》，李红涛译，北京：中国人民大学出版社，2022。

托德·吉特林

《新左派运动的媒介镜像》

社会学家戈夫曼在其出版于 1974 年的《框架分析》一书中提出了"框架"这一概念，以此解释人们用来认识和阐释外在客观世界的认知结构。20 世纪 70 年代开始，这一概念逐渐被引入新闻传播研究领域，被用于解释新闻的生产，盖伊·塔克曼等学者曾对此进行论述。然而，媒体框架既存，更重要的是"媒体框架何以如是"，这正是托德·吉特林（Todd Gitlin）所著的《新左派运动的媒介镜像》一书试图厘清的核心问题。他将葛兰西的霸权理论引入新闻生产领域，以"媒介霸权"来解释媒体框架的生成，并探究了二者之间的关系。

一、成书背景

托德·吉特林是美国哥伦比亚大学新闻学院教授，2022 年因病逝世。已出版著作包括《新左派运动的媒介镜像》《无法无天的媒介：论声画流对生活的僭越》《深入黄金时段》《六十年代：希望之年，奋斗之日》《共同梦想的黄昏》等十余部。总体而言，其著述所涉主题主要包括两方面：对于 20 世纪 60 年代以来的美国各类社会运动的反思，以及对媒介与社会之间关系的探寻。

吉特林曾长期在 20 世纪 60 年代美国新左派运动中最具影响力的政治组织"学生争取民主社会组织"中担任领导工作，正是他在该组织中的亲身经历使他产生了探寻媒介与社会之关系的想法。在《新左派运动的媒介镜像》一书中，他以《纽约时报》和哥伦比亚广播公司对"学生争取民主社会组织"的报道为样本，对这两家媒体与该组织之间的相互作用进行解读。可以说，该书既是有关新闻之本质、来源、影响的研究，也是对于历史上的新左派运动进行反思的一个切入点。

在著书立说、从事新闻学和传播学研究的同时，吉特林也是美国文化界知名的社会活动家，以鲜明的反战态度和对资本主义制度的批判立场著称。这种批判立场也延续到了他对现代社会媒介作用的看法中，他还曾就自己与马歇尔·麦克卢汉（Marshall McLuhan）关于技术的观点进行过专门的比较。

二、"框架"与"媒介霸权"

在新闻生产领域，关于新闻与现实之间的关系，长久以来存在两种论调：反映论与建构论。前者认为新闻是映照世界的一面镜子，后者则视新闻所从事的活动为建构现实。二者之中，吉特林所认同的是后者，他认为，媒体绝不是反映现实的镜子，而更像是一面哈哈镜，变窄和加宽、延长和缩短、扭曲和忽略早已存在的事物（吉特林，2007，p.75）。换言之，大众媒介会通过对信息的筛选和删除、强调以及变化语调等处理方式，来实现自己的作用，发挥自己的影响（吉特林，2007，p.15）。而所有这些处理方式，被他统称为"媒体框架"。

媒体框架贯穿于新闻生产的整个过程，决定着新闻工作者对于"什么是新闻""如何报道新闻"的判断。在吉特林看来，媒体框架是认知、解释和表达的连贯模式，是筛选、强调和排除新闻报道的过程，同时也是事件操纵者组织言论的过程。他肯定了媒体框架在组织层面上的作用，认为它一方面能够使新闻业有效管理新闻的生产，另一方面能够保证记者快速、常规地处理大量信息，其中包括对信息进行识别、将信息纳入认知类别，以及对其进行包装、以更有效的方式将其呈现给大众等过程（吉特林，2007，p.14）。

毫无疑问，媒体框架指导、规定着新闻工作者的日常实践。他们据此决定呈现何种事件、如何呈现事件。在对新左派运动进行报道时，无论是《纽约时报》还是哥伦比亚广播公司，都倾向聚焦运动中最为野蛮、疯狂、浮夸的部分，尽管事实可能并不全然如此。例如，在对"学生争取民主社会组织"进行报道时，哥伦比亚广播公司记者斯坦诺普·古尔德（Stanhope Gould）承认自己倾向于将"学生争取民主社会组织"的性质明确为"致力于组织反征兵运动"，以展现较强的冲击力。与此相应，当时该组织的领导人之一保罗·布思（Paul Booth）想要强调的复杂政治策略未得到详尽阐述，古尔德就此解释道："你可以只通过一个象征性的观点来获取人们的关注。"（吉特林，2007，p.55）这种对戏剧性、关注度的强调始终存在于媒体的报道策略中，还有发酵、强化的趋势。吉特林在书中写道："在1965年，一小撮纠察员就可能成为新闻事件；而1968年，催泪弹和流血这种事情方可见报。如果有100,000人参加上次的游行，下次游行的人数就必须达到200,000人；否则这次游行将无法得到重视，或者被看作是运动衰落的迹象。"（吉特林，2007，pp.133-134）

与此同时，媒体框架也间接建构着人对于世界的感受和认知——人与世界的距离被拉开，其所接触到的世界不再是世界本身，而是经由媒体框架中介之后的世界。毫不奇怪，媒体虽然无法全然决定人如何思考，但人用以思考、行动的依据却切切实实变成了媒介所提供的信息。在这种情况下，媒介设置议程的能力就有了很强的预言性：它们塑造出来的形象在很大程度上可以变成现实。在1967年5月7日对新左派运动的报道中，《纽约时报》记者保罗·霍夫曼（Paul Hoffman）对新左派运动的组织者之一乔治·卡尔弗特（George Calvert）的话断章取义，并将激进主义与直接行为、暴力混为一谈，从而使运动的领导者背负骂名，加剧了运动内部的分裂。1968年，运动挺进芝加哥，"流血冲突，摔碎的照相机，媒体宣传的形象变成了事实，事实又变成了照片，被控告的罪名变成了自我实现的预言"（吉特林，2007，p.137）。

即使现实世界中存在诸多复杂性，媒体报道新闻事件时也仍然保持着一定连贯性和稳定性。吉特林因此发问：媒体框架何以如此？为什么媒体选用这种方式来进行运作和表达？为什么媒体的报道会干预这件事情而不是其他事情？很明显，在相当程度上，媒体框架的形成及其作用的发挥得益于媒体机构在日常新闻实践中形成的惯例。惯例意味着固定化和模式化，正是在它们的作用下，纷繁的社会事件才得以被嵌入媒体框架。惯例赖以成长的基础往往是新闻组织的经济利益和政治兴趣，它们也因此无可避免地沾染上了权力色彩。

如此，以媒体的权力性质解释媒体框架的形成，似乎是个不错的选择。但吉特林认为，诸如"新闻生产是一个权力系统"的解释并不足以回答前述问题。为此，他试图寻求一种同时具备结构性和历史性的理论，希望它既可以解释新闻的操作和生产的规律性，又可以解释二者的历史变化。而在他看来，从意大利共产党早期领导人葛兰西的霸权理论中可以找到这种理论（吉特林，2007，p. 188）。

吉特林将葛兰西所称的霸权理解为"统治阶级（或联盟）通过加强意识形态在日常生活中的渗透，来实现对被统治阶级的支配"。在他看来，霸权与高压政治互为依存——对被统治者采取高压政治，既为霸权的存在提供了前提，又使霸权得到了巩固，任何机构都无法完全摆脱霸权。但霸权如何影响现实生活？吉特林的答案是，这得益于统治阶级和被统治阶级的共同作用。随着统治阶级和被统治阶级之间的不平等不断得到确立，世界霸权逐渐渗透到大众的"日常意义"中，并不断被再创造，甚至仿佛就是由这种"日常意义"生产的（吉特林，2007，pp. 189-190）。

在进一步的阐述中，吉特林指出，现代社会中，在政治与文化相互分裂、各自专业化的情况下，霸权思想并不经由在经济上占据支配地位的阶级直接生产和传播，而是经由诸如作家、新闻工作者、教师、艺术家、官员等人在整个文化机制内进行生产。事实上，文化工业和教育体制都致力于对霸权意识形态的调整和包装。如此一来，不同的社会阶层便开始出现，它们形成了一个团结的整体，肩负着管理整个社会的责任，而位于这个整体中心、将各个部分紧紧黏合在一起的，则是社会中的意识形态。除巩固霸权的本质不变外，意识形态的具体内容都是可变的——霸权赋予它一定的灵活性，使它能够随着环境的变化而变化，甚至为了巩固霸权而朝着相反的方向转化（吉特林，2007，pp. 190-191；

p. 220)。

至于霸权的消亡，吉特林认为，霸权当然有可能遭到部分挑战，但它总有办法经由文化产业，通过种种手段化解挑战。质言之，只要这种政治经济体系生产出来的东西仍然是大多数人认为必要的，那么该系统的统治危机就只是在一定范围内存在，霸权也就因此得以免去崩溃的风险（吉特林，2007，p. 220）。

在对"霸权"进行阐释之后，吉特林详述了霸权在新闻体制中的运作。他的论述大致以新闻生产的过程为线索。一方面，在媒体外部，白宫、联邦通讯委员会、国会及其分支机构通过对"公正准则"的强推等手段对媒体进行管制。作为统治阶级的组成部分，前述机构向媒体施加的压力可被视为霸权存在的基础之一，在此情形下，媒体只能在许可的范围内开辟自由活动的空间。林登·约翰逊（Lyndon Johnson）和理查德·尼克松（Richard Nixon）都曾通过斥责、引诱等手段驯顺那些难以驯服的媒体，后者的手段更为凌厉，以至于"人人都感受到了尼克松总统带来的寒意并且极力反抗"（吉特林，2007，p. 210）。

另一方面，在媒体内部，媒体高层在组织层面为媒体制定的全局性信息为媒体活动奠定了基调，这种基调以间接的、难以察觉的方式对媒体生产进行控制。由于媒介精英现有的权力和名望均来自现行政治经济体制，因此，他们设置基调的依据很简明：确保现行制度在其主要框架内运行，具体来讲，这包括"确保维护资产特权的财产私有，确保国家安全，确保政府机构对部分妨碍道德规范的行为进行改革，确保经济组织和官僚机构内部的个人成功"（吉特林，2007，p. 194）。与此同时，在具体的媒体实践中，新闻媒体在对信息进行选择时，常常要经过三个步骤：编辑决定整个事件中什么最具新闻价值、记者决定有哪些东西值得关注、编辑决定如何处理以及安排最后的报道。在这个过程中，高层的影响固然是一方面，但绝大多数编辑和记者所属的中上阶层这一地位也会使他们倾向于核心霸权。此外，诸如预算短缺、人才不足等限制，截稿日期的压力，版面/播报时间的有限性等因素也会为霸权在新闻媒体内部的生长助力（吉特林，2007，pp. 194-195）。

对于新闻媒体来讲，霸权的作用在于为通常的新闻规定必须要报道的事件制定标准。在霸权的作用下，媒体框架和惯例产出的新闻得以最大程度地发挥其促进社会稳固的作用。其所呈现的世界往往是这样的：无论世界发生了什么事，权威机构（通常是官方）都可以使它恢复正常。即便发生了骚乱，在官方的有意庇护下，局面或许也能扭转，一切会重回正轨。至于示威游行、暴乱等看似能够威胁、动摇社会秩序的行为，都可能会以证明核心霸权主义固有的正确性和必要性的方式而告终（吉特林，2007，pp. 199-200）。事实上，这种策略几乎贯穿《纽约时报》和哥伦比亚广播公司对 20 世纪 60 年代的新左派运动进行报道的全过程。

三、媒体与运动的相互作用

吉特林认为，1965 年，运动和媒体之间的关系是相互需要、相互作用的：一方面，媒体寻求具有戏剧性的事件素材；另一方面，政治运动为了吸收新成员、获得支持、扩大影响力，需要借助媒体进行宣传。在这个过程中，一方会有意无意地影响另一方：在不同的阶段，媒体以不同方式反映运动，而政治运动的发展走向也对媒体的报道产生影响（吉特林，2007，p. 5）。

"学生争取民主社会组织"成立于 1960 年，但直到 1965 年，它才进入媒体的视野。在此之前，媒体并未给予该组织关注，而该组织也不曾试图在镜头面前表现自己。1965 年之后，媒体逐渐开始对该组织及其活动进行报道。在描述媒体与运动的相互关系时，吉特林发现，《纽约时报》和哥伦比亚广播公司为该组织刻画的媒体形象经历了"令人尊敬-模棱两可-诋毁批判"的过程。

在"令人尊敬"阶段，《纽约时报》记者弗莱德·波利奇（Fred Powledge）于 1965 年 3 月 15 日刊在该报上的报道是最为典型的报道之一。报道分两部分刊发。第一部分刊在第 1 版第 1 栏上，标题是"新左派学生的革新运动：大学校园中出现的知识界积极分子"；第二部分则刊在第 26 版，以"新学生左派：热衷的积极分子通过运动谋求变革"为标题。该报道给予了"学生争取民主社会组织"表面上的肯定，赋予了其合法性，与此同时，该组织重印了该报道并以此来吸收新成员（吉特林，2007，pp.15-16）。

　　然而，《纽约时报》对"学生争取民主社会组织"的态度很快变得模糊不清，并向负面发展。同年 3 月 20 日，该报在报道该组织的一次示威活动时，以"49 人在抗议贷款事件中被捕"为标题，其中出现的"被捕"一词沿袭了犯罪事件报道中的惯例。而针对该组织在 4 月 17 日开展的华盛顿反战游行，《纽约时报》以巨幅照片进行了展现。该报所选照片的上半部分为白宫，下半部分则为人数众多的纠察队员，这暗示反战示威力量与右翼力量势均力敌。但事实上，当天美联社发给《纽约时报》的照片中，有两张清晰地显示着反战人数大大超过纠察队员的人数；与此同时，哥伦比亚广播公司针对 4 月 17 日游行进行的电视报道中表示，"选择这种方式来度假实在有点困难，这些学生似乎要坚持到底"，这意味着该示威活动的参与者鲁莽而充满幻想（吉特林，2007，p.20；p.23）。

　　随着新左派运动的推进，它的媒体形象很快由浅薄变为了荒谬和威胁的结合品：《纽约时报》记者纳塔利·贾菲（Natalie Jaffe）于 6 月刊发的报道将该组织称为危险、极端的政治力量；而到 10 月，该组织则变为彻底的、毋庸置疑的威胁。

　　总体而言，媒体报道模式的上述转变大体上与政府的政策一致，其所报道的内容中不乏对真相的扭曲。吉特林就此解释道，由于新左派运动是对主流制度所维护的核心原则的重大挑战，所以政府和《纽约时报》都怀有一种恐惧，它们害怕这类大众运动中所蕴含的不利于他们的特权的可能性，这决定了他们对运动的报道方式。这种报道模式对"学生争取民主社会组织"的影响是显著的，甚至可以说，它加速了该组织的崩溃和解体。

　　吉特林认为，当时的媒体主要通过以下几种方式对该组织和反战活动进行压制：其一，媒体将该组织的活动置于聚光灯下，通过夸大其形象为其招徕了很多新成员，激增的人数超出了该组织的吸收能力，因而其领导人和普通成员中出现了代际和地理上的松散。其二，媒体将该组织的领导人塑造成公众人物，在赋予其媒体地位的同时使之丧失了同事和成员的支持。其三，鼓吹不切实际的言谈和武力，以戏剧性为标准对其中最异于寻常的部分加以展现，而对左派身份的复杂性和影响过分简化。其四，提倡适度的变化，以缓冲在政治、经济等方面面临的压力。其五，缩短运动发生的时间期限，媒体对新近性的追求使抵抗运动变得紧凑，运动的连续性和政治平衡因此被破坏。其六，容纳并增加对运动的报道。媒体使运动进入人们的视野，并以特定方式将其具体化、供人评判，这无异于给运动加了一副"放大镜"（吉特林，2007，p.85）。

综观媒体用以报道"学生争取民主社会组织"的框架，可以发现其中非难框架占大部分，除了最开始的波利奇报道之外，其余相关报道都在很大程度上严重受到霸权的影响。媒体倾向于以单一的"反战"属性代替其原本复杂的属性，倾向于以暴力、激进、天真概括其成员的行为，这是有利于约翰逊政府的统治的。但略吊诡的是，即使在1968年1月"春节攻势"之后，对越战的怀疑还是在美国大规模蔓延开来，甚至哥伦比亚广播公司和《纽约时报》的新闻工作者自己也开始发问"杀戮何时终结"，而新左派运动和"学生争取民主社会组织"的媒体形象仍然没有变化，只是对原来的霸权主义框架进行了调整，其中包括对温和反战积极分子进行稳妥处理等。原因在于，"战争是失败的，或许是错误的，但结束战争是当权者的任务，而不是激进运动的任务"（吉特林，2007，p.206）。

在对20世纪70年代末的反核电站和核武器运动的报道中，媒体也采取了相似的做法。针对民众以反核为主题的示威运动，它们要么少报道，要么模糊其重点所在。比如美国全国广播公司将核电站描述为"引发骚乱的中心"。而随后发生于1979年的三里岛灾难虽然改变了媒体报道的一贯模式，但示威运动仍未得到"正名"。媒体开始寻找核电站、核能方面的专家，披露政府机构在处理核问题上的缺位，并通过赞赏核能管理委员会当时的负责人希罗德·邓顿（Harold Denton）针对该事件发表的官方讲话，将他塑造为值得信赖的权威人物。于是，霸权主义框架得以周而复始地出现（吉特林，2007，p.217）。

当然，将新左派运动的衰落全部归咎于媒体报道无疑是不公平的。运动自身的阶级局限性、连贯策略的缺乏等自身缺陷，成员对其的误解，以及美国政府的权势，这些都重重压在它的身上，将它抛回自身的矛盾中，最终从根本上导致了它的失败。在与媒体的角逐中，它虽然也尝试利用媒体，与媒体争夺对自己"媒体形象"的话语权，并的确对媒体的报道产生了一些影响，但总体而言，媒体拥有更多决定权，它对运动的发展产生的影响毋庸置疑。吉特林在书中就运动与媒体之间的复杂关系总结道："就其内部因素而言，有两个方面肯定会增强运动对媒体的依赖性：首先是运动狭窄的社会基础；其次是运动力求实现社会环境下某一具体的政治目标。还有另外两个因素，当具备了这两个因素后，运动对于媒体的依赖就产生了破坏性的后果。这两个因素是：在非革命的环境下，运动却倾向于提出革命性的要求和不切实际的政治理想。另外，拒绝承认其政治观的非确定性，尤其是领导权的分裂。"（吉特林，2007，pp. 214-215）

四、评价与反思

《新左派运动的媒介镜像》一书的出版引起了很大反响，一些人将该书的主旨理解为"批评媒介机器单纯地对运动进行摧残并且维护反对者的谎言"。吉特林就此回应道，尽管他站在运动一边，但他不会也不愿宣称新左派是完美无瑕或善始善终的。事实上，正如前文所言，吉特林虽然花大量笔墨描写了新闻媒体对新左派运动的影响，但他也对运动本身面临的内外部限制有清晰的认识，他在该书第四章、第五章、第六章集中讨论了运动对于权威和暴力的矛盾心理、与大众文化的区别、其中的领导人员对名誉的热衷等诸多内容，也对该运动与政府政治力量之间的羁绊做了诸多描写。事实上，一些学者认为，正是这种将矛头指向运动本身的行为大大削弱了吉特林的批判力度。

《新左派运动的媒介镜像》的写作开始于 20 世纪 70 年代中期，最终出版于 20 世纪 80 年代，在那之后，无论是新闻传播界还是运动本身，都发生了很大的变化。因此，一个关键问题是：吉特林在该书中对意识形态的强调对于今天的媒介研究是否仍然具有解释力？

对此，吉特林认为，20 世纪 60 年代是一个非常重要的阶段，各种社会政治运动在世界范围内迭起，动摇了既有的权力建制，个人主义盛行，反抗变得常态化，约定俗成的真理的权威性被削弱。这一切在 20世纪 80 年代发生了重大变化：绝大部分个人主义精神被吸纳进消费者市场，但消费选择的增多并不必然与自由程度的提升相关联。反主流文化以"真实性"为价值标准，但后者常被某些愤世嫉俗的、讥讽的力量掌握并利用。成书于这样一个特殊的时代背景之下，将媒体分析放置在意识形态分析的框架中有其充分依据。

但在那之后，吉特林开始突破意识形态的范畴，并强调媒介的情感负荷作用，出版于 2002 年的《无法无天的媒介：论声画流对生活的僭越》即是这方面的代表作。一方面，他相信在当下时代，人与媒介之间的关联并不是理性的结果，而主要是一种情感关联。另一方面，吉特林也承认，由于现在的认知环境比 20 世纪 60 年代更加混乱，所以他在《新左派运动的媒介镜像》中分析的"建制化媒体"不再像以前那样带有霸权色彩，但其中的意识形态分析在今天仍然占据着有价值的一席之地。他指出，媒介自身的变革在今天仍然是困难的，因为即使在今天，我们也仍缺乏一种制衡的力量或一系列有制衡力量的机构，媒介行业的游戏规则仍然受人操纵，而在传播网络中获益的政治势力、政党、政治候选人，以及掌握传播网络的媒体大鳄无疑不可能支持改革，因为改革就意味着要砍掉媒体行业的利润。

略遗憾的是，尽管吉特林在书中多次提到经济压力对媒体的影响，但这一点并未被剖开进行详尽论述，诸如"预算短缺"等经济因素出现时，吉特林往往以一笔带过的方式对其进行处理，这使得该书中这部分的内容略显单薄。

（常泽昱　上海社会科学院）

参 考 文 献

〔美〕托德·吉特林：《新左派运动的媒介镜像》，张锐译，北京：华夏出版社，2007。

拓 展 阅 读

Gitlin，T.，*Media Unlimited*：*How the Torrent of Images and Sounds Overwhelms Our Lives*，London：Picador，2007.

〔美〕盖伊·塔克曼：《做新闻：现实的社会建构》，李红涛译，北京：中国人民大学出版社，2022。

〔加〕罗伯特·哈克特、赵月枝：《维系民主？西方政治与新闻客观性（修订版）》，沈荟、周雨译，北京：清华大学出版社，2010。

《新闻：幻象的政治》

新闻与政治的关系一直是新闻传播学关注的热点议题。新闻媒体在民主参与中扮演着怎样的角色？又在政治行为中起到怎样的作用？美国学者兰斯·班尼特（Lance Bennett）在《新闻：幻象的政治》一书中对此做了很好的论述。

一、成书背景

兰斯·班尼特是耶鲁大学政治学博士、华盛顿大学传播学教授和政治学教授，华盛顿大学"传播与公民参与中心"的创始人和负责人。班尼特一直担任美国政治学和传播学类核心期刊《美国政治学杂志》《传播学刊》《大众传播批判研究》《政治传播》的编委，并有大量学术作品发表。他的研究兴趣主要集中于媒体与政府的关系如何影响公共信息和市民文化等议题。

《新闻：幻象的政治》是兰斯·班尼特久负盛名的著作，目前已经出至第九版，这也是该书广受关注的原因之一。与欧美传统的政治传播研究不同，班尼特并没有将研究的角度仅仅局限在个人选举行为的变化上，而是从更为宏观的角度，分析新闻对民主参与方方面面的影响、媒体与政府之间的互动，以及新旧传媒体系发展之间的相互作用。该书的核心是研究媒体、公众与政治人物之间的相互作用。班尼特重点阐述了新闻对美国民主政治的重要性以及新闻如何构建了政治幻象。他认为，"新闻的职业标准把一种扭曲的政治图景引入新闻，而且将这种图景合法化为一种广泛、真实的存在"（班尼特，2018，p. 281）。与李普曼的"拟态环境"理论类似，在班尼特看来，新闻并不是对客观世界镜子式的真实再现，而是构建了一种幻象，在美国的政治新闻运作中，新闻的幻象变成了某种政治现实。

班尼特所研究的媒体、政治与公民三者之间的关系，处在一个不断变革的社会环境中，而且科技带来的影响仍未尘埃落定，所以每一次再版，作者都会加入新的研究视角与观点。作者的分析建立在现实世界中发生的事件的基础上，其结论扎实而不教条，例如书中提到的"新闻导向指征"理论、新闻的四种信息倾向性等概念，在当下仍具有启发意义。

二、媒体自由幻象里的新闻业危机

《新闻：幻象的政治》揭示了媒体-政治世界的变化，而作者也致力于通过向读者展示和剖析这种变化，来打破新闻所塑造的政治幻象，以便更好地让人们理解并参与到公共生活中。班尼特的研究建立在政治新闻会对政治产生影响这一假设的基础上，他关注新闻对于美国民主质量的影响，而不仅仅局限于记者如何采写新闻、采用何种文本框架等表层问题。因此，在该书的开篇，班尼特就剖析了美国政治体制中的信息危机。在作者看来，这种信息危机的表现之一就是新闻业的危机。

根据班尼特的论述，新闻业的危机表现在三个方面。

首先是新闻业经济层面的危机，这种危机也是新闻业的表层危机。长期以来，新闻自由被认为是现代民主社会的主要特征之一，而媒体的商业化被认为是实现新闻自由的根基。一方面，在媒体私有化占主导地位的美国，新闻行业主要通过广告来获取收入。随着互联网技术的日渐成熟，广告商拥有了更加便宜、更有针对性的垂直广告投放形式，这使当下众多的传统媒体沦为社交平台的内容供给商。另一方面，新闻集团的垄断及其之间的不断并购也加速了严肃报道的消失，例如《费城问询报》等口碑尚好的媒体，在新东家追求利润的压力之下也不得不随波逐流。

上述并购潮出现在 20 世纪 90 年代和 21 世纪的前十年。这期间，美国政府对媒体所有权集中大开绿灯，新闻作为公共产品的特征逐渐弱化。新闻娱乐化是新闻作为公共产品的特征逐渐弱化的典型表现。班尼特在书中引用了弗兰克·里奇（Frank Rich）的话："当前的媒介化政治的一个显著特点就是，媒体已经沦落到只会报道那些经过政治咨询专家精心打包的格式化内容了，新闻越来越像娱乐节目。"（班尼特，2018，p.44）这种现象的发生离不开前文提及的传媒业在经济层面的考量。媒体直接生产和报道经过打包处理的政治表演，花费的时间、精力都比较少，事件也可以按照新闻策划的预期发展。此外，我们不难发现，记者往往被训练成多面手，能够写任何话题的稿件，却没有在某一专业领域深耕。多面手的记者对媒体而言更经济，也更容易写出故事化的新闻报道，但他们很少有能力去提出具有批判性的专业问题。而编辑部对记者稿件的审查，也无形中合理化了故事化报道的"潜规则"。正如作者所总结的，"编辑审稿本来的目的是防止新闻扭曲，但事实上这种自动防故障机制却一手造成了新闻扭曲"（班尼特，2018，p.305）。

其次是新闻业操作层面的危机。这一方面体现为新闻报道中的四种信息倾向性，即个人化、戏剧化、碎片化以及"权威-失序"的倾向性，另一方面则表现为客观性报道模式所处的困境。班尼特总结的四种信息倾向之一的个人化新闻，是指报道中突出个人，从富有人情味的角度报道新闻，而弱化制度、社会和政治大背景的一种新闻倾向性（班尼特，2018，p.98）。戏剧化新闻顾名思义，指新闻具有戏剧效果，诸如情节跌宕、人物形象鲜明等。碎片化新闻在电子媒介时代尤为突出，其特征表现为新闻报道中的信息非常琐碎，难以形成一幅完整的画卷。"权威-失序"倾向性是作者提出的一个重要概念。班尼特解释说，这是指把某一事件与其所处的社会背景和历史潮流割裂开来，通过一种肤浅的情节模式（如政治游戏、领导地位受到挑战和社会崩溃的迹象）进行戏剧化处理，而不是将事件放置在历史、政治和现实的背景下进行阐释，以突出对权威的挑战以及社会秩序的失衡（班尼特，2018，p.116）。不论事件本身是否符合这个公式，媒体总会想办法将其放入"权威-失序"的框架。在新闻报道中，如果事件发生的大背景被完全不予考虑的话，有关权威的故事情节和"有序-失序"的场景就成为最方便易得的新闻素材（班尼特，2018，p.114）。对这一公式化报道的追求，会使媒体有选择地进行新闻报道，而且报道的焦点不是事件最核心的本质，它首要关注的是权威人物和社会秩序的问题。从这一角度来看，媒体在判断当权者是否有解决问题或恢复社会秩序的能力上，就有了相当大的话语权。但这样做是有政治代价的，因为公式化的新闻故事最后无非有两种结果：一种是官方采取了行动并取得了胜利，社会恢复了稳定秩序；另一种就是行动失败或受到另一方势力的挑战，新闻报道在对权威人物的能力与社会秩序能否恢复的质疑中结束。如此往复，公众所关注的不过是问题的假象。

新闻操作层面的危机还体现在客观性报道模式所处的困境之中。新闻专业主义中的客观性报道，在第一次世界大战之后，被西方众多知识分子视为能够拯救民主的重要运动，也开始成为记者的高尚追求和行业准则。在具体操作中，客观性报道被简化为同时表达多方（往往是两方）观点的"平衡报道"。然而，班尼特却质疑这种表面的"平衡报道"，认为"恰恰是因为新闻职业标准要求防止偏见，新闻才有了倾向性"（班尼特，2018，p.281）。班尼特从美国政治新闻的职业实践中，梳理出几个新闻偏离客观性的主要原因。他引述社会学家盖伊·塔克曼的观点，"新闻客观性的幻象是因为记者把官场看作权威"（班尼特，2018，p.307）。媒体对权威一方的信赖，使它们不能发挥自身的民主功能：批判地审视官员、商业精英。正如有学者指出的："在制造幻象方面，媒介是总统最心甘情愿的同谋。"（龚文庠，1993）班尼特以伊拉克战争报道为例解释道："9·11"事件之后，小布什政府一直宣称萨达姆与"基地"组织有牵连，而民主党出于"不要在政治上冒风险"的想法也在关键时刻闪开了。2003年2月伊拉克战争前夕，全世界有1500万到2000万人走上街头抗议战争，媒体却没有报道这样的大规模抗议运动，因为它们指望权威的声音出来反对，可权威的声音（民主党）出于政治考量退出了抗议的舞台。因此，没有其他政治权力派别的观点作为参照物，主流媒体无法质疑政府的一面之词（班尼特，2018，p.53）。此外，新闻的可信性依赖政治角色所代表的政治制度与价值，但政治角色受到攻击后可能会失去权威性，从而导致新闻失去可信性（班尼特，2018，p.289）。一方面，记者所塑造的客观性幻象依赖官方观点，但他们在报道中却常常扮演政治人物的对手，于是记者与官员之间形成了某种不稳定的合作关系。双方的"对抗"成为一种仪式上的对立（这种对立往往只是做做样子，形成两者彼此独立的假象），从而无法探究制度等更深层次的问题。另一方面，记者在报道的实际操作中常用公平、平衡或真实来代替客观性，以保证所要达到的表面"公正"。在美国的政治新闻中，媒体为保证权威党派发言上的"公正"，最便捷的方法就是使两边拥有同样的发言时间。但很多时候要解释事件的复杂性仅仅有两方观点是远远不够的，双方等时的发言也只是达到了表象的"公正"（班尼特，2018，p.284）。在班尼特看来，新观点的传播往往比旧观点更耗时，所以如果报道的目标是传递信息，让新旧观点同时为人所知，那就需要一种新的平衡观，即摒弃每则报道都要保持平衡的想法，代之以"一段时间内信息平衡"。但无论如何，美国新闻客观性的危机很难解除。托马斯·曼（Thomas Mann）曾写道："客观性的根源并没有那么肤浅，它不是用来为权威、特权提供掩饰，而是用来遮掩我们在凝视现代社会时所流露出的失落感。"（舒德森，2009，p.145）在班尼特看来，这种遮掩蒙蔽了客观性报道背后所存在的偏见与秩序，也维持着西方新闻业背后自由主义、资本主义与民主政治的冲突。

最后是新闻业的深层危机，也就是媒体与政治人物之间微妙而复杂的博弈，这在前文论述的新闻业操作层面的危机中有诸多表现。政治传播学者蒂莫西·库克（Timothy Cook）把政治人物与记者之间密不可分的关系称为"新闻执政"（Governing with the News）。他认为，政治人物需要把他们的立场和观点变成新闻，同时需要向公众传达出自己是有能力的领导者这样的信号。一方面，政府可以通过印刷合同、报刊订阅和消息源这三种工具对媒体施加影响（Cook，1998）。另一方面，记者也需要政治人物为他们提供消息。记者与官员之间相互依存的关系意味着，虽然美国宪法保护媒体的自由和独立，但实际上媒体已经沦为政府的"第四部门"，而且还是一个独立性不太强的部门（班尼特，2018，p. 48）。

三、制造幻象：媒体、政府与公众的合谋

为了让读者认识到新闻能否更好地服务于民主，幻象的政治如何诞生，班尼特除了从经济学的角度去分析，还更多地关注了政治信息的日常流动，如政府公务人员、记者与公众之间的交流，这也是作者所认为的政治与民主质量的基础。班尼特认为，尽管目前新闻体系的发展使政府越来越没有权威，但新闻媒体、政治人物和公众利用媒体的方式，在美国的政治体制中依然扮演着重要的角色（班尼特，2018，p. 23）。因此，班尼特分别从政治人物如何制造新闻、记者如何报道新闻，以及民众的反应等几个方面做了分析。

（一）政治人物如何制造新闻

要理解政治人物如何制造新闻，首先需要了解官员是如何占据政治新闻版面的。对执政者来讲，要成功执政，政府必须确定议程，而不能让媒体来为它确定议程。当然，也有部分政治人物希望与公众沟通，只是沟通往往会演变成公关。当新闻与公关搅在一起，信息就变得荒谬且耸人听闻，更像一种公式化的口号（班尼特，2018，p. 43）。

那么，政治人物如何构建新闻事实呢？班尼特主要从符号政治和战略传播两个角度来加以说明。符号是人们交流的基本单位，使人们在交流客体并不实际存在的情况下也能交流。政治人物与利益集团的任务之一，便是将当前的实际形势通过技巧性地运用符号呈现给公众。因此，符号的可塑性让政治人物有机会把"现实的政治世界"变成一个"看起来很真实的政治幻象世界"（班尼特，2018，p. 198）。符号政治侧重具体的新闻话语，战略传播则是从较为宏观的角度来分析政治新闻的建构，其核心是信息设计和信息传播两方面，具体流程如下：（1）设计一个简单的主题或信息；（2）将信息填满目标受众能接触到的传播渠道；（3）利用权威的信息平台发布信息并使权威人物对信息表示支持；

（4）利用合适的脚本引导记者针对既定的主题进行报道。在政治传播中，以上几个步骤与政治人物的形象塑造手段相结合，共同发挥作用。

（二）记者如何报道新闻

就新闻业而言，尽管新闻报道的方式在不断改变，但一个重要的新闻采集模式始终未变，即大部分政治新闻的消息源是政府官员。这个问题可以与作者提出的"新闻导向指征"概念结合来看。"新闻导向指征"（indexing），是指"主流媒体把某一政治形势中最权威、最具实力改变事态结果的那一方的观点作为判断和调整新闻导向依据的做法"（班尼特，2018，p. 52）。班尼特认为，新闻媒体往往会从官方的角度，按照相关部门新闻发言人的口径去报道，比如国会议员、资深的社区领袖对某一政策或事件提出疑问时，媒体就会报道他们的观点，即使这种疑问有时毫无根据或可被科学证伪。"新闻导向指征"可以帮助我们理解大量关于立法、行政、法院裁定等议题。在对公共政策的报道中，媒体如何报道冲突的观点取决于他们熟悉的可信消息源之间冲突的大小。但在商业补贴、银行、能源公司等经济问题方面，官员们的表态要谨慎得多。当这种谨慎变成一种官方套话式的、碎片化的甚至是毫无根据的联想时，"新闻导向指征"就会影响报道的准确与客观。

政治人物制造新闻的目的很明确，但新闻从业者对新闻操控的反应很复杂，在市场导向的压力下，新闻媒体只能顺应权威消息源所主导的游戏规则。对媒体来说，政府的官方说法是重要且丰富的新闻资源，在市场需求之下，媒体之间表面上竞争激烈，但上千家主流媒体的报道内容因消息源的单一而高度一致，"不仅人物相似，场景、故事类型甚至故事所要表达的道德意义都很相似"（班尼特，2018，p. 48）。另外，记者要么报道被政治人物"授权"的政治宣传，要么用失误与丑闻来给政治人物设立陷阱，形成美国独特的"逮到你了"报道模式。

正如前文已经指出的，西方新闻业在操作层面形成了根深蒂固的运作模式与行业规范，典型的如美国媒体一直信奉的客观、公正、政治中立与独立报道等。班尼特认为，正是这种行业规范造成了记者报道内容的同质化与新闻倾向性。在该书中，他分析了大量案例来说明这一现象，关于全球气候变暖的报道就是一个典型案例。在气候变暖问题上，即使科学界的大多数专家认为反方论调并无证据支持，但美国的记者和编辑出于公正与平衡的考虑，仍会将没有证据支持的观点引入新闻。这种刻意为之的报道平衡，造成公众对全球气候变暖问题的紧迫性认识不足，并且影响了相关政策的实施。

记者进行这种标准化报道的原因有很多，班尼特归纳了三点，分别为：与消息来源的日常合作、新闻机构的工作程序及内部的压力、同行间的信息共享和工作关系。作为新闻机构一分子的记者，承受着按照标准进行报道的压力；记者之间的群体交流也使每个人承受着与群体保持一致的压力。

（三）民众从公共参与中退却

媒体与政府间的博弈使新闻变成了圈内人的游戏，公民难以参与其中并分辨信息的真伪。一方面，政治新闻从对公共事务的关注，转向进行关于"谁赢谁负"的比赛式报道，这种"媒体逻辑"引导民众逐渐远离严肃的政治讨论与参与。班尼特在书中引用了大量统计案例，来说明当下的美国年轻人越来越不关注政治。例如，他通过对詹姆斯·汉密尔顿（James Hamilton）曾做过的受众习惯调查的分析，让我们看到，在年龄为18岁至34岁的美国人中，只有不到10％的男性和女性经常性地收看晚间电视新闻节目。在6组关键人群的分类中，只有1组人群（50岁以上的男性）中的大部分人认为自己大多数时间比较关注政治（班尼特，2018，p.141）。即使对于一些全国性的大选活动，公众也并未投入多少关注。有趣的是，作者发现年轻人更倾向于从电视喜剧秀中获取选举信息。另一方面，传播技术的发展使受众开始分化，或者说，社会因为其他原因而分化，传播技术则加深了这种分化。这种分化不仅使受众聚集在更加圈层化的小众圈子内，也使现代人越来越不愿意参与政治生活。

公众对政治参与的逃避有多重原因。人们在考虑是否参与公共生活的问题时，常常会陷入一种两难境地：忽视政治人物和舆论领袖的意见，也无法为公共舆论贡献自己的力量，结果容易形成犬儒主义；相反，当参与到公共生活中时，又会感到某种压力迫使自己与媒体主推的立场保持一致。班尼特认为，造成这种两难困境的主要原因是国家的政治传播是单向的，即使是公民抵抗运动，也往往是由某些与传统政治势力和金钱相关的利益集团组织的（班尼特，2018，p.150）。在这个过程中，有些人在窘境中接纳了自己较为熟悉的党派观点与思想，有些人则完全放弃了政治参与，失望地躲进了孤立的掩体中。

在班尼特看来，一个充满参政热情并享有充分知情权的公众群体是高质量民主的基石（班尼特，2018，p.149）。然而在上述情况下，新闻及其背后的政治传播逻辑，都妨碍了这样一个公众群体的形成。

四、打破幻象：公民、政府与媒体的解决方案

在《新闻：幻象的政治》的最后一章，班尼特并没有停留于对美国新闻体系的问题的论述，而是对传播技术变革引发的数字化网络社会展开了新的构想。作者在书中总结，美国关于公共信息有三个神话，它们被认为是美国自由的基石，这三个神话分别是：（1）媒体私有（公司所有制）；（2）对政府支持公共广播的普遍抵制（对商业广播公共责任的监管方式使得这一问题更加严重）；（3）公民与记者一直相信新闻应该保持客观中立或者政治中立（班尼特，2018，p.360）。班尼特认为，正是这三个神话造成了新闻与民主的割裂。基于此，他对公民、新闻从业者和政治人物分别给出了建议，以期打破上述三方所塑造的"幻象的政治"。

首先，对于如何获取信息，班尼特认为，公民可以进行更多有创造性的思考，比如：学会识别陈词滥调和情节公式，诸如"左派分子""右翼分子""自由主义"等常被使用的标签；寻找不符合事实的信息，通过其他信源来核实有党派倾向性的言论，在这方面可以充分利用互联网的海量资源；识别政治宣传和新闻运作，并学会自我批判，尤其是警惕先入为主的观念以及偏见，寻找更多视角的信源。其次，在新闻从业者方面，记者们要摒弃"稿件中包含更多的社会、体制和历史背景会让读者变得迷惑"的陈旧观念，不要轻易降格受众；不要总是让事件中的

角色讲故事，要把握属于媒体自身的报道主动权；拒绝标准化的情节模式，用普通人的语言定义政治问题，主动告诉受众相关事件报道中重要的社会意义；在社交媒体时代，让受众参与内容制作与分享。最后，在政治人物即政府方面，政治人物应学会从烦琐的民意调查、新闻管理及政治营销中脱身，尝试改变个人的传播方式，政府则要限制金钱流向政治人物，并对媒体垄断加以约束（班尼特，2018，p.269）。

班尼特的建议尽管有其合理性，但理想化的色彩也比较浓。比如作者对公众提出的应具备"识别能力"这一要求，在具体的实践中就十分困难。正如有研究者所说的："我们很难将'相信谁'和'相信什么'加以并列和区分，在主流意识形态通过媒介日复一日年复一年的渗透之下，不仅是被解读的客体——新闻是被生产和控制的，解读的主体——人的头脑也是被生产和控制的，这就是消费文化和资本扩张与统治的需要，而在某种程度上他们已经成功地做到了。因此，难不仅难在相信谁和相信什么，更难在解读所依从的价值体系、解读过程和方式本身已经无法逃脱主流的控制，受众更多的不是面对如何选择的问题而是能不能选择的问题。"（胡正荣，2005）公众所面临的困境在新闻从业者和政治人物身上也同样存在，在体制与社会大环境不变的前提下，对个体所提出的要求在保障新闻公共性方面仍是杯水车薪。

在《新闻：幻象的政治》的前几版中，班尼特曾建议，政府应该巧妙地通过设置媒体议程，将政府的政策议程设置成公共议程，进而在公众中形成广泛关注的议题，并最终实现合力效应。但在当今电子媒介日益繁荣的背景下，作者则对传播技术变革所带来的公民媒体改革运动寄予了厚望。他认为，数字民主的希望在于公民能够彼此互联，利用自己获得的信息创建草根利益共同体，摆脱目前大众信息体系内泛滥的媒介形象和单向的政治宣传（班尼特，2018，p.386）。当然，数字时代的虚拟民主并非没有问题，作者在书中引用了批评家们的担忧："信息茧房""数字鸿沟"以及公司把控下的大众传媒，可能造成数字民主的边缘化，这些问题在当今社会似乎已经凸显。此外，班尼特也呼吁政府经营公共媒体、对公共媒体加以扶持，这在以媒体私有化体制为主导的美国也不失为另一种消除危机的良方。

五、评价与反思

为《新闻：幻象的政治》英文版撰写序言的多丽丝·格雷伯（Doris Graber）曾高度评价这本书。在格雷伯看来，该书出版时，有关新闻媒体的影响的研究处于历史的低谷，而另一本关于效果研究的经典著作《大众传播的效果》是 1960 年出版的，距 1983 年《新闻：幻象的政治》的出版已过去 23 年。因此，格雷伯评价该书是"政治传播学领域的先锋之作"（班尼特，2018，p.11）。纵观全书，班尼特用一种新的角度，即社会学的视角研究了新闻与政治之间的联系，我们在阅读时会发现他的视角宏大而有系统。恰如有读者所评论的，这本书不仅仅关注新闻机构内部、新闻选择、新闻生产、新闻记者、政治人物、政治言行等方面，而且将这些方面整合在一起；不仅仅局限于新闻与政治内部，还将它们勾连起来，并放在整个社会运行过程当中加以考察。

中国学者陆小华在 2005 年出版的中译本推荐语中说，"要想真正了解美国是如何运转的，它是如何看待自己以及世界的，还必须看看美国学者如何解剖其新闻业，而从《新闻：幻象的政治》这本书中我们可以感觉到美国如何思考，如何做出选择与决策，如何实施并坚持其决策。更为重要的是，在传媒力量深深地影响着人们思维的今天，借此，还可以领悟更多把握当代世界的方法"。中国资深媒体人连清川也在推荐语中表示，该书"在观察美国新闻方面居功至伟。因为它没有耽溺于其中任何一面，而是娓娓剖析美国新闻处理信息的种种习性与技巧，从容揭橥了天使与魔鬼的双重身份，还新闻以本来面目，并为公众透过重重迷雾寻求真相提供了解决之道"。

总体而言，《新闻：幻象的政治》是一部具有时代性的作品，它不仅为我们提供了一个崭新的研究新闻与政治的视角，还提供了多维度考察新闻的方法论，例如媒体、政治、公众、市场、技术等因素的相互作用，这种多维度结合的叙述模式在当下的新闻学研究中已经被广泛应用。此外，在该书九次再版的过程中，可以看到班尼特对技术因素日渐增强的关注和重视。该书所呈现的广阔而动态的社会性视角，也提醒我们要对新的影响新闻的要素加以重视，并从中寻找打破幻象的可能性。

（郭恩强　华东政法大学

张妤婷　华东政法大学）

参 考 文 献

Cook，T. E.，*Governing with the News：The News Media as a Political Institution*，Chicago：University of Chicago Press，1998.

龚文庠：《谁主宰美国的新闻传播?》，《北京大学学报（哲学社会科学版）》1993（5）。

胡正荣：《政治、民主与新闻：媒介的当代迷思》，《读书》2005（7）。

〔美〕兰斯·班尼特：《新闻：幻象的政治（第9版）》，杨晓红、王家全译，北京：中国人民大学出版社，2018。

〔美〕迈克尔·舒德森：《发掘新闻：美国报业的社会史》，陈昌凤、常江译，北京：北京大学出版社，2009。

拓 展 阅 读

〔美〕沃尔特·李普曼：《舆论》，常江、肖寒译，北京：北京大学出版社，2018。

〔美〕詹姆斯·T. 汉密尔顿：《有价值的新闻》，展宁、和丹译，杭州：浙江大学出版社，2016。

丹尼尔·哈林

《"未经审查的战争"：媒体和越战》

媒体对战争的报道，或是战争的媒介再现，是政治传播学学者较为关注的研究议题。当我们追溯新闻传播学领域相关理论的源头，不难发现，许多经典理论和经典著作都诞生于战争时期，它们是学者们就战争时期的宣传、舆论、新闻检查、传播效果所做的调查结果的总结。同样是关注大众媒介与战争议题，美国著名政治传播学学者丹尼尔·哈林的著作《"未经审查的战争"：媒体和越战》（以下简称《"未经审查的战争"》），是考察越战时期美国主流报纸与电视报道的经典之作。该书对越南战争进行了个案研究和实证考察，揭示了媒体、政府、舆论之间复杂的互动机制。

一、成书背景

哈林是政治传播、媒介体制领域具有全球影响力的学者，他与意大利学者保罗·曼奇尼合著的经典著作《比较媒介体制：媒介与政治的三种模式》（以下简称《比较媒介体制》）已被翻译为多种语言，并在多个国家出版。哈林的学习经历与学术历程均与"政治学"密切交织。他于1980年在加州大学伯克利分校获得政治学博士学位，在此之前他已取得政治学学士与硕士学位，目前任教于加州大学圣迭戈分校传播系。他的研究涉猎领域极其广泛，在媒介与政治、媒介与战争、媒体与公共卫生、新闻专业主义等领域多有建树，有多部学术著作问世。

基于对舆论的研究兴趣，哈林选择了以"大众媒介与美国政治危机：越南战争个案"为题撰写他的博士论文，关注关于越南战争的舆论与媒体报道。由于其博士论文开始撰写时越南战争已结束数年，完整的、覆盖所有年份的舆论调查工作几乎不可能完成，因此哈林开始搜集越南战争中的新闻报道进行研究。他一方面搜集了《纽约时报》这一纸质媒体上的新闻报道，另一方面由于越南战争是第一场电视转播的战争，他也将目光转向了当时的电视报道。《"未经审查的战争"》成书于1986年，是哈林在其博士论文的基础上进一步深入、拓展研究的成果。当时正值越战停战十周年，哈林认为应当冷静地回顾美国在那场漫长的消耗战中涌现出的国族意识。他指出，在当时流行的国族意识中，往往都有一幅"独立运行的媒体摧毁国家幻觉"的图像。可是，国族意识其实也受到一种强大神话的引导，这种神话在某种程度上诞生于以往战争遗留下来的创伤中（Hallin，1986，p. vii）。

哈林注意到，大多数新闻报道在越战早期都十分支持美国对越南局势进行干预，肯尼迪和约翰逊两位总统也能够有效地管控新闻。但是，越战和同时期的其他事件一起，推动了媒体与政府的进一步分离。当时，记者通常将越南战争-水门事件视作媒体迈入"成年阶段"的标志——媒体更加独立于政府控制，记者在新闻机构内的自由度也得以提升（Hallin，1986，p.9）。

因此，越战时期的媒体报道对于政治传播研究的重要性不言而喻。作者从时间的纵向维度和分析资料的横向维度出发，将该书除第一章导论之外的内容分为两个部分：第一部分（第二、三章）分析了《纽约时报》1961年至1965年中期的报道，第二部分（第四至第六章）对1965年8月至1973年1月停火期间的晚间电视新闻进行了定量内容分析。此外，两部分都穿插着亲历越战的记者与少量官员的访谈内容。该书主体部分的四个章节是按时间顺序进行排列的，每一章都呈现了由理论驱动的具体问题与观点，如意识形态、客观新闻业、政治气候等（Hallin，1986，p.12）。

二、客观新闻业

在该书的第一部分，作者回顾了居于美国现代新闻业原则的核心地位的"客观性原则"。当时，美国记者不太使用"客观新闻业"（objective journalism）这一术语。即便使用，大多数时候也是以过去时态提及，用来指代越战时期的"天真"（Hallin，1986，p. 63）。

哈林认为，在美国记者的自我概念（self-conception）中，最核心的莫过于坚信现代美国新闻媒体是独立于国家权力的。事实上，20世纪美国新闻业的政治独立性较强。除了宪法所赋予的新闻自由之外，现代美国媒体的两大特征对于维持其独立性也至关重要。具体而言：第一，媒体不仅是私营的，而且是大型营利性商业机构，所以它们在经济上是自主的、不需要经济补贴；第二，新闻业逐步被视为一种职业，记者需要适应和接受职业本身所带有的意识形态，即使政治独立成为新闻业首要的道德标准。然而，这两点也并未展现新闻业的全貌，在很多方面，美国新闻业的专业化（professionalization）强化而非削弱了媒体与国家之间的联系。

哈林进一步指出，美国新闻业并未一直将客观性视作道德标准。他通过举例表明，在18世纪和19世纪初，报纸在涉及公共事务时，其主要目的就是尽可能鲜明有力地传达一个特定的观点。到19世纪初，大多数报纸都接受了政党或政客的资金支持，因此，报纸必定会反映该党派的观点，动员该党派的支持者，不会将平衡或客观作为借口。同时，报纸也不会自动依从某一种政治权威（Hallin，1986，p. 64）。哈林引用了法国政治思想家和历史学家阿历克西·德·托克维尔（Alexis de Tocqueville）在《论美国的民主》一书中的故事。据托克维尔讲述，他读过的第一份美国报纸就将时任总统安德鲁·杰克逊（Andrew Jackson）称为"只在乎自己权力的无情专制者……寡廉鲜耻而不懂节制的赌徒"。总统通常都要资助一家报纸，以为其喉舌，否则他本人的政策和观点将无从进行公共展示。鲜明的党派立场一直持续到19世纪末（Hallin，1986，p. 65）。

哈林认为，现代的客观性概念是在两次世界大战之间发展起来的。他同意迈克尔·舒德森的观点，即现代的客观性概念是对文化社会结构中两种相互交织的变化趋势的回应：文化相对主义和企业资本主义的同时兴起。哈林从记者的角度出发，指出客观性理念既是对这两种变化的防卫，也是对这两种变化的适应，该理念使得记者免受变化所带来的最具威胁性的后果的伤害，同时又使记者融入了一种新的文化和社会经济体制（Hallin，1986，p. 65）。

不仅如此，哈林亦从文化角度分析了客观性，他认为客观性一词出现的根源在于事实和价值是两个完全分离的理念（Hallin，1986，p. 65）。客观性理想兴起于心理分析、"群体心理学"、存在主义以及公共关系研究盛行的时代。当时，人类的理性被视作脆弱易碎的，事实被视作相对的、易于受操纵的，价值观被视作纯粹主观的，记者能做的就是拥抱"利益无涉的现实主义"。在某种层面上，这正是一种政治独立的立场：记者要远离自己所处时代的"偏见"。然而，与此同时，记者又被禁止去挑战这些"偏见"，保持独立（Hallin，1986，p. 66）。

两次世界大战之间，美国也逐步适应了自 19 世纪 30 年代开始的社会经济结构的大规模变革。正是在 19 世纪 30 年代，工业革命开始在美国孕育生根（报纸行业是第一批采用现代大规模生产方式的产业之一）。工业化之前去中心化的市场型社会已经让位于由大型工业化机构所主导的社会。印刷者、报道者、经营者三重身份合一的时代一去不复返，记者也成为大型官僚式机构的雇员。职业新闻业的兴起可以被视作一种协商式的妥协。它给了记者充分的独立性和声望，使其既感到满意，又具备可信性，还让记者融入了新闻机构。19 世纪，大多数记者都是单纯的雇员，经营者拥有绝对的权威决定报纸的内容。但到了 20 世纪，随着专业主义意识形态的兴起，记者有了专属于自己的根基，可以确立自身的权威地位。现代新闻组织拥有某种双重结构，该结构为记者划定了特定区域，记者在该区域内可以对同行进行回应。当前，关于记者权威与新闻机构权威之间的边界在哪里，仍然存在频繁的争论。例如，电视网仍然会周期性地出现这种争端：让一个没有新闻从业背景的人担任新闻部门的主管是否合适。并且，人们只要读读《哥伦比亚新闻评论》的

"飞镖与荣誉"专栏，就会发现新闻机构的所有者常常对记者们的职业行为进行干预（Hallin，1986，p. 66）。

不过，20 世纪的总体趋势还是新闻业的独立性显著提升。与独立性一同提升的，还有从业者的收入和声望。相应地，记者也尊重一系列从业准则的权威性，这些准则禁止记者利用其权威和声望来为自身谋取政治利益。例如，20 世纪 30 年代，报纸出版发行者在同报纸行业协会的斗争中就诉诸了客观性原则。他们担心，在行业协会的影响下，新闻会倾向于维护劳工的利益。

哈林指出，对于记者和新闻机构而言，客观性原则都发挥了重要的合法化功能。19 世纪，报纸的总量庞大，但是各家规模很小。它可以通过诉诸宪法第一修正案和"观点的自由市场"的理念来捍卫自身的政治角色。然而，行业的集中化削弱了这一合法性的基础，将新闻机构及其记者置于脆弱的处境。现代新闻机构显然拥有巨大的权力：它们控制了社会中进行政治传播的主要渠道。然而，它们又是私营的，事实上无须对公众或政治权威负责。新闻业的专业化使得新闻机构及其记者可以通过下述声明回应对于其权力的批评：他们实际上依照客观性原则对自己的权力进行了"保密信托"（blind trust，一种通常由公职人员进行的投资方式，可以避免以权谋私的指控）（Hallin，1986，p. 67）。

然而，与客观性准则的地位上升以及新闻机构内记者的独立性日益增强相伴随的，还有另一项根本性变革：新闻业与国家权力之间的联系日益紧密，且主要围绕着总统展开。记者将政府官员作为主要的信源，将官员的活动作为新闻报道的基本主题，甚至在新闻中分享官员的观点和视角（Hallin，1986，p. 69）。

哈林意识到，客观新闻业正在兴起、媒体与政府间的联系日益紧密——这两大发展趋势之间存在着紧张、对立的关系。一方面，记者经常抱怨，在实际工作中客观性原则反而迫使其受政府的操纵；另一方面，政府官员又埋怨，他们需要依靠一个自己无法直接控制的机构。双方都将他们之间的关系描绘成是相互对立的（Hallin，1986，p. 69）。然而，这两种发展趋势其实并不相互排斥：记者需要依靠其与政府的关系以使得客观性作为新闻业的一种实践形式进行运作。而客观性对于媒体扮演政府"第四部门"的角色而言也十分重要。客观新闻业不仅没有分离政府与媒体之间的关系,反而使得这种关系"理性化"[哈林借用马克斯·韦伯(Max Weber)的术语]。政党或政客无须再去控制任何新闻媒体,将其作为自己的官方喉舌。他们的观点可以得到各大主要媒体的报道——还可以免受"不负责任的"攻击。这并不是由于他们隶属于任何党派,也与他们的政策无关,而是得益于他们所处地位的权威性(Hallin,1986,p. 70)。

三、新闻报道的三个区域: 共识、合理争议与异端

该书在第四章提出了一个经典的新闻学理论,即新闻议题或记者报道新闻的三个区域。哈林在第四章"'未经审查的战争',1965—1967"中讲述到,从 1965 年圣诞夜开始的 37 天内,美国停止了对北越的轰炸。与此同时,美国与北越人员在缅甸仰光进行了秘密接触。为了理解这段时期华盛顿媒体的电视报道,就需要以更为复杂的视角来考察美国新闻业。显然,第三章介绍的客观新闻业模式并不适用,因为这段时期的电视新闻记者不再将自己视为公正的旁观者(disinterested observer),而是带有显著的国家身份认同立场,他们旗帜鲜明地将自己看作"爱国者",甚至经常提到自己是"'我们的'和平攻势"("our"peace offensive)的坚定拥护者。

基于对上述问题的分析,哈林提出了新闻议题或记者报道新闻的三个区域,这三个区域由两个同心圆构成,由内向外依次为: 共识区域(sphere of consensus)、合理争议区域(sphere of legitimate controversy)、异端区域(sphere of deviance),如图 1 所示(Hallin,1986,p. 117)。哈林对三个区域的基本观点是,记者报道的每一个新闻议题都会落入某一个具体区域,因此,每一个区域会受不同新闻业标准的支配(Hallin,1986,p. 116)。

第一个区域为共识区域,哈林认为这是一个"十全十美的"主题区域,在记者和社会上的大多数人看来,这个区域中的社会对象并不存在任何争议性。记者在这个区域中积极倡导或颂扬人们一致同意的价值

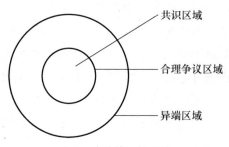

共识区域

合理争议区域

异端区域

图1　哈林的区域理论

观。正如哈林所言："在这个区域内，记者并不觉得必须提出反对意见或保持遥远的观察。相反，记者的角色是共识价值的倡导者或赞美者。"（Hallin，1986，pp. 116-117）

第二个区域为合理争议区域，它是大多数电视新闻报道的区域。由于受"客观性原则"的引导，所以客观、平衡是该区域最核心的新闻价值标准，记者们也在努力寻求新闻的客观性与平衡性。该区域的议题受到美国政治运行过程中既定行动者的承认，例如竞选和立法辩论。两党制在很大程度上决定了这一区域的局限性——受民主、共和两党之间和两党内部辩论议题的限制，也受到行政部门官僚体制下决策过程的限制。

第三个区域为异端区域，是同心圆最外围的区域。记者和社会主流政治势力认为，该区域的政治行动者或政治观点不值得被报道。在这个区域中，中立性原则再度被忽略，哈林引用了塔尔科特·帕森斯的一句话：新闻业成为一种"边界维护机制"，"扮演着揭露、谴责或将那些违反或挑战政治共识的人从公共议程上排除的角色。它标志着并捍卫着可接受的政治冲突的边界"（Hallin，1986，p. 117）。

值得注意的是，每个区域的内部也存在等级次序，而且各区域之间的边界通常比较模糊。例如，在合理争议区域内部，客观新闻标准的运行方式也存在差异。在与该区域毗邻的共识区域，客观性通常包含着对于官方声明的直接引述。距离共识区域越远，平衡性原则的重要性就愈发凸显。如果处在异端区域，那么记者的"反对者"角色就开始复苏，记者会以独立调查者的身份去探究是否存在滥用职权的情况。随着越战进入观点多极化的时期,客观新闻业的这些不同侧面逐渐凸显出来(Hallin,1986,p. 118)。

四、新闻报道的三个区域的例证

何种报道区域占据主导地位,取决于国内的总体政治气候。哈林运用新闻报道的三个区域模式,对美国越战时期的大量新闻报道实例进行了分析,彰显了这一模型在实证分析过程中的可用性。

1966年初,美国电视网和"高级"报纸对于越战的报道就存在鲜明的差异。一方面,高级报纸大多数时候都将越战报道置于合理争议区域内、毗邻共识区域的地带,应用某种形式的客观新闻业运行范式。在波来古事件过去十一个月后,高级报纸将越战报道稍微往外部挪移了一些,但其仍处于合理争议区域。大部分报纸,尤其是在其头版,仍然仅仅报道官方声明。不过,头版已经出现了更多的国会对于政府策略的批评。报纸记者开始引述政府部门内外部不同信源的说法,以一种"直白的"方式报道来自非精英群体的反对意见。

另一方面,和平攻势在电视报道中表现得就像一场正邪斗争的道德剧(moral play):《纽约时报》等报纸以超脱、平实、客观的风格进行报道;电视报道则呈现出正邪双方的激烈交锋,正方代表是美国的和平攻势,邪方代表是河内当局。学者们通常认为,在美国,与报纸报道相比,电视报道的主题更为鲜明,即更倾向围绕单一的主题进行报道。这主要是由于,电视报道是以时间顺序而非空间顺序进行排列的,电视观众必须从报道的开头看到结尾,无法像报纸读者那样让自身注意力在不同报道之间来回切换。因此,电视报道必须围绕特定的主题或故事线展开报道(Hallin,1986,p. 118)。可见,电视台将越战报道置于共识区域——美国的政策是不容置疑的正义的一方,北越当局是邪恶的一方。客观新闻业的准则并不适用于共识区域。

然而,在越战后期,电视报道的风格骤然转变。在由北越发动的春节攻势之后,正如战争初期那样,电视仍然是一种建制性机构(establishment institution)。但是此时,电视媒体以及整个国家对于越战的观点都产生了较大的分歧，因此媒体对于国家政策自然也就采取了一种批判性更强的立场。也就是说，越战议题进入了合理争议区域，政府无法再期望持续地从支持自己的媒体那里获益（Hallin，1986，p. 162）。

在一般共识的崩溃过程中，很难评估哪些元素对于媒体的影响最大。但是可以肯定，三个要素在电视报道的转变过程中似乎发挥了最为重要的作用：华盛顿政客之间的分歧与日俱增，战场上的美军士气渐趋消沉，反战运动扩展至主流政治势力当中（Hallin，1986，p. 163）。

尼克松任职期间，媒体不再进行战争初期（约翰逊时期）那种爱国主义式的报道，这正是由于越战已经不再属于共识区域。但是，即使尼克松没有得到电视台的积极配合，他依然保留了很多前任总统所拥有的管控新闻的权力。电视台对于尼克松越南政策的报道，十分接近肯尼迪和约翰逊时期《纽约时报》的报道。当政府保持主动地位时，往往能够主导新闻报道的模式。这种时期，电视报道通常采用"直白化"客观报道的形式：不加阐释地呈现官方声明，很少展示来自反对派的观点（共识区域）。当政府内部在相关政策上意见不合，无法对外展示出某种统一阵营时，其他主体就会活跃起来，政府就会在部分层面上失去对新闻的控制权，不得不和政治反对派分享新闻，而记者此时也会更为积极地对新闻进行阐释（合理争议区域）（Hallin，1986，p. 184）。

然而，在尼克松执政时期，记者的报道立场也并非一成不变。这其中存在复杂的互动和交锋。尼克松时期的典型特征之一，便是政府和媒体之间存在一种异常紧张的关系。自 1966 年 2 月参议院外交关系委员会举办听证会以来，记者们就一直难以确定应该将越战归类为政治议题还是国家安全议题——实际上就是无法确定越战隶属于合理争议区域还是共识区域（政治议题隶属于合理争议区域，国家安全问题隶属于共识区域）。无怪乎此时大多数政客和公众对于此问题也莫衷一是。1968 年以后，越战逐渐被视为政治议题。可是，有关越战的不确定性和怀疑从未被完全消除，总统能够通过提出和平倡议的方式，部分程度上将越战议题推回共识区域。和平倡议聚焦于美国（而非"尼克松政府"）与共产主义之间的对峙。没有哪位记者会在此时站错边，至少在公开呈现的电视报道中不会在这种"大是大非"的问题上站错边。每当美国与北越的关系作为一个问题被提出时，电视记者要么转向与 1965—1966 年报道无异的一致同意式新闻，要么转向最为顺从的"客观性"报道，展示出一种始终如一的图像：美国的灵活应变与北越的缺乏理智形成了强烈对比（Hallin，1986，p. 190）。

自从 1966 年 2 月起对富布莱特委员会（Fulbright Committee）听证会的部分内容进行直播报道以来，呈现不同意见就成为电视报道的一个常规特征。从 1966 年开始，大约 20% 的越战报道——至少从哥伦比亚广播公司的报道来看——会关注不同种类的国内反对意见。毫无疑问，这也是国内厌战情绪从 1966 年 2 月左右开始滋长的原因之一。富布莱特委员会的听证会至少在部分程度上将越战议题推向了合理争议区域。对于更为传统的对批评意见的报道也受到了尊重，即便是在电视报道总体上十分支持政府的时期。不过，对于反战运动的报道则要另当别论。

在有关电视报道的政治影响力的各种观点中，下述观点产生了较大影响：电视为美国人提供了一条新的获取权力的渠道，以往无权、少权的社会群体可以借助这条渠道融入政治进程（Hallin，1986，p. 192）。

事实上，反战运动也确实获得了电视记者的关注，吸引了报纸记者的注意力。或许如果没有电视台的关注，反战运动就无法如此迅速地受到各类媒体的聚焦。1967 年 10 月 16 日，当反征兵运动在全国范围内兴起时，哥伦比亚广播公司当天的前四条新闻报道就是全国不同地区的反征兵运动。次日，《纽约时报》第三版也报道了这场运动。但是，电视报道并不是受这场运动利用的被动工具，通过电视报道影响公众也会付出较大的代价。当已确立的合理争议区域的边界遭受外部挑战时，记者们就会奋起守卫边界，调用一系列符号化的"武器"或"标记"，通过将意识形态方面的威胁置于已被确认的异端区域内的某处，抵消这些威胁的影响。只有当反战运动报道渗入已确立的权力中心时，这些报道才会变得更加"客观化"。即便此时，反战运动实质性地融入政治讨论进程的能力也十分有限（Hallin，1986，p. 193）。

然而，将"客观"报道扩展至反战运动，并不意味着反战运动也扩展了向美国公众传播其信条或观点的权力。因为，即便在合理争议区域内，也并不是所有议题都具备同等的合理性。尽管存在平衡报道的理念，但是当媒体决定传播谁的声音时，还是会严格遵循政治权威阶层内的次序。即便是国会的反对意见，同政府内部的反对意见相比，成为新闻的可能性也更小：不仅国会意见在晚间新闻中被分配的时间较少，而且在政府日常活动的强大影响力面前，国会也相形见绌——政府是国内外权威信息的主要提供者，因此可以在很大程度上影响新闻报道，国会则不具备这种影响新闻报道的能力。反战运动处于媒体报道中合法的政治行动者层级的底端，因此，它获得新闻报道和公共影响力的机会就比较少。表面上看，在春节攻势之后的电视报道中，对于政府以及政府批评者的报道已经达到了近乎"完美"的平衡：在作者所选的样本中，政府代表及其支持者出现了 249 次，国内批评意见出现了 258 次。但这并不能被阐释为两者的传播权真正达到了平衡（Hallin，1986，p. 198）。

五、评价与反思

通过《"未经审查的战争"》一书的书名，我们很容易捕捉到该书的成书背景、研究案例与哈林关注的核心议题。该书以越南战争为研究案例，凸显了越南战争被新闻业赋予的两种性质：一是越南战争是有史以来第一场电视转播的战争，越战时期是美国电视媒介迅速发展的时期，美国民众形成了观看电视的习惯，电视报道中的越战信息对美国民众发挥着潜移默化的作用；二是越战是现代第一场未经军事审查的战争，记者可以随军采访且不受严格的新闻审查，所以新闻审查的"缺席"也在一定程度上影响了战争的走向。正是吸取了越战期间新闻审查的教训，在越战之后，美国、英国等国家针对战争时期的新闻报道内容实施了严格的新闻审查。

哈林在该书的结论部分抛出了一个核心问题——"媒体真的是'输掉越战'的真正原因吗？"读罢该书，读者很容易将大众媒体是导致越战走向失败境地的始作俑者这一观点视为该书的主旨思想，但是实际情况却不是如此。作者认为，这种指责大众传媒的观点仅仅看到了表面现象，却未发现真正导致越战失败的原因。哈林认为，媒体被卷入战争浪潮时，需要重视其在战争中所起的作用。诚然，媒体与美国政府机构之间的关系及二者间的张力理应是探讨媒介与战争问题不可逃避的核心议题。哈林通过对印刷媒体与电视媒体中关于越战的报道的分析，驳斥了媒体应对美国丧失战斗意志负全部责任的观点。哈林进一步审视了媒体与政府之间的关系，并指出，"美国在越南作战'意志'（will）的崩溃是一个政治过程的结果，而媒体只是其中的一个部分"（Hallin，1986，p.213）。在那时，新闻界被认为是政府的"第四部门"，而不是一个独立于国家权力机构的自治机构，媒体与政府之间、新闻业与国家权力之间的博弈不容忽视。

此外，哈林在《 "未经审查的战争"》中关于美国新闻业客观性新闻模式以及新闻报道的三个区域的阐述，从侧面凸显了记者在职业身份与国家身份之间的犹豫与徘徊。记者在越战期间偏离了客观中立的正轨，导致了客观新闻模式在当时的不适用，主要体现为他们对国家身份的强烈认同远远超过了其作为记者对客观中立原则的遵从，在国族意识主导的自我身份概念中，他们不再是一群无私的观察者，而是以"爱国者"的角色参与到了战时报道中。

作为一本政治传播领域的经典著作，《 "未经审查的战争"》对战争中媒体与政府的关系颇有洞见，是连接政治学与传播学两个学科的先行之作。哈林在书中所讲述和呈现的观点，不是对越南战争报道倾向的浅层考察，而是以越南战争为起点，由点及面延伸到更深层次的问题——特定的政治气候或者报道环境如何影响新闻业的产品形态。作为复杂社会结构的一部分，新闻业不可避免地会受到政治、经济以及社会文化的影响。国内总体政治气候、领导人与新闻业的关系、公众对于新闻业的看法，都会影响新闻业在社会中的地位。从这一角度看，哈林的这部作品能够帮助我们从政治传播的角度洞悉新闻生产、新闻业及其与政府政策、国家利益之间的关系。

（曹诗语　上海社会科学院

陈雪薇　华东政法大学）

参 考 文 献

Hallin，D. C.，*The "Uncensored War"：The Media and the Vietnam*，New York，Oxford：Oxford University Press，1986.

拓 展 阅 读

〔美〕丹尼尔·C·哈林、〔意〕保罗·曼奇尼：《比较媒介体制（媒介与政治的三种模式）》，陈娟、展江等译，北京：中国人民大学出版社，2012。

〔美〕托德·吉特林：《新左派运动的媒介镜像》，张锐译，北京：华夏出版社，2007。

爱德华·赫尔曼、诺姆·乔姆斯基

《制造共识：大众传媒的政治经济学》

在主流的传播学领域，传播学的发展经历了从"强效果论"到"弱效果论"的范式变革。在拉扎斯菲尔德等人的"伊里研究"之后，弱效果论逐渐占据了主导地位，此前一度流行的"魔弹论"渐渐被学界淘汰。但随着研究的深入，以及结构功能主义的研究范式逐渐受到批判，人们意识到"强效果论"的逻辑并没有失效，而是以另一副面孔继续活跃在传播学界，赫尔曼与乔姆斯基的《制造共识：大众传媒的政治经济学》（以下简称《制造共识》）便是一部批判地分析美国主流传媒界"宣传模型"的著作。

一、成书背景

爱德华·赫尔曼（Edward Herman）是美国宾夕法尼亚大学沃顿学院金融学荣誉教授，著有《企业控制》《企业权力》《真正的恐怖网络：现实中的恐怖主义与宣传》《示范选举：美国在多米尼加共和国、越南和萨尔瓦多操控的选举》等，他长期以来关注的都是对权力精英控制媒体这一现状的批判。

诺姆·乔姆斯基（Noam Chomsky）更多地以语言学家的身份著

称，他在其与米歇尔·福柯（Michel Foucault）的公开辩论①中确立了在学界的地位，他的著述包括《乔姆斯基读本》《迈向新冷战》《有关语言的思考》以及《语言与责任》等。

这两位作者的合作使得《制造共识》这本书既有传播政治经济学的理论视角和实证主义的研究路径，又带上了语言分析的色彩。值得一提的是，乔姆斯基始终都是一位具有强烈责任意识的公共知识分子，在1992 年，加拿大国家电影局出品了一部名为《制造共识：乔姆斯基论媒体》的纪录片，这部与该书同名的纪录片同样旨在探讨大众传媒如何在民主社会中边缘化公众并控制公众，可以说是该书的一个影像化尝试。在这一意义上，两位作者都不是传统意义上的书斋里的知识分子，而更接近有着强烈使命感的观察家、批评家、社会活动家。

二、所谓"宣传模型"

赫尔曼与乔姆斯基所谓的"宣传模型"，其内涵可以概括为五大新闻过滤器：（1）媒体规模、所有权的集中化、股东财富水平和主要大众传媒企业的利润取向；（2）广告作为大众媒体的主要收入来源；（3）媒体对政府、企业及这些主要信息源和权力机构所资助的专家人士的信息依赖；（4）新闻批评——制约媒体的力量；（5）"反共"成为国家宗教和控制机制（赫尔曼、乔姆斯基，2011，p.1）。这些"过滤器"互相强化，划定了新闻话语的前提和对新闻话语的理解方法，对新闻价值的内涵和外延进行了定义，并对各种宣传活动的基础工作和操作流程进行了解释。也正是由于这些过滤因素的存在，精英阶层得以统治媒体并将反对意见边缘化（赫尔曼、乔姆斯基，2011，p.2）。

在两位作者看来，传媒巨头的所有权集中是"宣传模型"面对的第一个结构性因素，而另一个重要的结构性因素则是媒体对政府的依赖以及与政府的紧密关系，这种关系既体现在技术与法律上，也体现在政策

---

① 1971 年，乔姆斯基与福柯进行了一场"世纪辩论"，这场辩论从"人的天性出发"，拓展到了更宽泛的领域。

的支持或限制上，涉及税收、税率、劳工政策、反托拉斯法等问题。在此基础上，市场会扶助那些"受到广告商青睐的报纸"（转引自赫尔曼、乔姆斯基，2011，p.11），而广告也确实可以弱化工人阶级报纸的力量。媒体为市场份额和广告赞助而竞争，这使得工人阶级和激进派的报纸处于不利的地位，因为广告商所青睐的受众无一例外是有着较高消费水平的人。同时，广告商也有能力依据自己的喜好对媒介的内容进行选择。

紧接着，大众传媒被其本身的经济需求和相互利益关系等因素拖进了一种与势力强大的消息源的共生关系。媒体需要一个稳定的新闻素材来源，以完成常规化的报道计划，而政府组织、企业和贸易集团就扮演了这样的角色。马克・费什曼将这一关系称为"与官联姻原则"——只有其他官僚组织才能满足新闻官僚机构的新闻输入需求。"工作者一般都认为政府等官方机构的消息是可靠的，因为新闻官员作为社会中的授权消息人士都会参与维持一种正常秩序。……这相当于形成了一项工作规范，即官员了解并提供事实，而记者只要将其记下即可。"（转引自赫尔曼、乔姆斯基，2011，p.16）为了巩固作为消息源的优势地位，政府和企业都乐于付出巨大的努力让新闻机构节省力气，包括提供新闻发布会的场地、通稿、后续报道、时间安排等，强大的官僚机构甚至可以给新闻媒体发放"补贴"，更强势的消息源可以直接对新闻媒体的活动进行"管理"。

而"新闻批评"包含一切对言论或是节目发表的反对观点，它可以是个体独立完成的，也可以是有组织的、全国性的。进行批评的能力，尤其是会导致巨大损失并造成威胁的能力，一般都与权力有关，一个直接的例子就是20世纪七八十年代企业界对媒体进行的抨击。一些企业还通过政治投资的方式成立了一系列基金会，致力于帮助"媒体受害者"进行投诉和诽谤诉讼。这些机构包括美国法律基金会、媒体研究所、媒体与公共事务中心、精确媒体等（赫尔曼、乔姆斯基，2011，p.23）。新闻批评的制造者可以强化彼此的力量，同时强化政治权威在新闻管理活动中的领导地位。

"反共"这一意识形态同样在新闻的过滤过程中起到了重要的作用。发生在苏联、中国和古巴的革命给西方的精英阶层造成了巨大的伤痛，使得意识形态冲突成为很长一段时间内西方媒介活动、新闻报道的"指南"和"纲领"。同时，这样的意识形态也可以是对左派和劳工阶层进行分化的武器。当反共热情被煽动起来之后，对共产主义的指控便不再需要任何理由，反共理论家可以"任意发表言论或采取行动"（转引自赫尔曼、乔姆斯基，2011，p.26）。这种以反共为工具的控制机制对大众媒体产生了深远的影响，它的力量几乎可以渗透到大众媒体所覆盖的每一个角落。一旦共产主义和反共产主义成为一种固有的二元框架，无论是在和平时期，还是在红色恐怖时期，人们对事物的评价都难以跳出这一框架。

上述层层过滤机制使得能够满足要求的新闻报道的范围大大窄化了，再加上特殊时期的"宣传战"的影响，"重大新闻"的范围就被限制得更加严格。两位作者提出，新闻媒体在无形中划分了"有价值的"和"无价值的"受害者，尽管媒体并不交代划分的理由。但作者也指出，这样的划分实际上依据的是加害是否会给精英阶层带来利益，如果确实如此，那么"宣传战"便一触即发。作者以波尔布特在柬埔寨制造的屠杀与印尼在东帝汶的大屠杀为例进行比较，认为如果为一国的受害者发动宣传战会与政府-企业-军方的利益相冲突，这样的宣传战将不能通过过滤机制的审核（赫尔曼、乔姆斯基，2011，p.27）。与此同时，批评机制也会推动媒体停止其进行批判性判断和从事调查的热情，任何题材或事实如果与制度化的框架不相容，便会受到排斥或压制。

作者认为，运用宣传模型不仅可以基于实用理论预判大众媒体对新闻价值的定义和对受害者的关注方式，还可以预判其对"有价值的"和"无价值的"受害者（换言之，敌国和友邦的受害者）的报道在质量上的差别。这种差别可以体现在版面位置、标题、措辞及其他调动兴趣和愤慨之情的方法上（赫尔曼、乔姆斯基，2011，p.30），也可以体现在情节的引人入胜程度上，甚至有"舆论"认为给予"无价值的"受害者的待遇"过于慷慨"（赫尔曼、乔姆斯基，2011，p.30）。

用作者的话来说，"运用宣传模型理论分析媒体报道行为可以帮我们看到，基于是否对大型的国内利益集团有利的原则，媒体在新闻报道方面采用了系统化的、具有高度政治意味的两分法处理手段"（赫尔曼、乔姆斯基，2011，p. 31）。通过观察和分析这种手段，"我们不仅可以理解媒体从系统优势角度对文章的选择和压制，还可以看到它们对喜爱的和感到尴尬的素材的处理方式也依据其对政治利益的有用程度而大大不同（版面位置、语气、背景信息和全面程度等等）"（赫尔曼、乔姆斯基，2011，p. 31）。

三、宣传模型的例证

两位作者也提到，上述结构性因素未必总是有效，媒体组织的各个部分均能实现一定程度的自治。但这些与主流态度有分歧的报道的存在恰恰说明了系统的坚不可摧，而其存在也确实没能达到动摇官方议程的程度，因为它们都受到了严格的控制且被边缘化了。这也使得"宣传模型"历经多年仍然保持着生命力。

在该书中，作者使用了大量实证案例来佐证"宣传模型"，包括对"有价值的"和"无价值的"受害者的区分，而这样的区分只能从政治层面来加以解释。作者以对波比耶乌什科和拉丁美洲的受害宗教人士的报道中存在的政治偏见为案例，表明当有"证据"显示刺杀者服务于克格勃时，这一事件就会被大肆渲染，尽管这样的"证据"事后被证明疑点重重。这样的模式到了 20 世纪 90 年代仍然存在，体现在媒体对"种族屠杀"这个词的使用上。例如，在对伊拉克和土耳其的种族清洗的报道中，尽管两个事件的性质相同，但在美国的主流媒体中，土耳其的行为是"镇压"，而伊拉克是"屠杀"，原因就在于，20 世纪 90 年代，伊拉克成为美国的"敌人"而土耳其是美国的盟友，在土耳其对其境内的库尔德人进行种族清洗的过程中，美国是主要的武器供应者（赫尔曼、乔姆斯基，2011，导论，p. 9）。

同样的差异也体现在对波尔布特在柬埔寨制造的屠杀与印尼在东帝汶的大屠杀的报道中。美国媒体认为，柬埔寨是共产主义控制的"邪恶国家"，而印尼是美国的盟友，和土耳其一样长期接受美国的军事和经济援助。因此，报道的差异几乎是可以用宣传模型预见的。而事实上，波尔布特下台之后，美国暗中给予他大量援助，但这样的事例几乎不会见诸美国主流媒体的报道。而在 1999 年印尼试图以暴力手段干涉东帝汶的独立公投时，美国却选择继续对印尼进行军事援助，这在无形中助长了印尼的屠杀行为。这样的差异也可以见诸美国主流媒体对 1998—1999 年科索沃地区的种族冲突的报道，因为对种族冲突的关注可以掩盖北约对南联盟进行轰炸造成的伤亡。

事实上，主流媒体对待"友邦"和"敌国"的态度与政府是一致的，在对待第三世界国家的"选举"时也是一样的。20 世纪 80 年代，美国政府在萨尔瓦多举行了多次"选举"，以此向美国公众证明美国政府的干预是受到当地居民欢迎的；1984 年，尼加拉瓜举行选举之后，美国的主流媒体对其成立的政府采取了诋毁的态度，因为里根政府试图阻止这个美国意欲推翻的当地政府取得合法地位（赫尔曼、乔姆斯基，2011，导论，p. 12）。因此，在主流媒体的报道话语中，萨尔瓦多的选举是"向民主迈进的一步"，而尼加拉瓜的选举是"弄虚作假"（赫尔曼、乔姆斯基，2011，导论，p. 12）。这样的报道话语也可以见诸对柬埔寨、南斯拉夫、肯尼亚、墨西哥、土耳其、乌拉圭等国的选举的报道。柬埔寨与南斯拉夫的选举是由共产主义政党领导的，因此受到了美国政府的排斥（赫尔曼、乔姆斯基，2011，导论，pp. 12-13）。在 2000年的南斯拉夫选举中，美国政府公开干预米洛舍维奇的再次当选，以《时报》为代表的大众媒体一再暗示公众选举中存在舞弊现象；而在美国所支持的墨西哥机构改革党（PRI）主导的选举中，《时报》将此次选举与该国以往的选举做对比，"发现"此次选举与此前出现舞弊现象的选举不同，是令人鼓舞的。

同样的报道偏好也出现在对叶利钦当选为俄罗斯领导人这一事件的报道中。尽管在选举前叶利钦只有 8% 的支持率，但他毕竟是一个西方世界所欢迎的"改革者"。事实上，美国对俄罗斯的报道一直受到意识形态的影响，包括在 1981 年，一个叫阿贾的刺客在罗马公开向教皇保罗二世开枪，这一事件在冷战时期为美国的宣传战提供了口实，理由是尽管刺杀教皇的是土耳其极右派的法西斯分子，但他在意大利服刑期间，"承认"自己受雇于克格勃与保加利亚人。尽管审讯的过程疑点重重，充满诱骗与压力，但他的说法迎合了急于贬低意大利共产党的执政党与里根政府针对苏联这一所谓"邪恶帝国"的宣传，因此让大多数美国主流媒体信以为真（赫尔曼、乔姆斯基，2011，导论，p.15）。直到1991年，俄罗斯与保加利亚的部分文件被解密之后，人们才意识到刺杀事件与保加利亚毫无关联。

另一个典型的案例是关于越南战争的报道。在第二次世界大战结束之后，美国仍然在很长一段时间内干涉中南半岛地区的事务，并试图在1954—1975年间强加给越南一个政府，以对抗越共胡志明政权。事实上，美国在越南的行为已经构成了"侵略"，但媒体不假思索地接受了美军在"保护"南越的观点。根据越南方面的统计，战争造成了300万越南人被杀、300万人失踪、440万人受伤，另有200万人受到化学武器的伤害。美国方面阵亡的士兵约为58000人，接近美国总人口的1%，而越南的死亡人数则占总人口的17%（赫尔曼、乔姆斯基，2011，导论，p.17）。但美国官方与主流媒体的话语始终认为美国是越战的受害者，美国在越南所扮演的角色是光彩的，时至作者撰写《制造共识》时，没有任何一家主流媒体将越战定性为"侵略"。

在越战结束之后，美国的媒体也开始了"重写越战史"的过程，越战对于美国的精英阶层而言，意味着一次"民主危机"。根据宣传模型，越战的失败变成了"好心没办成好事"，这其中蕴含着一系列强化的"自我辩解主题"（赫尔曼、乔姆斯基，2011，导论，p.20）。这些主题包括：其一，美国采取干预行动是因为"共产主义咄咄逼人"，这一说法来自《华盛顿邮报》2000年4月30日的社论（赫尔曼、乔姆斯基，2011，导论，p.20）。这一观点在越战之初就出现过，即认为共产主义运动在越南的发展是共产主义全球发展"阴谋"的一部分，而忽视了当时中国与苏联、越南的分裂与敌对关系；其二，美国在越南的军事行动是为了"保护""南越"与"南越人民"，而另一种美化的话语是美国"辜负"了南越人民，这样的话语在美国国内几乎完全掩盖了美国在南越地区的残暴行径——投掷固体汽油炸弹、派B-52轰炸机进行轰炸、开展化学战、对平民进行屠杀并实施焦土政策等（转引自赫尔曼、乔姆斯基，2011，导论，p.20）；其三，宣称美国人是战争的受害者，而越南人是行凶的"歹徒"，这样的颠倒黑白是通过隐瞒战争给越南人造成伤害的直接证据，并对受害者进行妖魔化实现的。

此类观点常常见诸大众文化，尤其是各种关于越战的电影。此类电影将受到虐待的战俘建构为越战的中心人物，这样的手段不仅延长了战争的时限，也给了美国逃避其在战争结束时所承诺的援助的借口。作者用两本观点对立的书——布鲁斯·富兰克林（Bruce Franklin）的《越南及其他美国式幻想》与迈克尔·林德（Michael Lind）的《必要的战争》做对比，前者只在《洛杉矶时报》等刊物上被偶尔提及，而后者被主流媒体提及 27 次，为其撰写的书评文章有 44 篇。

同样的偏见也出现在关于老挝与柬埔寨的报道中。老挝的石缸平原经历了历史上最严重的针对平民的轰炸，至今仍残余一些未被引爆的"小炸弹"。一些人道主义组织试着给予老挝援助，如设在英国的地雷顾问小组（MAG）一直在努力移除这些带有潜在威胁的炸弹，但英国的报纸也提到支持地雷顾问小组的西方国家中并没有美国，它只是同意训练一些老挝平民来从事此类工作，并且"拒绝给地雷顾问小组工作人员提供安全操作程序，因为美国把 30 年以内生产的武器认定为国家机密"（赫尔曼、乔姆斯基，2011，导论，pp. 22-23）。而在美国国内，几乎所有的媒体都对这种不合作态度保持沉默。

针对柬埔寨的报道则体现出鲜明的意识形态特征。1978 年 12 月，波尔布特下台之后，美国及其盟友迅速地成为他的支持者，并允许其保持联合国席位（赫尔曼、乔姆斯基，2011，导论，p. 23）。时任美国国家安全顾问的布热津斯基曾说："我鼓励中国人支持波尔布特，我鼓励泰国支持民柬（民主柬埔寨，波尔布特的武装力量）。波尔布特是个讨厌鬼，我们不能支持他，但中国可以。"（转引自赫尔曼、乔姆斯基，2011，导论，p. 23）其逻辑仍是非常简单粗暴的"敌人（越南）的敌人就是朋友"。但在 20 世纪 90 年代越南撤出柬埔寨之后，波尔布特就不能再继续充当反越的工具了，于是美国官方又开始重新控诉波尔布特及其红色高棉政权的暴行。媒体回避了 1979—1995 年这一段时间内美国对波尔布特的倾向性政策，对其闭口不谈，或是加以粉饰。在美国的主流媒体上，美国的态度被描述为"红色高棉噩梦般的统治和种族屠杀之后，美国政府及其盟国注入数百万资金帮助该国进行重建并进行选举"

（转引自赫尔曼、乔姆斯基，2011，导论，p.24）。类似的话语操纵也可以在关于印尼总统苏哈托的报道中见到，印尼对东帝汶的种族屠杀行为因为美国政府对印尼的偏袒而被描述为"一线曙光"（转引自赫尔曼、乔姆斯基，2011，导论，p.26），这种对所谓"正义的屠杀者"和"非正义的屠杀者"的滑稽区分正是"宣传模型"的一个写照。

四、评价与反思

自《制造共识》一书出版以来，各种批判的声音不绝于耳，而两位作者也始终对这些批判的声音保持回应，并不断补充、更新书中的内容。有反对者称美国的新闻报道模式"不全是"宣传模型，对此，两位作者认为，宣传模型以外的新闻报道类型是确实存在的，而这正反映了"宣传模型"这一机制的完整性与体系性。与主流思想相悖的观点可以存在于新闻报道中，但始终都是边缘化的、受到压制的，无法撼动主流的话语体系。

此外，两位作者也强调，他们关注的重点在于媒体结构及其表现，而非媒体对于大众的作用。也就是说，这项研究并不是一项效果研究，他们相信媒体有可能对大众产生影响，但这其中的"程度"问题并不在两位作者的讨论之列。因此，这也可以回应一部分人关于两位作者忽视了大众传媒对受众的影响的质疑。受众是否有能力分辨"宣传模型"并不是这项研究的一部分内容，"宣传模型描述的是约束媒体行为的各种力量，模型并不意味着任何经媒体所做的宣传都是有效的"（赫尔曼、乔姆斯基，2011，导论，p.2）。

另一个关键的问题是，"宣传模型"是否仍适用于如今的新媒体环境？在两位作者看来，近些年来，媒体企业规模扩大、集权化与集中化、跨国扩张等趋势日益增强，新生的互联网和其他媒体也被整合进这一体系，并且催生了媒体的全球市场，新自由主义的意识形态促进了电台、有线电视、卫星电视所有权的私有化和跨国化，全球化进程培育了一种商品化的文化与生活方式，"全球传媒体系的特点就是其无时不在、无处不在的商业广告"（转引自赫尔曼、乔姆斯基，2011，导论，pp. 3-4）。在这一趋势下，大众传媒迎来了一个"超市化"的时代。在一定程度上，我们可以说互联网提升了个人和组织网络的传播效率并扩大了其领域，人们可以在部分事件中避开主流媒体的影响，并且，在一些特定的事件中，互联网可以成为对持不同政见者和抗议者所使用的传播手段的一种补充。但是，它作为批评工具本身也具有局限性，即作者所关注的互联网接入权的问题。互联网兴起后，新的宽带技术同样与所有权的私有化和集中化结合在一起，各大传媒巨擘都在加紧对互联网进行渗透，而新技术的发明也主要是为了服务企业的发展。冷战结束之后，对立的意识形态没有被消除，而是被媒体"内化"了。这一系列变化证明了"宣传模型"在当下的适用性。市场的力量遍及全球，且严重削弱了公共领域的力量，也就是说，互联网并不能成为新时代民主化的力量。

但两位作者仍旧回避了一些问题。通常我们会认为，在西方发达资本主义国家，国家权力与大企业的利益是一体的、一致的，甚至是同构的，但我们不得不面对这样一个问题：当国家与企业的利益发生冲突时，二者之间的博弈会如何投射在大众媒体上？这样的问题有可能出现在亚洲、非洲、拉丁美洲等众多发展中国家和地区，这些国家和地区尽管也被卷入了全球资本主义发展的浪潮，但内部各方力量的博弈并不单纯。对于这些国家和地区而言，单纯地移植"宣传模型"是否仍然具有相应的解释力？或者说，宣传模型在这些国家和地区会有怎样的"变形"和体现？

此外，尽管作者一再强调"新媒体"环境下"宣传模型"的逻辑仍然与原先一致，但我们能发现，新技术确实在改变着媒介所处的环境、媒介的内容与媒介本身的运作方式。当我们谈论技术的时候，我们不仅要看到技术与社会、经济、政治的共生情况，也要注意到，技术正在逾越所有权的集中或是政府的管制，慢慢地形成其自身的逻辑。在这种情况下，我们就需要将"宣传模型"放在新的网络环境下，审视其变化与趋势。我们可以承认新媒体仍然在"制造共识"，但也要意识到，其中或许已经发生了微妙的变化，而新的、技术的逻辑正在逐渐改变我们的媒体。

（杨馨　陕西师范大学）

参 考 文 献

〔美〕爱德华·S. 赫尔曼、诺姆·乔姆斯基：《制造共识：大众传媒的政治经济学》，邵红松译，北京：北京大学出版社，2011。

拓 展 阅 读

〔美〕赫伯特·席勒：《大众传播与美帝国》，刘晓红译，上海：上海译文出版社，2013。

〔加〕文森特·莫斯可：《传播政治经济学》，胡春阳、黄红宇等译，上海：上海译文出版社，2013。

托伊恩·梵·迪克

《作为话语的新闻》

话语分析在今天的新闻传播学界已经是一种非常常用的研究方法，然而，这种研究传统其实直到 20 世纪 80 年代托伊恩·梵·迪克（Teun van Dijk）（以下简称"梵·迪克"）《作为话语的新闻》一书的出版才走进新闻研究者的视野。因此，这本书实际上是一部有着开先河意义的著作。

一、成书背景

该书作者梵·迪克自 20 世纪 80 年代以来就尝试将其话语分析的理论和方法应用于新闻文本，出版了一系列既有理论探讨又有实例分析的著作，如《通信种族主义：思想和言谈中的种族主义偏见》（1987）、《作为话语的新闻》（1988）、《新闻分析》（1988）、《意识形态》（1988）、《种族主义和报纸新闻》（1991）、《精英话语和种族主义》（1993）等。有学者认为，"梵·迪克的作品是迄今关于媒体话语最详尽的著作"（转引自黄敏，2004）。

其中，《作为话语的新闻》是一部将话语分析与媒体研究相结合的著作。《作为话语的新闻》成书于 20 世纪 80 年代，该书的出版为当时的新闻研究提供了新的理论视角与分析框架。话语分析被引入新闻学能够帮助研究者详细、深入地考察大众媒体（该书主要以报纸为研究对象）信息的意义、结构及影响。此外，该书还建立了新闻话语与认知之间的联系，联结了新闻研究的宏观与微观分析层次。

二、超越内容分析

在《作为话语的新闻》中，梵·迪克将新闻看作一种话语。传统的量化内容分析主要基于消息来源、报道主题、报道时间等具体类目对新闻文本内容进行编码和统计分析，以考察一定时期内新闻报道的变化趋势或不同媒体对相同新闻事件报道的差异。这种量化的内容分析的作用在于通过对新闻报道中具体类目与指标的统计分析得出相对客观且比较直观的结论。然而，这种方法很难深入揭示新闻文本的表达方式、话语规则及其背后的意识形态与权力关系，难以深入理解新闻制作、新闻理解与新闻再现的过程。

在对新闻文本的分析中，梵·迪克将传统的定量分析与一些定性分析结合在一起，超越传统的内容分析，从不同的角度理解新闻。他认为，"报纸新闻是大众媒体话语的一种特殊类型"，可以从文本语言学、叙事结构分析、文体学或修辞学等多个方面进行讨论，强调通过不拘一格的多学科方法，超越简单的量化描述，对媒体信息的意义、结构或影响进行探讨（郭建斌、王笑一、张馨月，2018）。

话语分析不仅仅聚焦文本结构。由于话语不仅是文本，还是一种互动形式，因此，话语研究还涉及语用学意义上的言语行为，在描述对话结构时亦须涉及言语行为。对话语进行全面分析需要将文本和语境结合起来考察，因为从某种意义上说，在社会情境中使用话语实际上也是一次社会行为。同样，对文本的阐释和制作涉及解释和表达、知识的检索和使用以及话语认知的其他方面的精神活动过程（梵·迪克，2003，pp.31-32）。无独有偶，另外一位话语分析学者诺曼·费尔克拉夫（Norman Fairclough）也有类似的观点。他在《话语与社会变迁》一书中明确提出，在使用"话语"一词时，他的意图是把语言使用当作社会实践的一种形式，即话语既是一种表现形式，也是一种行为形式——以这种形式，人们有可能影响外部世界。因此，费尔克拉夫提出了话语分析的话语实践维度。话语实践牵涉文本生产、分配和消费的过程，这些过程的性质根据社会因素在不同的话语类型之间发生着变化（费尔克拉夫，2003，p. 59；p. 72）。因此，话语分析不仅关注静态的文本，还关注不同主体对于话语的解释与话语行为。例如，法庭上的诉讼不仅仅是语言学意义上的话语类型，还是某种只有特定的参与者在特定的时空才可能做出的特定司法行为。由此可见，对话语进行全面分析需要将文本和相关语境结合起来。因此，如同话语和言语行为仅仅是在社会情境中真正的社会行为的抽象的结果，话语意义也仅仅是这些认知阐释过程的抽象的结果。因此，新闻话语的研究范围不仅包括新闻的文本结构，还包括传播情境中、社会文化语境中新闻话语的生产和接收过程（梵·迪克，2003，pp. 31-32）。

话语分析的文本视角是对各个层次上的话语结构进行描述。语境视角则把对这些结构的描述与语境的各种特征，如认知过程、再现、社会文化因素等联系起来加以考察，从而间接地分析它们的经济、文化和历史根源（梵·迪克，2003，p. 26；p. 180）。费尔克拉夫在《话语与社会变迁》一书中也描述了社会语境分析被引入话语分析的过程与进展。在由费尔迪南·德·索绪尔（Ferdinand de Saussure）开创的语言学研究传统中，"语言"被认为是禁不起任何研究的东西，因为它在本质上是个体的行为。在这个传统中，语言学家认为任何关于语言的系统研究都必须是关于这个系统本身的研究，是关于"语言"的研究，而不是关于语言"使用"的研究。这个观点受到了持续的批评。批评者认为，语言使用是在社会意义上构成的，而不是在个体意义上构成的。费尔克拉夫发展了这一话语的社会理论传统，将语言使用当作社会实践的一种形式，而不是一个纯粹的个体行为或情景变量的一个折射。他认为，在话语和社会结构之间存在着辩证的关系，即话语是由社会结构塑造的，并受到社会结构的限制（费尔克拉夫，2003，pp. 58-60）。

具体到新闻话语，梵·迪克整合了一个从宏观到微观的话语分析框架。他提出，新闻的话语分析首先要考虑的是新闻话语的结构，试图回答与其他类型的话语相比新闻结构所具有的特征这个重要问题。例如，在英语中，我们使用"新闻故事"（news story）这一术语，意味着新闻可能有特殊的叙事结构。但我们也知道它有别于日常谈话、儿童读物或小说中的故事（梵·迪克，2003，p.1）。与其他话语类型相比，新闻话语的主题可能扮演着更为关键的角色。因此，该书对新闻文本结构的系统分析从明确主题或话题等概念入手。一般而言，主题或话题就是这个话语讲述的内容。在该书中，作者用"话题"（topic）和"主题"（theme）这两个词表达相同的意思。主题是文本内容或意义的特征之一，因此，需要借用语义学理论进行分析。但是，主题并非单个单词或句子意义的简单集合，而往往指的是某话语的纲要、主旨、要点或最重要的信息。因此，主题是对话语的宏观层次上的研究。值得一提的是，篇幅长的话语通常包含几个主题，而几个主题又组成了篇章等宏观结构。有些主题比其他主题更宏观、更抽象，所以，整个宏观结构组织具有等级和层次，即每一序列的主题都可以归属于更高一层次的主题（梵·迪克，2003，p.33）。

新闻媒体围绕特定主题来挑选与组织事实材料，为新闻事件赋予意义。梵·迪克眼中的主题类似于新闻传播学中的"框架"（frame）这一概念，它可以被定义为持续存在的、社会共享的组织原则。它的作用在于运用象征符号为社会生活赋予意义（Detenber, et al., 2018）。有学者认为："框架理论的中心问题是媒介的生产，即媒介怎样反映现实并规范了人们对之的理解"；文本和话语反映现实、建构意义并规范人们的认识，所以"文本建构、诠释或话语生产分析是框架理论的重点"；要"把生产及其产品（文本）置于特定语境——诸种关系中"（转引自何威、曹书乐，2018）去理解。

对于主题的理解是读者对文本的全局性理解，是读者在作者的主题性暗示下开始猜测文本中最可能的话题时开始的。文章开头的概述、文中主题的明确表达和标题都是作者的暗示。读者可采用有效的理解策略推导出文本的主题（梵·迪克，2003，p.36）。因此，在该书中，作者阐述了新闻话语分析的一个核心内容——概述新闻报道主题的具体步骤：第一，新闻话语的主题经常以标题的形式表现，发挥概述的功能；第二，这样的主题可以通过删去不相关的细节信息而得到，也就是说，这些细节信息不直接影响对其余新闻文本的理解；第三，如果某信息涉及更大新闻事件的通常发生条件或是这一事件的组成部分，那么这一信息可以归属这一更大新闻事件的宏观命题；第四，对新闻事件的报道可能包含不从属其中心主题的信息，这一信息属于独立的次主题；第五，通过组构规则归纳的部分隐含信息或先决条件信息必须和前面报道的新闻事件相关，这个新闻事件是报道的中心主题。概言之，从新闻文本中推导主题时，语义规则和大量的认知再现共同起作用（梵·迪克，2003，p. 39）。

值得一提的是，话语的总体意义（宏观结构）不仅有自己的组织原则，它还需要某种句法来限定话题或主题在实际文本中插入或排列的可能图式。这种图式内含一系列按等级排列的不同范畴，在不同的话语类型中，它们的特点也各不相同，但均已成定式，所以，在不同的社会和文化中构成图式的范畴也各不相同（梵·迪克，2003，p. 50）。在梵·迪克看来，所有的话语都有其独特的图式。他从故事的图式、心理学文章的图式等例子入手探讨新闻的图式，这对于话语研究而言是一个重要的拓展。这一拓展将原本局限于具体话语类型的理论研究拓展到了对超结构——图式整体规则的研究。超结构是话语的综合性、全局性结构，通过语义宏观结构与其他话语结构建立必要的联系。在对超结构的概念进行诠释之后，梵·迪克还总结了新闻话语的图式所涉及的内容，包括标题、导语、情节、后果、口头反应、评论等范畴。这些范畴发挥着不同的作用，且已经形成了相对固定的规则。例如，标题和导语一起表达了新闻文本的中心主题。这意味着，二者在新闻文本的开头起到了概括的作用。此外，新闻图式往往决定了文本中主题的总体排序，例如，它的基本策略是使用倒金字塔结构。作者认为新闻图式是确实存在的，记者和读者都不知不觉地运用这些图式来制作新闻、理解新闻（梵·迪克，2003，pp. 57-58）。

在微观层面，该书也对新闻话语的措辞风格和修辞进行了详细的阐述。作者提到，对具体用语的选择可以透露谈话的正式程度、双方的关系、谈话者所属团体或制度背景，特别是说话人的态度及其思想意识。新闻的风格在很大程度上受到新闻是一种以公众、大众为传播对象的正式文体这一定义中各种因素的控制，而新闻中修辞手法和结构的运用则取决于传播的目标和预期的传播效果（梵·迪克，2003，pp. 84-85）。为了让受众注意、记住新闻的内容本身，新闻话语需要进一步地组织。新闻话语中有许多增强其判断、劝服效果的有效策略，如为了强调新闻事件的真实性，新闻报道往往直接描写事件的过程（梵·迪克，2003，p. 87）。

三、社会认知视角的引入

新闻的话语分析对象不限于新闻文本的结构特征，也包括大众媒体传播环境下的新闻制作、新闻理解、新闻使用的过程。话语分析对新闻文本和新闻语境之间的复杂关系特别感兴趣：认知的有限性和社会的限制如何决定新闻的结构？新闻的文本结构如何影响对新闻的理解和使用？话语分析尝试回答新闻拥有特殊结构的原因和这种结构在大众传播中扮演的角色。但是，这些问题所涉及的内容过于宽泛，《作为话语的新闻》这本书聚焦被早期研究长期忽视的几个论题，即新闻制作和新闻理解中的新闻结构与认知过程（梵·迪克，2003，pp. 1-2）。

在过去的几十年中，从宏观和微观社会学角度对新闻生产进行的研究已经比较充分，包括对新闻编辑过程和新闻工作者与其他社会成员之间的互动关系的研究，对新闻编辑过程和记者在抢发新闻时所涉及的常规专业程序的研究，还包括对新闻制作机构的特性和记者的群体特征以及对构成新闻生产基础的由全社会共享的新闻价值观、意识形态和新闻从业人员的活动目标的研究。但即便如此，作者仍然认为，仅仅使用一种方法对新闻进行研究是不够的，社会认知视角的引入有利于更全面地理解新闻生产过程（梵·迪克，2003，pp. 98-99）。

新闻的社会认知理论不仅和新闻制作有关，也和新闻理解有关。对于新闻制作主要是从文本处理过程入手进行分析。在该书中，"文本处理"这一术语不仅指新闻文本正处在不同的处理阶段，还表明被用来撰写新闻文本的大多数信息也具有话语形式，如报告、声明、访谈记录、会议纪要、其他媒体讯息、新闻公告、议会辩论实录、庭审记录，等等。对多样化文本和谈话输入的处理过程才是新闻话语制作的核心内容。其中，新闻互动过程和制作过程中的两类认知分析，即对记者和新闻活动承办者开展的相关活动以及与社会接触所进行的认知分析、对新闻写作和记者作出决定的过程进行的认知分析，是比较欠缺的。从认知角度进行的研究能够揭示新闻记者在编辑室是如何理解新闻收集场合和新闻制作活动的。这样的认知分析可以揭示理解、再现和概述源文本的确切过程及其信息在新闻文本制作过程中是如何被利用的（梵·迪克，2003，pp. 99-101）。

虽然这种基于认知理论分析新闻话语转换过程的做法被质疑与大众传播中的重大问题，如制度（机构）控制、专业活动的组织和新闻制作过程中的社会编码与意识形态等缺乏相关性，但是，正如脱离了宏观背景的微观现象也不可能被完全理解，不对新闻制作过程实际存在的社会规范进行分析，就不可能准确论述制度（机构）控制、经济权力、专业组织、日常新闻工作和新闻价值体系究竟是如何发挥作用的。对于新闻研究而言，话语结构和认知分析缺一不可（梵·迪克，2003，pp. 101-102）。认知理论为理解宏观结构性因素如何影响新闻制作以及最终的新闻文本呈现提供了新的理论视角并为相关机制提供了更详细的解释。这一视角能够联结宏观结构性因素与微观的个人新闻实践。

值得一提的是，新闻工作者的活动和互动关系以及新闻文本的写作和修改是社会性的，因此，需要从社会认知的角度来理解新闻文本的生产。由于新闻记者是以社会成员的身份进行新闻实践活动，因此，仅仅从个人认知视角出发不可能完全把握新闻制作过程（梵·迪克，2003，p. 102）。从这个角度来说，认知理论也为新闻研究的不同范式和理论提供了对话与联结的契机。例如，学者可能研究这样的问题：不同的权力、意识形态如何通过影响新闻工作者共享的社会规范，进而影响他们的实践活动；社会层面的新闻规范又是如何影响个体对于新闻制作的理解与实践的。

从社会角度理解认知意味着认知具有普遍性，被所有的话语使用者共享。这使得社会互动行为发生的重要条件，即相互理解的能力得到保证。在理解和互动行为中，行为人和旁观者也可以获得相似的经验，至少会拥有部分相似的认知模式。对这部分共享的理解可以通过大众媒体等公众话语形式来获得。换言之，大众媒体发挥了认知被共享的中介作用，这又为大型公众团体获得对同一形式的相似认知模式提供了可能。这些认知模式又可能被用作传播新事件的信息来源而输入新事件中。其中，大多数话语是在社会这个语境中被解释的。这意味着在解释话语的同时对社会这个语境进行了类似的解释。这些解释还为参与这些传播事件的社会成员和团体所共享。学习能够使相关认知抽象化，并形成以框架的方式组织起来的约定俗成的知识和信念。在认知上，记忆是专门为满足社会性需要而服务的，它不仅涉及信息，还涉及社会传播（梵·迪克，2003，pp. 110-111）。

社会认知这一概念被引入新闻研究，为理解新闻制作中的新闻规范、新闻价值提供了独特的理论视角。从社会认知视角出发，新闻规范、新闻价值是新闻社群所共享的，规定了新闻社群的目标、价值体系等。例如，通过新闻社群成员之间的互动交流，新闻规范、新闻价值逐渐得以形成，并被共享和确认。

新闻话语具有不同的结构特征，也是复杂传播过程的组成部分，必须对其加以考察。新闻制作的过程不仅是源文本结构功能的体现，还依赖作者写作前对新闻报道将包含的结构进行的规划（梵·迪克，2003，p. 98）。具体到新闻制作，大多数新闻并不是以记者对事件的直接观察为基础，而是来源于话语。这种情况下的话语本身就是新闻事件，比如政治家的声明等。从认知理论出发，新闻事件话语也需要接近、观察、解释和记忆。它们的话语特性对话语加工有着重要的影响。和行动不一样的是，话语还包含象征性的内容，而这比起像新闻发布会这样本身不那么有趣的传播性事件而言更能引起人们的注意。因此，记者往往不是完整地记录和转述新闻事件话语，而是使用选择、概述、改写等策略。其中，新闻制作中对原文本的改写往往是以记者的认知为基础的（梵·迪克，2003，pp. 121-122）。基于此，梵·迪克认为，新闻并不是对于客观世界的忠实记录，而是根据专业要求和意识形态对适当的新闻事件和人物进行的报道。

此外，该书还提出，要从新闻工作者的认知角度研究新闻话语。梵·迪克认为，如果我们只把新闻工作者当作与其他社会成员和机构打交道的社会人来进行研究，那么我们就只能了解新闻制作的社会结构和微观结构，而忽视这些社会实践活动的另一方面：新闻制作人员事实上是如何理解正在发生的事情的，他们的理解是如何最终成为他们所制作的新闻报道的（梵·迪克，2003，p. 181）。以往关于新闻工作者的研究很少涉及认知角度。

对于新闻理解而言，虽然大众传播研究已经对传播效果进行了大量研究，但是对于传播效果得以出现的主要条件进行的研究还比较有限。这些条件包括阅读过程、记忆再现和信息的检索方法（梵·迪克，2003，p. 143）。值得一提的是，新闻阅读的特征对解释新闻话语的结构很重要：新闻报道的倒金字塔结构有助于这种阅读策略的形成。对于使用了倒金字塔结构的新闻报道来说，即使只阅读第一部分，也能知道最多的宏观命题，从而了解该新闻话语中最重要的信息。同时，读者的可支配时间和注意力在阅读报纸时的分配部分地影响了新闻话语的结构，揭示了新闻报道具有特定形式的原因。例如，新闻标题在新闻中占有重要位置。从认知角度出发，标题一般应该表达该报道宏观结构中最重要或最相关的信息。这意味着，一旦读者阅读了新闻标题，他们的认知系统就已经建立。读者即使仅仅阅读了标题，因此产生的控制结构也已经非常复杂。这使得向下进行信息加工成为可能，而这又进一步促进了读者的阅读和理解（梵·迪克，2003，pp. 146-147）。除了研究新闻标题对新闻理解的影响之外，作者还引用了新闻理解的心理学研究成果，以揭示新闻结构等相关因素对于受众理解、记忆新闻的影响。这也为人们形成对新闻的一些经验性认知提供了科学依据。例如，人们往往最容易记住反面报道，也很容易记住具有日常生活和小说的叙述特征的报道，或者最能煽动人们情感的报道，或与日常生活相关的重大新闻：个人故事、街头犯罪、事故、灾难，等等（梵·迪克，2003，p. 163）。

四、评价与反思

如前文所述，新闻研究的量化内容分析很难深入揭示新闻文本的表达方式、话语规则及其背后的意识形态与权力关系，难以展现新闻制作、新闻理解与新闻再现的过程。

在《作为话语的新闻》中，梵·迪克以"话语"为核心概念，整合了语言学、符号学、叙事学、修辞学、认知心理学等不同学科的知识，探讨新闻的意义、结构、生产与理解。该书提供了从新闻文本、新闻制作到新闻理解这一新闻研究的整体图景。就新闻研究而言，美国新闻学学者舒德森曾将既有新闻研究概括为三种取向：政治经济、社会和文化（Schudson，1989）。虽然在《新闻与大众传播季刊》等新闻研究专业期刊中也有诸多心理学视角下的新闻研究成果展开，但是这些研究主要围绕新闻报道的效果，很少涉及新闻制作与新闻生产中的认知。同时，新闻研究的政治经济视角、组织视角与微观心理视角之间呈现出断裂的态势。值得一提的是，梵·迪克将认知心理学的知识引入新闻研究，并明确提出了认知的社会性，弥补了过往新闻研究特别是新闻制作研究中对心理层面因素的关注的缺乏，从而为宏观结构因素与中观组织层面因素如何影响新闻工作者的新闻实践以及受众的新闻理解提供了更全面和详细的解释。例如，从认知心理学相关理论出发，能够更好地解释社会层面的新闻规范、新闻价值如何影响新闻工作者个人的新闻实践。

然而，作为一本整合了不同学科知识、具有探索性的新闻研究著作，该书也存在一些不足之处。例如，该书进行的研究仅提供了新闻研究的理论框架和研究议程，相关内容有待进一步的深入研究。同时，该理论框架也需要进一步的细化与修正，以揭示社会结构等宏观因素（如阶层、性别、种族、权力、精英团体、机构）如何与新闻制作的社会实践和新闻传播参与者（新闻工作者、读者）建立联系，从而最终与新闻文本自身的话语结构产生联系（梵·迪克，2003，p. 187）。此外，《作为话语的新闻》以"话语"为核心，整合了关于话语的不同学科知识，但是，论述过程也给人一种过于庞杂的感觉。例如，关于话语分析的文本视角这部分内容，书中虽提及了语法、语用学、风格、修辞等不同层面的概念，但是对于这些概念之间的联系、区别以及它们如何被运用到新闻文本的分析中的论述稍显不足。

（刘双庆　中国政法大学

常爱梓　澳大利亚莫纳什大学）

参 考 文 献

Detenber，B. H.，et al.，"Complementary Versus Competitive Framing Effects in the Context of Pro-environmental Attitudes and Behaviors," *Science Communication*，2018（2）.

Schudson，M.，"The Sociology of News Production," *Media，Culture & Society*，1989（3）.

郭建斌、王笑一、张馨月：《"好消息"：中国大陆"民族新闻"的话语分析——基于中文报纸"独龙新闻"的讨论》，《新闻记者》2018（11）。

何威、曹书乐：《从"电子海洛因"到"中国创造"：〈人民日报〉游戏报道（1981—2017）的话语变迁》，《国际新闻界》2018（5）。

黄敏：《"新闻作为话语"——新闻报道话语分析的一个实例》，《新闻大学》2004（1）。

〔英〕诺曼·费尔克拉夫：《话语与社会变迁》，殷晓蓉译，北京：华夏出版社，2003。

〔荷〕托伊恩·A. 梵·迪克：《作为话语的新闻》，曾庆香译，北京：华夏出版社，2003。

拓 展 阅 读

胡春阳：《话语分析：传播研究的新路径》，上海：上海人民出版社，2007。

〔英〕诺曼·费尔克劳：《话语分析：社会科学研究的文本分析方法》，赵芃译，北京：商务印书馆，2021。

芭比·泽利泽

《躯体的报道：肯尼迪遇刺、
媒体与集体记忆的塑造》

1992 年，芭比·泽利泽博士出版了《躯体的报道：肯尼迪遇刺、媒体与集体记忆的塑造》（以下简称《躯体的报道》）这部著作。该著作改编自其博士论文《"躯体的报道"：肯尼迪遇刺与新闻权威的建立》（Zelizer，1990）。相比于博士论文版，书籍版在题目中更强调"媒体"和"集体记忆"的地位。该书作者泽利泽工作于美国宾夕法尼亚大学，并担任传播学院雷蒙德·威廉斯教授和风险媒介中心主任。作为曾经的记者，泽利泽长期深耕新闻研究领域，聚焦于新闻学的文化维度，并尤其关注危机和战争时期的新闻权威、集体记忆与新闻图像。《躯体的报道》的问世对美国乃至全世界的新闻研究产生了巨大的影响，特别是新闻权威、职业话语、阐释社群等观点的提出或是再阐释，深刻影响了后续新闻研究的走向。

一、成书背景

1963 年 11 月 22 日，美国得克萨斯州达拉斯市发生了一起轰动世界的事件。在这一天，时任美国总统约翰·肯尼迪遇刺身亡。在泽利泽看来，肯尼迪遇刺事件对新闻业也有着非同寻常的意义：

> 那些从事"躯体的报道"的新闻工作者只是承担着他们的工作
> 职责，巡逻一个新闻条线。而"躯体的报道"是指无论总统去哪

里，他们都跟随的新闻行话。不过，对那天接受任务去达拉斯的新闻工作者而言，这一行话却有着不同寻常的特殊含义。"躯体的报道"成为报道肯尼迪遗体的代号。而这也是时至今日依然扰动着多数美国人的记忆的文字代号（Zelizer，1992，p. 1）。

在这段话中，泽利泽在交代了肯尼迪遇刺事件这一研究背景的同时，也强调了肯尼迪遇刺事件与新闻业之间的关系。特别是，"对美国新闻从业者而言，这一天又具有额外的意义"（Zelizer，1992，p. 1）。显然，《躯体的报道》"并非是一部关于肯尼迪或是肯尼迪之死的著作。它始于对新闻权威的一次探索"（Zelizer，1992，p. vii）。泽利泽的经验困惑可以简化为"新闻业如何建构自身"，特别是在肯尼迪遇刺事件发生后，新闻界人士、历史学家、独立批评人士等行动者，都参与到了对肯尼迪遇刺事件的解读中，并试图建立起自身在该事件中的话语地位。新闻界成为合法的、有权威的肯尼迪遇刺事件报道者的背后，必然有独特的策略性行为。因此，新闻业如何从众多的行动者中脱颖而出，究竟"何种因素让他们成为让人信服的、权威的、首选的肯尼迪遇刺故事的代言人"（Zelizer，1992，p. 1）成为泽利泽想要讨论的核心议题。

二、遇刺事件、语境与故事讲述

在《躯体的报道》的研究背景部分，泽利泽对文化权威的概念和渊源、权威与记忆的关系、关键事件的概念和研究意义进行了清晰的论述（Zelizer，1992，pp. 1-8）。此外，泽利泽还引入了一个重要的概念：阐释社群（interpretive community）。通过将记者视为阐释社群，她实际上指出了新闻业的某些特性：共享某些准则、信念，并能够"通过与自身相关的话语，以及其基础上的集体记忆"（Zelizer，1992，p. 9）来表达对专业主义的关切。在研究背景的最后，泽利泽提出了从文化维度分析肯尼迪遇刺事件报道的研究路径，"通过追寻媒介如何在叙事上处理遇刺故事，并且借助探索他们如何使用有助于自我合法化的方式"处理遇刺事件报道，来"检视遇刺事件在塑造新闻社群中的作用"（Zelizer，1992，p. 10）。

正文的第一部分名为"语境化遇刺故事"。泽利泽首先对肯尼迪遇刺前的美国社会背景，特别是美国新闻业所处的社会环境进行了介绍。她指出，肯尼迪总统在任期间，与新闻业的关系相对友好。电视新闻业作为一项相对新鲜的事物，其性质或者说合法性却始终处在争议之中。不过，在肯尼迪遇刺事件发生后，电视的性质和地位发生了巨大的变化。而推动电视新闻业实现合法性的正是肯尼迪遇刺事件（Zelizer，1992，pp. 17-28）。对美国新闻业而言，肯尼迪遇刺事件是一个典型的"关键事件"，影响了新闻业的运作及其在美国人心目中的地位，影响了新闻业的合法性（Zelizer，1992，p. 29）。在肯尼迪遇刺事件后，"电视新闻业迅速成为美国生活与美国政治的一股强势力量"（Zelizer，1992，p. 28）。我们可以从两方面进行解读：一方面，肯尼迪遇刺事件刚好"处于电视被认为是合法新闻媒介的进程中"；另一方面，随着对肯尼迪遇刺事件的报道，电视新闻业的合法性得到了加强（Zelizer，1992，pp. 29-31）。

在第一部分，泽利泽还对"修辞合法性与新闻权威"进行了分析，原因是"深思熟虑且策略性的叙事形式使用"影响了新闻业的地位（Zelizer，1992，p. 32）。在对先贤如何思考叙事合法性进行梳理后，泽利泽将叙事合法性引入了新闻研究领域。她表示，这些"有关叙事和修辞合法性的介绍，与新闻从业者密切相关"（Zelizer，1992，pp. 32-34）。不仅如此，"新闻的呈现方式"，即新闻的采编过程，同样尤为重要。在肯尼迪遇刺事件发生后，众多行动者都参与到了报道或重述中。在这一过程中，新闻业采用了包括提喻法（synecdoche）、省略法（omission）、个人化（personalization）等手段构建自身的修辞合法性。具体而言，提喻法指的是通过调用旧有权威，并通过将"部分取代整体"作为叙事手段，参与到新的事件中（Zelizer，1992，p. 37）。提喻可以"将从业者叙述放置到电视新闻业合法性以及新闻专业主义的更大话语中"（Zelizer，1992，p. 45）。与提喻法一样，省略法也是建构权威的重要手段。在新闻生产实践中，部分其他行动者在新闻业对肯尼迪遇刺事件的叙述中被刻意忽视（Zelizer，1992，p. 40）。个人化指的是这些新闻从业者往往"从个体经历维度回望遇刺事件"，在建构自身在遇刺事件中在场形象的同时，也建构了整个新闻职业的权威（Zelizer，1992，p.42）。

该书的第二部分名为"讲述暗杀事件"。泽利泽从暗杀故事讲述、媒介评价和专业性论坛三个方面进行了分析。在第一个方面，她通过对肯尼迪遇刺事件中的肯尼迪中弹、约翰逊宣誓就职、奥斯瓦尔德被枪杀等具体时刻的分析，介绍了新闻业如何报道肯尼迪遇刺事件。泽利泽指出，相当一部分新闻工作者实际上并未目睹肯尼迪遇刺的瞬间（Zelizer，1992，pp.51-55）。这种"在场"的缺失，影响了新闻业实践工作的可信度与新闻业的职业权威。但是记者们目击了包括奥斯瓦尔德被枪杀事件在内的肯尼迪遇刺后续事件，弥补了这种缺失（Zelizer，1992，p.60）。在泽利泽看来，在对肯尼迪遇刺事件的报道中，新闻机构起到了重要的慰藉（consolation）作用（Zelizer，1992，p.62）。通过发布描述社会的正常运转、表达对肯尼迪的怀念等报道，媒体成为抚平公众内心创伤的重要机构，并建构起了特殊的情境情感（Zelizer，1992，pp.61-63）。此外，泽利泽还强调了新闻报道的阶段性——在不同的阶段，新闻业所扮演的角色、担负的功能是存在差异的。因此，新闻业报道成功的故事，是"被嵌入后期重建活动的叙述"。修辞合法化也被作为一种方法来应对实际报道中的问题（Zelizer，1992，p.64）。

在媒介评价方面，泽利泽对从业者们在暗杀事件各阶段的报道偏误进行了梳理。在她看来，新闻工作者的工作并非万无一失。在肯尼迪遇刺事件中，先后出现过独家新闻错失、丧失第一目击者身份、干扰事态发展等诸多问题（Zelizer，1992，pp.67-74）。尽管这些问题客观存在，但在对肯尼迪遇刺事件的报道中，新闻工作者也有许多成功的经验。记者通过将自身视为"最快的""最好的""唯一的"，建立了自身在肯尼迪遇刺事件报道中的合法地位（Zelizer，1992，pp.75-76）。与此同时，新闻工作者也希望自身成为"最敬业的""最有人情味的""最善于接受技术的"，在策略性的实践过程中获取报道声誉和合法性地位（Zelizer，1992，pp.80-85）。

对专业性论坛的探讨是泽利泽对新闻业报道引发的社会评价的剖析。在这里，专业性论坛指的是形形色色的协会、行业性媒体机构或是其他的组织。泽利泽坦言，新闻业在报道奥斯瓦尔德之死的过程中引发了诸多公共话语讨论（Zelizer，1992，p.97）。这些话语关于专业主义、新技术，但其本质都是对新闻业，特别是对电视新闻业合法性的探讨。在具体的分析中，她表示，肯尼迪遇刺事件得到了各类专业性论坛的关注。一些专业性论坛对新闻工作者对肯尼迪遇刺事件的报道持赞赏态度，并将报道肯尼迪遇刺事件视为电视新闻业成长的重要阶段（Zelizer，1992，pp.86-90）。不过，也有职业团体对肯尼迪遇刺事件和奥斯瓦尔德被枪杀的相关报道持批评态度。新闻业受到的争议凸显了有关专业主义和技术的争论（Zelizer，1992，pp.96-97）。此外，技术在肯尼迪遇刺事件报道中起到的作用尤为突出。电视技术"为新闻从业者提供了修补新闻权威的另一种模式"，即"将他们许多的即兴活动归结为专业行为"（Zelizer，1992，pp.97-98）。整体而言，这些专业性论坛凸显了一个问题，即在肯尼迪遇刺事件后，新闻业逐渐成为各界探讨的对象。"新闻从业者们不但要有权威地讨论遇刺事件，而且要有权威地探讨自身"，并且"通过将权威观念嵌入专业主义与技术之间，为刺杀故事奠定了有效基础"（Zelizer，1992，p.98）。

三、推动与重拾遇刺故事

该书的第三部分和第四部分的标题分别为"推动暗杀故事"与"重拾暗杀故事"。泽利泽表示，在肯尼迪遇刺事件发生后，肯尼迪家族、历史学学者、独立批评人士等实际上都介入了对肯尼迪遇刺事件的解读（Zelizer，1992，pp.101-103）。随着时间的推移，对肯尼迪遇刺事件的讨论从未终止。由于官方调查结果始终未能足够令人信服，因此，越来越多的行动者也参与到了对肯尼迪遇刺事件的解读权威的争夺中（Zelizer，1992，p.120）。在第三部分的第一章，她详细介绍了众多行动者如何介入肯尼迪遇刺事件，又如何试图建立自身在事件阐释中的合法性。例如，她直言，新闻从业者"在建构自身对事件的记录的同时，还在表达对于其他记录者的不满"（Zelizer，1992，p.104）。此外，新闻业还针对肯尼迪遇刺事件出版了事件调查报告（Zelizer，1992，

p. 106），这种颇具"分庭抗礼"意味的策略性行为凸显了其为建构自身合法性所做的努力。不过，其他行动者也在猛烈地批判新闻业及其从业者，而这些批评实际上影响了新闻业的阐释权威（Zelizer，1992，p. 108）。当然，美国 20 世纪六七十年代的独特社会环境对肯尼迪遇刺事件报道也有影响，加之媒体大多直接报道该事件的解读者的观点，新闻业也因此承受了一定的批评（Zelizer，1992，pp. 113-114）。

在本部分的第二章，泽利泽介绍了 20 世纪八九十年代对肯尼迪之死的话语权的争夺情况。即便肯尼迪遇刺已过去了二三十年，但对肯尼迪之死的讨论仍在继续（Zelizer，1992，pp. 121-122）。不仅如此，外界"对于遇刺事件的记录过程越来越感兴趣，这些正是有关记录的记录的元话语"（Zelizer，1992，p. 123）。新的重述者通过历史文件等材料，或是通过相关人士的记忆来继续探讨肯尼迪遇刺事件，并与新闻业争夺对于肯尼迪遇刺事件的话语权（Zelizer，1992，pp. 122-124）。新闻业争夺肯尼迪遇刺事件报道权的过程，也是建构自身权威的过程。泽利泽详细介绍了新闻业的策略性应对行为。首先，针对这些挑战，新闻业采取了使用叙事题材、出版著作、强调个人记忆等方式进行话语权争夺（Zelizer，1992，pp. 125-126）。其次，新闻业借助电视技术的优势，强调自身在肯尼迪遇刺事件中的在场属性，从而进一步增加自身报道话语的可信度（Zelizer，1992，pp. 128-131）。再次，"新闻工作者之所以在竞争中占据上风，不仅是因为他们可以相对容易且长时间地接近媒介，更在于他们在阐释包括历史学学者和独立批评人士在内的重述者话语时占据了核心位置，以此使自身成为记录工作中的中间人（mediator）"（Zelizer，1992，p. 131）。此外，在实践中，他们还通过调用目击者、代言人、调查者和阐释者四种身份，"确保自身在讲述的过程中能够占据核心地位并加强自身权威"（Zelizer，1992，p. 131）。最后，新闻业将其他竞争者边缘化，从而实现自身在肯尼迪遇刺事件解读中的核心地位（Zelizer，1992，pp. 137-138）。

在该书的第四部分"重拾暗杀故事"的第一章，泽利泽介绍了新闻从业者个体权威的建立过程。通过分析不同类型媒体的从业者在肯尼迪遇刺事件中的表现，泽利泽介绍了个体新闻从业者是如何成为肯尼迪遇刺事件中的"名人"的。她一针见血地表示，对与暗杀事件报道有关的这些知名人士而言，与其说他们的权威来自自身，"不如说是关于这个人的事迹"（Zelizer，1992，p.141）。特别是在对暗杀事件进行回忆的过程中，个体新闻从业者被精心地"安排"进了事件（Zelizer，1992，p.142）。甚至一些新闻从业者已经和暗杀事件联系到了一起，成为事件本身的一部分（Zelizer，1992，p.144）。例如，克朗凯特在肯尼迪遇刺事件报道中的形象成为人们对事件记忆的一部分，并引发了其他从业者的效仿（Zelizer，1992，p.147）。在这一过程中，电视主持人实现了自身的合法化。不过，在一些记者名气越来越大的同时，另一些记者则逐渐被人们遗忘了（Zelizer，1992，p.149）。泽利泽还强调，在维系新闻从业者名人地位的过程中，纪念活动和循环（recycling）活动起到了重要的作用（Zelizer，1992，pp.151-157）。通过各类策略性的重复、引用，这些知名人士的地位也得到了巩固。在这些新闻业名人被不断传颂的过程中，与新闻业和肯尼迪遇刺事件有关的集体记忆也随之得以延续（Zelizer，1992，p.157）。

在第四部分的第二章，泽利泽提到了职业传说在建构组织、机构和重拾记忆中的作用。这些职业传说是"帮助记者作为阐释社群团结起来的记忆系统"（Zelizer，1992，p.159）。与知名人士作为个体能够帮助新闻业在暗杀报道中建构权威类似，职业传说同样能够维系新闻组织和机构的权威。在这一部分，泽利泽从"新手的故事""记忆以及技术工具""组织和机构故事的循环""组织化记忆的文本""机构记忆的文本"等方面进行了探讨。简单来说，新闻从业者的成长经历与对遇刺事件的报道相关（Zelizer，1992，pp.160-162）；技术似乎能够使新闻业更为专业，并通过将新闻从业者塑造为前文所言的"最快的""最好的""唯一的"，为后续不断提及曾经的报道行为奠定了基础（Zelizer，1992，pp.162-165）；而对这些叙事的循环报道，又能够不断地提醒人们新闻组织和机构在肯尼迪遇刺事件报道中的重要地位。此外，泽利泽还提到了技术在其中的重要作用。在组织和机构不断循环播放相关故事的过程中，新闻专业主义的地位以及电视新闻业的地位都得到了提升（Zelizer，1992，p.173）。更为重要的是，这些职业传说将新闻业整合成阐释社群，"个体报道者被塑造成了坚守已被验证的专业主义的行动者，而组织和机构则同时为他们在遇刺事件当时的行动以及多年后对事件的重述提供了框架"（Zelizer，1992，pp. 173-174）。

在第四部分的最后一章，泽利泽从历史的维度探讨了专业权威。她强调，肯尼迪遇刺事件"绝不仅仅是一个与新闻业有关的故事"，因此"需要对其他权威进行解释"（Zelizer，1992，p. 175）。在该书伊始，泽利泽就表示众多行动者都参与到了对肯尼迪遇刺事件话语权的争夺之中，新闻业仅仅是其中的一个。在长期的竞争中，一些行动者"主动放弃了叙事或被主流新闻业边缘化了"。不过，历史学依然是"对遇刺事件有着明确宣誓的学科"（Zelizer，1992，p. 175）。对重述肯尼迪遇刺事件而言，历史学具备"显著优势，却是不稳定的记录保存模式"。通过列举具体案例，泽利泽指出，历史学界遭遇了来自新闻业的强有力挑战（Zelizer，1992，p. 176）。新闻业甚至希望证明"自身比历史学家更能胜任历史学家角色"（Zelizer，1992，p. 176）。新闻业对历史学界的一些行为也发出了反对的声音（Zelizer，1992，p. 182）。这些讨论的本质在于商议究竟谁是转述肯尼迪遇刺事件的权威。在新闻业的策略性实践下，新闻与历史的"区别开始模糊，这也导致新闻从业者不仅负责报道当下事件，也要对过去的事件报道负责"（Zelizer，1992，p. 185）。

四、对"新闻业如何塑造自身"的回应

通过对肯尼迪遇刺事件的报道进行分析，泽利泽以"新闻权威的建立"作为该书结论部分的标题。她直言，新闻权威蕴藏于叙事中。换言之，新闻业需要通过特定的故事讲述行为来维系这种权威模式。"通过转变谁讲述这些故事、如何讲述它们以及讲了什么或者不该讲什么，新闻工作者们将他们的权威视为一种叙事技艺，并体现于叙事形式中"（Zelizer，1992，p. 189）。这些叙事"意味着新闻实践不同的边界"，其帮助我们明晰了"文化权威的边界"（Zelizer，1992，p. 189）。泽利泽将这种能力视为尤尔根·哈贝马斯（Jürgen Habermas）、韦伯等学者所言的"修辞合法化"，其基本运作模式为："叙事生产权威，权威生产记

忆，记忆带来更多叙事，叙事再生产更多权威，并如此往复"（Zelizer，1992，p. 189）。

泽利泽将新闻权威的产生和维系的因素归结为三点。其一是语境（context），其二是集体记忆，其三是叙事。她强调，并非所有的新闻报道都能够对"文化权威的建立起到重要作用，但特定的一些事件能够发挥重要的功能"（Zelizer，1992，p. 191）。关键事件在其中扮演的角色至关重要。这些事件"给予媒体另一种方式来探讨、挑战和协商新闻实践适合的边界"，而"这也允许新闻从业者建立有关新闻实践的集体观念，并由此维系他们作为有权威的阐释社群的身份"（Zelizer，1992，p. 191）。在该书中，泽利泽正是以肯尼迪遇刺事件为研究个案，探讨了新闻业在特定事件中如何建构起了自身的职业权威。在肯尼迪遇刺这一新闻业的关键事件中，新闻业叙事的形式及内容构成了其新闻权威。泽利泽表示，在内部，新闻从业者使用了提喻法、省略法、个人化等手段；在外部，新闻从业者"使用了纪念活动和循环以获取声誉"。与此同时，新闻从业者还通过策略性实践行为，建构了自身最好、最快、唯一等标签（Zelizer，1992，pp. 192-193）。在结论中，泽利泽还讨论了"新闻社群的塑造""话语在形塑社群中的作用""文化权威、记忆与社群"等议题。简言之，新闻从业者通过各类策略性行为，与其他竞争者争夺对于肯尼迪遇刺事件的报道和重述权。在这一过程中，新闻业的内部发生了变化，"媒介近用权、个体声誉、新闻组织的位置"共同塑造了新闻社群（Zelizer，1992，pp. 195-197）；叙事担当了"维系自身作为权威的阐释社群的地位和声誉"的角色（Zelizer，1992，p. 197）；修辞合法化成为建构权威的主要方式。

在全书的最后，泽利泽写了名为《超越新闻权威，塑造集体记忆》的后记。如她所言，对肯尼迪遇刺事件的讨论仍然未能停止（Zelizer，1992，p. 201）。不同行动者依然采取自己的方式，试图夺取肯尼迪遇刺事件的重述权。这一部分从奥利弗·斯通（Oliver Stone）执导的电影《刺杀肯尼迪》开始讲起，对"重夺权威性""记忆的争夺""认证的关键性""大众文化的权威"等问题进行了讨论。就核心而言，泽利泽的思考核心依然是有关肯尼迪遇刺事件解读权的分配问题，即在肯尼迪遇刺事件的重述中，"谁被允许进入，为什么；谁被拒绝进入，为什么"（Zelizer，1992，p. 212）。不过，泽利泽在全书的最后一段指出，肯尼迪遇刺事件的报道"依然是媒体选择性记忆的故事，也是媒体记忆如何反过来成为美国记忆的故事"（Zelizer，1992，p. 214）。

五、评价与反思

在明确了新闻业的地位、性质并非一成不变后，学者们需要对"新闻业如何建构自身"这一问题进行回应。《躯体的报道》这本著作给出了属于自己的答案。这本书为我们透视美国新闻业乃至全球新闻业提供了一个新的视角。在泽利泽看来，新闻业是具体的、有策略的、有自主思维的，其能够通过某些策略行为，与其他众多的行动者展开角逐，从而实现新闻职业权威的建构和维系。新闻业的地位、性质、功能与其自我建构有着密切的关联，与行动者的策略存在关系。泽利泽的这本著作也被外界视为"文化视角的新闻社会学研究"登场的标志（陈楚洁，2018）。而该书的视角和思路，不仅可以帮助我们思索"新闻业如何建构自身"，也能够帮助我们从更广阔的视野出发，从空间的维度思考不同的行动者在具体事件中的策略、行为及其影响。

（李拓　华东政法大学）

参 考 文 献

Zelizer, B., *Covering the Body：The Kennedy Assassination，the Media，and the Shaping of Collective Memory*，Chicago：University of Chicago Press，1992.

Zelizer, B., "*Covering the Body*"：*The Kennedy Assassination and the Establishment of Journalistic Authority*，Doctoral dissertation，University of Pennsylvania，1990.

陈楚洁：《意义、新闻权威与文化结构——新闻业研究的文化-社会路径》，《新闻记者》2018（8）。

拓 展 阅 读

Winch. S. P. , *Mapping the Cultural Space of Journalism*: *How Journalists Distinguish News from Entertainment*, Westport: Praeger, 1997.

Zelizer, B. , "Journalists as Interpretive Communities," *Critical Studies in Mass Communication*, 1993 (3).

约翰·麦克马那斯

《市场新闻业：公民自行小心？》

中国实行市场化改革以来，新闻媒介的商业化运作不断加速，与此现实相对的则是一套"市场话语体系"的缺失。学者们纷纷意识到，这套话语体系将与主流"意识形态话语体系"一道，成为阐释中国新闻业转型与发展的重要理论工具。然而，这套话语体系应该包含什么，又该如何建构，诸如此类的问题悬而未决。与此同时，西方媒介产业也在经历前所未有的变迁，产业内部要素和外部制度环境变化共同冲击着传统的新闻观念和传播理念，对于时下中国媒介产业的变革具有重要的启发价值。1994 年，约翰·麦克马那斯（John McManus）的《市场新闻业：公民自行小心？》（以下简称《市场新闻业》）一书在此背景下被引进翻译。作者以美国新闻传媒业为研究对象，沿用美国传统学派的实证方法论，建构起一套适配美国市场新闻业的理论。该书的副标题"公民自行小心"来自一句经济学术语"买家自行小心"（麦克马纳斯，2004，p. 6），这提醒读者：市场交易从不是慈善事业，面对新闻业从公共事业向市场的转型，我们在感受市场化带来的万花筒的同时，也要警惕可能的不良社会后果，以寻求规范管理之路。

一、成书背景

麦克马那斯是美国圣塔克拉拉大学传播系副教授，他曾在美国的多家报纸担任记者，后于斯坦福大学获得博士学位。《市场新闻业》是他出版的第一部著作，曾获得 1994 年美国专业记者协会颁发的卓越研究奖。此外，麦克马那斯还出版过《探测公牛：如何识别印刷、广播和网络上的偏见和垃圾新闻》（2009）、《不要被愚弄：数字时代公民的新闻和信息指南》（2012）等著作。

在《市场新闻业》一书中，麦克马那斯以科学性的方法提炼了大量一手经验材料后，构建出了一套符合当时美国市场新闻业状况的理论。尽管在今天看来，该书无论是在研究方法抑或经验材料上都略显陈旧，但不可否认的是，书中的模式应用、理论预期、选择逻辑、社会效应等框架与概念漂洋过海后，早已在本土化的社会情景和新闻语境中转换为中国新闻传播学各大领域的"知识"。这些知识的生产过程中凝聚着作者可贵的亲身经验——麦克马那斯凭借 6 年的报业经验访谈了美国大量的一线新闻从业者，同时又尽可能以中立的身份去提炼琐碎的经验材料，在定量与定性方法结合的基础上，延续了"社会责任理论"中的新闻规范，对新闻理论进行了修正与补充。今天回看该书，它的价值早已不止于其中的常识性"知识"，还在于其理论定位与方法逻辑，即这本书内在的"知识生产"是何以可能的。

本篇导读将沿两条脉络展开：就理论脉络而言，导读将分析书中的重点概念与模型，并为之在学术谱系中寻找恰当的定位；就方法逻辑而言，导读将以批判式的思维解读其中的定量研究，尝试发现其中潜藏的逻辑。采取此种导读形式，目的是对全书价值进行再发掘——寻找彼此关联的理论与它们所处的学术谱系，同时发现书中方法的不足及对其进行修正的可能。

二、理论启发：对市场新闻业的考察

纵览全书，麦克马那斯主要考察了市场逻辑在新闻生产中的应用，并对市场力量和新闻价值的关系进行了深入考察。市场驱动的新闻业如何运作？它对美国的新闻受众又会产生何种影响？围绕这两个问题，麦克马那斯展开了论述。全书前八章从新闻业的具体现象入手，以新闻的本质、环境因素、生产逻辑为三个扇面逐渐铺展，将核心的矛盾汇聚之后，回归新闻生产的三个环节（发现-选择-报道），并探讨市场化对新闻业的改变与影响。第九章开始加入新闻工作者的说法，探讨市场新闻业的社会效应。

该书旨在告诉读者：媒介企业的市场竞争，不仅要争夺读者或观众，还要争夺广告商、消息来源和投资者，因为后者也正在成为能够影响新闻市场的强大变量，并重构着新闻本体。一定程度上，"市场领域"（Market Area）引出了"商业化新闻生产"的种种可行性，而来自文化、科技、法律等方面的影响也最终成为市场化的环境因素。例如，麦克马那斯在传统新闻生产的三大环节（发现-选择-报道）分别探索了市场经济因素的相关影响，其中涉及的"新闻-市场"逻辑之间的竞争、新闻客观性被市场影响的方式、市场新闻业的社会效应等呈现出市场新闻业的前景与发展的可能。麦克马那斯利用"反复比较法"（Constant Comparison Method）建构此书的理论，将传统的新闻生产标准（规范）视为建构过程的逻辑起点。

（一）"市场新闻业"

"市场新闻业"是该书中最为基础、关键的概念。它既描述了美国新闻业中正在崛起的一种现象与潮流，也被麦克马那斯建构为囊括"市场驱动的新闻业""白痴文化""报业重组"等元素的多元话语，还是推动了观念重建的一种新闻传播理论规范或准则。这一概念始终强调市场的力量及其作用方式，例如：强调媒介企业必须在四大市场（受众市场、消息来源市场、广告市场、投资市场）中采取行动，应主动发现"受众市场"的需要并尽量满足它；认为"广告市场"的存在主要是为了维护媒介企业的衣食父母及企业自身的利益，并牺牲社会公众的利益等。此外，麦克马那斯对"市场新闻业"的看法中也存在着价值冲突——一方面，他经由经验现象看到了市场对新闻业的改变和影响，认可媒介企业间存在市场竞争的合理性；另一方面，他也深谙用经济学原理来解释新闻机构的日常活动之道。因此，他不断说明市场新闻业不能只有"底线"①，应将市场理论与新闻理论相结合、合理判断新闻客观性等，并在该书最后尝试提出了五种解决方案。在今天看来，这些方案在操作性上不免有些"悬空"，也有着学者式的"理想主义"色彩，但不可否认的是，这种"概念建构-矛盾分析-策略解决"的思路体现了作者让理论与现实对话的尝试。

(二)"商业化新闻生产"

这一概念诞生于麦克马那斯对"市场新闻业"在新闻生产（内部）活动中处于何种流程与环节的探讨中。他试图寻找出商业化新闻生产的逻辑，并发现了新闻生产中存在的"消息来源-新闻机构""广告商-媒介企业"以及"投资者-媒介企业"三种交易情况，及其背后的市场之外的力量。质言之，"商业化新闻生产"本身更接近提出一个分析框架/模式。麦克马那斯基于个案研究，探讨了新闻生产中商业化的过程，并重点讨论了市场理论和新闻理论间保持一致性与产生冲突的条件节点。在"发现-选择-报道"的流程中，他不断运用这一分析框架来论证"市场"对新闻生产的改变、影响以及正在逐步确立的合法性等。

(三)"妥协的选择逻辑"与"成熟的客观判断"

"妥协的选择逻辑"与"成熟的客观判断"是麦克马那斯提出的最具有学术性与概括性的概念。前者诞生于他对市场服务与公众服务是否存在冲突这一核心问题的探索中。为了避免出现规模性的冲突，只能选择彼此"妥协"。这一选择逻辑的背后有着对技术优劣、时间长短、投资风险大小、利润率高低等因素的现实考量。为了更好地兼顾市场与新闻各自的价值，新闻业往往会采取使投资者回报最大化的策略（照顾到市场服务），同时尽可能地满足公众的知情权（照顾到公众服务）。

相较而言，"成熟的客观判断"回应了在美国新闻业中持续已久的"客观性"困扰。麦克马那斯认为，传统的客观性判断包含真实、相关性、平衡、中立的陈述等多元标准，而在"市场新闻业"的环境下，所

---

① "底线"在美国新闻业中是较为特殊的一个词，特指一切以经济利益为导向。

173

有的叙述和解释都只能力求达到一种尽可能高的成熟度，而非绝对性判断。麦克马那斯立足经验材料，罗列了四种常见的违背客观性的情况，认为只能在遵循新闻采制"规则"、严控新闻质量"红线"的基础上，尽可能地做到"成熟"的客观判断，但这种认知仍处于市场逻辑的影响下。

对于中国新闻研究而言，该书具有"启后"价值。20世纪末，中国新闻业应如何在资本（市场）的洪流中转型与变革是学界关注与研究的热点。2004年，该书被引入国内，带来了可供参照的理论引导与方法启蒙。此后，中国诞生了基于场域理论观察新闻生产的"南都"个案研究（张志安，2019）、以"公共新闻"为切入点分析新闻与市场的实践（蔡雯，2004）、通过观察欧美广电的市场化来探讨公众利益的研究（赵月枝，1998）、对市场经济与新闻娱乐化的关系的探讨（林晖，2001）等一大批优秀作品，也由此推动了传媒经济与管理、传播学效果研究、整合营销传播等分支的萌芽。

三、方法论反思：实证范式的集合

该书的方法论对早期的中国新闻研究来说也颇具启发意义。以传播学所开创的经验研究范式为始，20世纪80年代后，问卷调查、个案研究、深度访谈等经验研究方法开始大规模地出现在美国新闻研究领域。与此同时，这些方法如何使用、在何处使用等问题也成为中国新闻传播学界关注的重点。该书整合了当时最为成熟的几种研究方法，较为完整地呈现出"搜集素材-分析数据-洞察内容-提纯理论-展示策略"的研究过程。然而，经过30年的发展，该书中的方法已有些不合时宜，其中大部分已成为今天新闻传播学研究中的"常识"，因此，带着反思意识并从修正的视角重新看待这些方法，或许我们能获得新的启示。

（一）场域选择的"以偏概全"

素材获取的场域往往决定了研究的针对性、规模性与代表性。就该书而言，麦克马那斯选择了四家美国西部的电视台，其中两家覆盖超大型市场（全美排名前十），两家覆盖大型市场（排名 10—25/50—100）。为了增强样本的代表性，麦氏又在后两家中选择了排名第二的电视节目。不仅如此，麦克马那斯还将访谈的对象、发放的问卷、追踪的个体等限制在电视台场域内，仅对少量报纸发行人进行了访谈，且目的还在于对比。之所以这样选择，他给出的答案是"为了找到最佳分析对象"（p.18），"市场新闻业最早在（地方）电视业确立"，且"我坚信地方电视如今已成为美国新闻产业的主导力量"（麦克马纳斯，2004，pp.23-24）。

麦克马那斯似乎陷入了一种悖论——取材"局部"却试图代表"整体"。且不论"地方电视台如今已成为美国新闻产业的主导力量"这一判断是否武断，单说他的取材局限于（地方）电视业的做法，似乎就"有选择地"忽视了当时强势且具有精英色彩的美国报业，以及更具规模性与品牌性的全国电视网。紧接着，麦克马那斯又细分了研究场域，将关注的重点放在地方电视新闻节目上，但这些新闻节目类型多元、新闻生产所受的制约较多，并不能全然体现"商业化新闻生产"的特点。因而，这种试图通过"地方电视业"的新闻生产特点来推导"市场新闻业"总体规律的做法未免有些武断。

（二）实证方法的"浅尝辄止"

从今天的研究视角来看，该书的方法论属于典型的"混合方法研究"。麦克马那斯在实证部分主要采用问卷调查、个案研究和深度访谈三种研究方法。在问卷调查环节，他先后发放了五套问卷，用来测量新闻生产的机制及潜藏于其中的逻辑；在个案研究部分，麦克马那斯先后使用了数十个个案，不少章节或以个案引出话题，或以个案贯穿全章，或在夹叙夹议中将理论与案例适配；在深度访谈部分，他"像影子般地跟着记者、制片人和责任编辑们，请他们认真思考并说出自己是如何完成新闻责任的"（麦克马纳斯，2004，p.7），并同时对报纸发行人关于地方性议题的观点进行了访谈。

麦克马那斯看似游刃有余地穿梭于三种不同方法中，但实际上，对每种方法的使用似乎都浅尝辄止。从问卷发放来看，这些问卷多来源于同一个州，但对于该州的经济水平、人口密度、文化风俗等诸多可能影响电视业的社会性因素，他却并未做出详细的交代，这体现了麦克马那斯狭窄的实证研究思路。不仅如此，他还将抽样的时间划定在 1986—1987 年，甚至他自己也承认，以四家电视台为样本"来代表全美国成百家电视台，无疑是管中窥豹"（麦克马纳斯，2004，p. 327）。在个案研究方面，相关个案并未呈现出独特的代表性，而麦克马那斯更在意的似乎是案例的规模（百余个）与适配度（以材料验证理论），这与今天个案研究的取向相去甚远。在深度访谈中，对于拒绝接受访谈的对象，麦克马那斯仅仅是轻描淡写地带过，可恰恰就是这种"拒绝"，才更具常人方法学意义上的深掘价值。

(三) 数据处理的"浮光掠影"

麦克马那斯在全书综合运用了不同类型的数据样本，涉及节目播出的时间分配比率、各象限在新闻节目中所占的播出时间百分比、不同规模电视台的税前利率占总收入的百分比、新闻报道的客观性比率等，它们佐证着各个章节的观点、逻辑等，并作为研究结果"证明"了该书的科学性和价值。然而，这些数据仅停留在最基础的统计与分析层面，无论是数据获取还是统计处理方式麦氏均未做出详细说明，更遑论对数据内在的逻辑关联、数据所呈现的机理做出进一步探究。或许，在今天的"大数据"或"计算传播学"看来，这些甚至都不能被归入量化研究的范畴，仅仅是数据材料的堆砌。因此，本文认同胡正荣教授在中文版导读中所言，麦克马那斯"为了免遭批评，事先对自己的研究的效度和概括度做了分析，解释原因，亦作辩白"（麦克马纳斯，2004，p. 6）。

该书基于作者 1988 年的博士论文修改、完善而成，彼时的美国对于社会科学中的定量研究知之甚少，更遑论将之成熟地应用于新闻研究。但是，该书仍旧提供了两项方法论贡献：其一，集中展示了多元的实证研究方法。该书所展现的方法的运用过程、运用逻辑等内容在某种意义上具有方法论启蒙价值。其二，推动了"混合研究"的萌芽。麦克马那斯将此书分为理论部分与实证部分，并恰当地使用理论来引导实证、用实证来验证理论，同时根据研究问题来选择研究工具，这一路径在当时并未被人意识到是"混合研究"，但从今天回望过去，我们的确从该书中看到了一种崭新的研究逻辑的萌芽。

四、评价与反思

麦克马那斯在书中将市场新闻业理论置入美国的社会历史情境，秉持新闻专业理念，研究了市场新闻业，尤其关注在民主市场社会中如何协调媒体、市场与民主三者的关系（田秋生，2008）。它集中展示了定量研究的方法论，总结出一些至今仍适用于传媒经济研究的模式框架，呈现出了美国新闻业的市场化转型及其绘制的社会图景。此外，该书的副标题"公民自行小心"，也似一种如芒在背的警告。

在理论与方法启示之外，我们还应对"西方理论如何照亮中国本土现实"保持一份冷静的思考。麦克马那斯的论著固然对中国新闻业的市场化转型多有启示，却不能照搬过来阐释中国问题。在当代中国的特定语境下，市场逻辑如何影响了中国的新闻生产，治理逻辑又是如何介入这一过程并制约市场逻辑的，传媒的公共性如何实现，语境如何转换，这些有别于麦克马那斯笔下美国新闻业的问题值得我们去追问和探索。

（姜海　电子科技大学

万旭琪　复旦大学）

参 考 文 献

蔡雯：《"公共新闻"：发展中的理论与探索中的实践——探析美国"公共新闻"及其研究》，《国际新闻界》2004（1）。

林晖：《市场经济与新闻娱乐化》，《新闻与传播研究》2001（2）。

田秋生：《为市场服务与为公众服务——约翰.H.麦克马那斯〈市场新闻业：公民自行小心?〉札记》，《国际新闻界》2008（4）。

〔美〕约翰·H·麦克马纳斯：《市场新闻业：公民自行小心?》，张磊译，北京：新华出版社，2004。

张志安：《编辑部场域中的新闻生产：基于〈南方都市报〉的研

究》，上海：复旦大学出版社，2019。

赵月枝：《公众利益、民主与欧美广播电视的市场化》，《新闻与传播研究》1998（2）。

拓 展 阅 读

白红义：《以新闻为业：当代中国调查记者的职业意识研究》，上海：上海交通大学出版社，2013。

〔美〕罗伯特·W·麦克切斯尼：《富媒体 穷民主：不确定时代的传播政治》，谢岳译，北京：新华出版社，2004。

赫伯特·阿特休尔

《权力的媒介：新闻媒介在人类事务中的作用》

《传媒的四种理论》的出版引发了诸多争议，人们呼唤着超越该书中冷战偏见的新的媒介体制比较研究著作的问世。赫伯特·阿特休尔《权力的媒介：新闻媒介在人类事务中的作用》（以下简称《权力的媒介》）一书就是这样的尝试。

一、成书背景

阿特休尔是美国印第安纳大学新闻学院教授，曾就读于华盛顿州立大学，先后取得政治学硕士学位和历史学博士学位。阿特休尔不只是一位学者，还是一位有着丰富经验的记者，曾在报纸、通讯社、广播、电视和杂志等多种媒体任职。他曾任美联社驻费城、华盛顿编辑，驻联邦德国首都波恩首席记者，后来又到《纽约时报》和美国广播公司任职，主持过美国广播公司西雅图广播电视台的节目，并一度担任《新闻周刊》特约记者。丰富的实践经历为阿特休尔的学术研究打下了坚实的基础，使他在思考新闻自由与客观性等问题时，会从新闻记者工作的角度去思考报道新闻时的矛盾与冲突。丰富的新闻实践和多学科的教育背景，为阿特休尔提供了论证的事例，也为他思考媒介权力问题奠定了理论基础。

在《权力的媒介》一书中，既有传播政治经济学的学理视角，又有作者在新闻实践层面的思考。"前线"记者的经历让作者对实践素材更为敏感，书中信手拈来的美国新闻史上众多的案例材料即是明证。作者史论结合，在制度分析和权力作用问题上处处展现出其独到的见解。阿特休尔的核心观点是，任何新闻媒介都是一个国家或社会中政治和经济权力的代理机构。他把新闻体制划分为市场经济的模式、马克思主义世界的模式和进步世界的模式，但无论是资本主义新闻业还是社会主义新闻业，都服务于其所在国家或社会的主流意识形态。在该书的前四章中，作者论述了资本主义社会新闻媒介的产生、发展，以及最后如何成为维护资产阶级统治的工具。同时，作者还探讨了新闻自由、新闻与政治、经济的关系以及新闻记者的作用等问题。他以美国"便士报"兴起后广告的发展历程作为研究起点，发现新闻媒介的经济命脉完全受商业资本所控制，于是得出结论：新闻媒介是不可能做到"独立"的。在该书第二部分，阿特休尔讨论了社会主义、资本主义和第三世界国家不同意识形态下新闻媒介的状况，认为社会主义意识形态下的新闻媒介改造世界是一个伪命题，而资本主义意识形态下的新闻媒介客观性背后存在着复杂的利益关系，第三世界国家的新闻媒介面临着文化帝国主义和自我贬损的状况（阿特休尔，1989，pp. 99-203）。第三部分是《权力的媒介》的核心部分。作者在第二部分详细论述三种模式的基础上，探讨了新闻理论的几个重要议题，例如报刊的社会责任理论、新闻媒介的内容与财源的关系、建立世界新闻传播新秩序等。在结论部分，作者总结出有关媒介的七项核心议题，认为新闻媒介并不是独立的机构，只不过潜在地发挥着独立的作用；新闻体系传播社会的意识形态和价值体系，最终帮助当政者维持他们对新闻媒介的控制；所有的新闻体系都赞同社会责任理论，宣称它们为人民的需要和利益服务；等等。

下面，本文将从几个方面分别展开对重点章节的介绍。

二、统治新闻媒介的力量：政治和经济对新闻自由的影响

在阿特休尔看来，在报纸起源初期，新闻媒介就被定义为社会控制的机构，新闻记者充当统治者监视和观察社会的耳目（阿特休尔，

1989，p.6）。统治者的经济命脉和权力基础与新闻媒介息息相关，由此，新闻媒介承担起了官方所赋予的监视环境的责任，并在此后的漫长年代中将这种责任以各种形式继承下来。阿特休尔还指出，除了权力对报刊的影响之外，新闻业所信奉的"独立性"理念的体现——新闻自由也存在诸多问题。在美国以及资本主义世界的其他地方，很难发现有人准备为反对"新闻自由"进行争辩。对此，作者引用了一项关于新闻自由的调查结果，指出虽然关于"新闻的弊病"的相关讨论经常被推上风口浪尖，但是人们几乎普遍相信新闻媒介在民主社会具有重要作用。有研究证明，人们只是嘴上信奉民主与新闻自由，实际行动上却不以为意。言论与行动的不一致，并不能真正触及新闻自由的争议问题，只有言行一致，才能更好地展现新闻自由的意义（阿特休尔，1989，p.22）。

除了关注政治权力对媒介的影响，阿特休尔还讨论了报刊的经济利益与新闻事业的关系，从经济的角度论证了新闻自由是难以实现的。在17、18世纪的西方，大众化报刊被用作宣传政治信仰的工具。但是，随着19世纪商业媒介的发展，大众媒介销售商品的渠道的地位逐渐凸显，其自身的独立性再次受到经济因素的影响。随着公众信息需求的不断增加，报刊作为信息传播工具这一定位日益明显。"便士报"出现后，伴随着广告利益的新闻媒介主要体现为营利机构。经济与政治文化的挂钩，最终导致的是新闻媒介受到多方权力的影响和控制。阿特休尔在书中引用威尔·欧文（Well Owen）的话，认为报刊的广告制度阻碍了美国新闻事业探求真理的努力。对此，作者坦承，因为深受新闻媒介理想信念的感染，所以他反对编辑部的价值标准向董事会、企业家靠拢（阿特休尔，1989，p.73）。

"新闻媒介的发展改变了自身的性质。"（阿特休尔，1989，p.67）在阿特休尔看来，新闻媒介内部存在着固有的两难悖论，它既是致力于实现第一修正案崇高理想的一个机构，又是市场上的一件商品（阿特休尔，1989，p.68）。随着发行量的增加和市场规模的日渐扩大，报纸也在逐渐弱化对政府或政党的依赖，成为推动资本主义经济迅速发展的重要力量。在这种情况下，新闻媒介不但不能不带偏见地、完整地、公正地报道新闻，同时也没有发挥公众的守望犬的作用，更没有反对权力的滥用。

三、不同意识形态下的新闻媒介

《权力的媒介》第一部分主要论述了政治和经济对于新闻独立性的影响，讨论了难以实现的新闻自由。在该书第二部分，阿特休尔分析了社会主义意识形态、资本主义意识形态以及第三世界国家意识形态下的新闻媒介，主要探讨了不同意识形态社会中的新闻独立性问题。

阿特休尔结合马克思和列宁对于报刊的观点，讨论了社会主义意识形态下的新闻媒介。作者以苏联为例，首先论述了马克思的新闻模式观点。他援引马克思的报刊学说和列宁关于报刊三大作用的理论，认为马克思对资本主义发展过程的分析十分详尽，把新闻媒介看成是上层建筑的一个核心部分，这对于统治阶级维护政权具有利害攸关的作用（阿特休尔，1989，p. 109）。此后，列宁改造了马克思的理论，将其许多概念进行完善，认为报纸作为集体的宣传员、鼓动员、组织者的三大作用是一致的，以使之适应俄国社会的现状（阿特休尔，1989，p. 118）。尽管在资本主义意识形态看来，社会主义意识形态的这些宗旨与真理、人类自由相悖，但是列宁认为应该将这三大作用列入教学，用以培养社会主义新闻工作者，完成追求真理和人类自由的任务。同时，与马克思的观点一致，列宁同样认为新闻媒介是上层建筑的一部分，掌握了报刊三大作用而进行写作的报刊人员和新闻工作者能够培养关键领导人，这些人可以运用先进的方法引导社会、影响事物发展进程（阿特休尔，1989，p. 118）。阿特休尔认为，在苏联的信仰体系中，马克思开创的"马克思主义新闻学"成为新闻媒介的基本准则。但是，苏联的政党报刊出于政治上的需要，将新闻原则变成了停留于理论层面的信条（阿特休尔，1989，p. 101）。基于此，阿特休尔认为在这一意识形态下，新闻媒介改造世界也成了一个伪命题。

对于第二种模式的新闻媒介，阿特休尔主要论述了关于资本主义意识形态下的新闻媒介与新闻教育、新闻独立等话题。在 19 世纪，社会主义反抗资本主义经济的思潮在西方世界开始蔓延，并且其影响并不仅限于提出思想、理论和学说，甚至引发过反抗自由企业制度泛滥的进步党人运动。与此同时，有别于列宁主义的教义，美国新闻媒介也充当了美国制度的鼓吹手，倡导领导人的政策、行为和经济制度。资本主义国家新闻媒介的"客观""自由"，与资本主义意识形态背后的利益关系息息相关。值得一提的是，在论述上述问题时，作者还提出了一个启发性思路：在考察社会制度中的新闻媒介时，应该把新闻院校建立的时间顺序考虑在内，重视当时背景下流行的意识形态，这对于我们考察相关问题极为重要（阿特休尔，1989，p.132）。阿特休尔举例说，20世纪二三十年代美国新闻院校对学生进行的信仰体系教育，几乎与苏联用刻板印象的意识形态理论来教导学生一模一样（阿特休尔，1989，p.133）。那时，美国新闻院校的信仰体系，要展现的是其政治经济制度所提供的"长治久安"和"不断进步"，在此过程中，新闻媒介起着至关重要的作用。然而，不论是关于进步运动，还是教学体系，作者都认为新闻媒介的"权力"是一种非独立的力量，它并不能同政府及操纵政府的政治家、政务活动家相抗衡。事实上，新闻媒介只是表面上看起来"独立自主"，其关于权力的信念其实也被政府与政治经济权贵所操纵。即便是所谓的"新闻独立信念"（新闻摆脱外界干涉，为公众的知晓权服务；追求并反映真理，客观、公正地报道事实），其中的每一项也都被新闻媒介的操纵者所利用，以维持其执政的意识形态（阿特休尔，1989，p.165）。

关于第三种模式，阿特休尔探讨了第三世界国家的新闻媒介。他认为，随着第三世界国家摆脱殖民统治走向独立，世界各地的新兴独立国家对大众媒介的作用兴趣倍增。第三世界国家的新闻媒介意识形态并不明确或统一，不存在统一的市场经济新闻媒介或社会主义新闻媒介。阿特休尔清晰地向我们展示了三种模式的不同：在市场经济模式中，信仰体系包括贯彻第一修正案的思想，遵从客观性法则，以及反对滥用权力，认为独立不倚的新闻媒体可以保护人民，是实现民主假设的核心力量。在社会主义模式中，信仰体系除了列宁关于报刊的三大作用理论外，还有客观性法则，并着重强调新闻媒介的教育作用。进步世界或第三世界新闻媒介的意识形态来源于以下两方面：一是后天获取，二是先天就有。前者指的是通过学习资本主义和社会主义新闻媒介的模式而获得相应的意识形态，后者则植根于新兴民族国家本身的历史与文化（阿特休尔，1989，pp. 170-171）。

阿特休尔在总结三种新闻媒介模式的基础上，论述了不同意识形态下新闻媒介的对抗，以及新闻媒介向本国既定社会法则的趋同。这体现了社会意识形态对于新闻媒介的影响，同时也进一步佐证了作者在第一部分论述中的观点，即新闻媒介并非，也不可能做到独立。

四、有关新闻理论的几个重要议题

第三部分是《权力的媒介》的重要部分，在详细论述了新闻自由与三种模式之后，作者探讨了关于新闻理论的几个重要议题，例如报刊的社会责任理论、建立世界新闻传播新秩序、新闻媒介与财源的关系等。

(一) 社会责任理论

针对报刊的社会责任理论这一议题，阿特休尔阐述了大众对于新闻媒介责任的讨论、哈钦斯委员会的报告及其结果。哈钦斯委员会曾提出，新闻媒介或者便利思想沟通，或者阻碍社会进步。在美国及其他国家的信仰体系中，新闻媒介享有大权，尤其在提供消息和教育方面，这一作用比其他机构更为强大。然而，阿特休尔认为，他们都忽略了一个重要的事实，即新闻媒介只是一种工具而不是一个独立行事的机构，对于资本主义新闻媒介而言，它只是操纵经济和政治命脉的私人营利机构。

对于如何完善社会责任理论，阿特休尔建议新闻从业者在工作层面去实践、优化。对此，他引用印度学者内维尔·贾夫维拉（Neville Jayaweera）的观点，认为新闻从业者最终要做的一件事是，振作起来对待他们无法摆脱的历史进程，并且自我调节风格和重点。他们的作用以往是，今后还是支持他们无法自己规定的价值和制度。这些价值和制度的形成是那些比他们的作用更强大、更重要的经济和社会力量所推动的（阿特休尔，1989，p. 237）。换言之，新闻记者应该知道自己怎么做以顺应所处社会的制度。

（二）建立世界新闻传播新秩序

20 世纪 60 年代中期，有关新闻和媒介的讨论在联合国教科文组织内部密集地展开。阿特休尔在书中指出，随着亚非新兴国家的出现，美国难以再随意控制讨论方向。苏联联合新兴民族国家谴责美国关于新闻自由流通的虚伪立场，以及推行文化帝国主义并为美国公司的产品赢得市场，进而强有力地输出价值观点的做法（阿特休尔，1989，p. 244）。在重建世界新闻传播新秩序这一争议中，虽然美国所谓保护新闻自由的努力最后获得了胜利，但也为此付出了一定的代价，美国需要提供资金和援助以改进新兴民族国家的通信工具。有研究者评价说，这是美国作为资本主义国家的惯用伎俩，力图以此拆解苏联和新兴民族国家之间"事实上的盟友"关系。对此，阿特休尔认为，这种评价反映了美国对于新兴民族国家的政治态度，它及其同盟国家暗自嘲笑新兴民族国家的政府极权独裁、缺乏效率。值得注意的是，在关于世界新闻传播新秩序的讨论中，作者反复强调经济因素对观点分歧的影响。虽然都是出于对所谓新闻自由的保护，但是我们依然可以看到不同国家以不同的框架看待世界，而它们的理论也深陷各自的意识形态框架中。

阿特休尔还在书中用大量篇幅讨论了通讯社与"文化帝国主义"的关系。西方通讯社经常被指责传播帝国主义意识形态，相关争议成为 20 世纪 70 年代新闻传播学界的重要议题。但在作者看来，通讯社之争中的双方并未对分歧的实质取得共识，换言之，争论双方并没有以同样的维度去展开讨论。认识西方通讯社的作用，是讨论世界新闻流通不平衡的核心内容，因此，作者从不同维度去分析西方通讯社及其与文化帝国主义的关系。具体来说，在经济层面上，争论双方的观点涉及西方通讯社为开拓商品市场所起的作用。资本主义秩序的维护者认为，通讯社是新闻报道的工具，而非经济扩张的手段，它们旨在寻找真相、传播真相，并借此方式提供娱乐和教育。而反对者认为，这种说辞只是资本主义的"遮羞布"，西方通讯社其实是在推广资本主义世界的生活方式，激发人们对资本主义国家产品的购买欲和消费欲。在意识形态层面上，对西方通讯社持批评态度的人认为，通讯社的报道存在偏见，它们并未还原真实世界的图景，报道框架也囿于新闻工作者自身的固有信仰。通讯社的维护者并不承认上述指责，转而争辩通讯社的目标是追求真实和客观。由于双方在有关通讯社问题的讨论重点上并未达成一致，因而在化解意识形态的分歧上也毫无进展。

阿特休尔认为，虽然争论双方的观点最终并未达成一致，但从比较乐观的角度来看，这批来自不同背景、不同社会与经济制度、不同意识形态的成员，能够在一起共同讨论新闻传播新秩序的话题，已经表明他们朝着建立"更加公正、更加有效的世界新闻传播新秩序"进行了不懈的努力。

(三) 新闻媒介与财源的关系

权力作为一种支配人们行为的力量，有精神方面的，也有物质方面的 (李青，1999)。阿特休尔在书中认为，《传媒的四种理论》的作者，只是偶尔言及新闻媒介筹措资金的问题，却并未提及赢利的问题；哈钦斯委员会和英国皇家委员会的报告承认，金钱威胁着新闻媒体，背离了人民对它的职责要求。对于新闻从业者而言，记者和编辑们极力避免新闻判断力受到广告商的影响。对此，阿特休尔提出，新闻媒介信仰体系最突出的问题就是忽视金钱。新闻媒介资金支持者的利益直接关系到新闻媒介的内容，没有哪家报纸、杂志或广播电台能逾越其"付钱主子"认可的自治范围。因为，一国的政治制度取决于其经济力量的结构，而该国的新闻媒介在任何时候都必然反映经济管理者的目的。不管是支持权力还是反对权力，利益集团都是在利用新闻媒介满足各自不同的需要。

作者在书中一再强调，要把媒介问题放到经济、政治背景中考虑，而不仅仅是从单一的维度着眼。在新闻媒介与财源的关系这一部分，作者指出新闻媒介实际表现为利益机构，而经济又与政治文化挂钩，于是也就最终指向"新闻媒介受多方权力的影响和控制"这样一种现实。

五、评价与反思

关于媒介与权力问题的研究主要在两个层面展开：早期是以哈罗德·拉斯韦尔为代表，围绕传播效果来研究媒介与权力；还有一些学者考察影响媒介权力发挥的资源，即决定"媒介权力"如何发生效力，以及发生何等效力的诸种因素（杨维东、王敏，2018，p.102）。

以上研究都是以媒介为中心考察其对社会以及人类生活的影响。阿特休尔的《权力的媒介》的研究与这些不同，他从权力对媒介的影响这一角度去研究媒介问题，对资本主义传播体制和新闻专业主义理念的虚假性进行了批判和挑战，重新解释了新闻自由、客观性以及社会责任理论等西方新闻理念中的基本问题和原则（陈娟，2004，p.40）。此外，20世纪60年代，西欧国家的一些学者因研究媒介问题志趣相投、路径相似，逐渐形成了传播学批判学派。他们对现存的传播制度持批判的立场，大多从思辨角度分析和探讨传播与社会结构各要素之间的关系。在美国，新闻传播学界也有学者采取批判路径对媒介展开研究，阿特休尔的《权力的媒介》一书即是代表。该书的核心观点认为，独立的媒介不存在，新闻媒介没有绝对的客观性，它们都是为某种政治、经济权势服务的。新闻媒介从来都是社会控制的工具，新闻的内容只是资金提供者的利益反映。阿特休尔基于资本主义国家、社会主义国家和新兴民族国家的新闻特点进行阐述，用叙述性和时间性的写法展示自己的观点及态度。通过这种论述方法，作者描述了资本主义体系和社会主义体系下的新闻媒介，以及它们的观念体系。用当今的目光审视过去，能更好地阐释谬误。作者对比了时间和空间，分析了不同的历史背景和社会特征，鞭辟入里地探讨了新闻媒介的独立性等话题。

《权力的媒介》是对《传媒的四种理论》的研究范式的一种反思，集中对施拉姆等人倡导的"社会责任理论"进行了讨论和批判。虽然《权力的媒介》出版之时互联网还未诞生，但该书作者对媒介、政治、经济、社会形态等相互关系的论述，也为我们今天关于网络社会新闻业的学理研究和新闻实践提供了许多启发性的建议和思考。虽然作者对于不同国家价值体系下的新闻媒介观念问题持批判态度，但作者看待问题的角度值得我们借鉴。

（郭恩强　华东政法大学

李铬　华东政法大学）

参 考 文 献

陈娟：《美利坚语境下的学院派媒介批评》，中央民族大学硕士学位论文，2004。

〔美〕J·赫伯特·阿特休尔：《权力的媒介——新闻媒介在人类事务中的作用》，黄煜、裘志康译，北京：华夏出版社，1989。

李青：《对传播媒介权力的思考》，《国际新闻界》1999（3）。

杨维东、王敏：《观念生产与媒体扩张——默多克媒介权力的再思考》，《国际新闻界》2018（9）。

拓 展 阅 读

〔美〕丹尼尔·C·哈林、〔意〕保罗·曼奇尼：《比较媒介体制（媒介与政治的三种模式）》，陈娟、展江等译，北京：中国人民大学出版社，2012。

〔美〕弗雷德里克·S. 西伯特、西奥多·彼得森、威尔伯·施拉姆：《传媒的四种理论》，戴鑫译，北京：中国人民大学出版社，2008。

蒂莫西·库克

《新闻执政：作为政治制度的新闻媒介》

20 世纪 70 年代，一批社会学家走进美国新闻编辑室，问了一个简单的问题：新闻是如何制作的？自此，从社会学视角出发，对新闻这一媒介产品开展的经验研究颇受学者们的关注，产生了许多对新闻编辑室的新闻生产进行民族志式观察的研究成果。这些研究成果得出的结论惊人的一致：尽管新闻生产的组织、地域、规模和种类有所不同，新闻的内容却十分趋同。为什么？前述研究指出，出现这一现象的原因在于，新闻业共享着一系列组织常规和惯例：针对政府机构，新闻记者有固定的分工；他们求助于相同的消息来源，主要是政府官员；他们采用相同的采访技巧，问相同的问题；所有新闻记者都追求客观、公正、平衡、中立，遵循相同的叙述传统。这些结论似乎也暗示着这样一种认识，即新闻的趋同根源于新闻媒介的组织化和专业化。

那么，这些制约新闻生产过程的组织常规和惯例究竟从何而来？又是如何在媒介组织间传播和扩散的？不同的媒介组织会以不同的方式运用这些惯例吗？其他国家和地区的媒介组织也会使用相同的新闻惯例吗？新闻趋同现象也会出现吗？这些问题并没有得到进一步的深入挖掘。

直到 20 世纪 90 年代末，两部著作的出版引起了学者们的注意。蒂莫西·库克和巴塞洛缪·斯派罗（Bartholomew Sparrow）分别在 1998 年和 1999 年出版了《新闻执政：作为政治制度的新闻媒介》（以下简称

《新闻执政》）和《不确定的护卫者——作为政治制度的新闻媒介》。两位作者不约而同地将新闻媒介视为一种政治制度，而后发现了新闻生产中的工作常规和惯例。与经济学、政治学、历史学和社会学领域日益增多的关于制度的研究结论非常相似，新闻业中的惯例和常规，如客观、公正、平衡、中立以及新闻写作中的倒金字塔结构等，实际上都是制度。

这种类比为研究新闻媒介的内容生产开辟了新的道路，库克最先提出的将新闻媒介视为政治行动参与者的观点也引起了广泛的讨论和争议。

一、成书背景

库克生于 1954 年，2006 年因病逝世。自 1981 年起，库克作为政治传播学教授一直在马萨诸塞州威廉姆斯学院任教，2001 年移居路易斯安那州后，担任州立大学大众传媒学院政治传播系主任。

作为一位在政治传播学方面富有创见的学者，库克写作了多部著作，比如《制定法律和制造新闻：众议院的媒体策略》《新闻执政：作为政治制度的新闻媒介》，以及合著《串音：总统竞选中的公民、候选人和媒体》（以下简称《串音》）等。其中，《新闻执政》与《串音》获得了美国政治科学学会政治传播分部的多丽丝·格雷伯奖。

20 世纪 80 年代中期，当库克开始研究新闻媒介在国会运作中的作用时，政治科学文献中几乎没有描绘新闻媒介对政府各个分支机构运作的影响的作品。除了个别一线新闻记者和政府工作人员回忆录式的著作①，很少有人认真思考政府和媒介之间的关系。在这种背景下，库克开始研究新闻媒介对美国政治制度和政策结果的影响，并将媒介置于政治环境中加以审视。可以说，库克是"第一代非常严肃地将媒介视为（政治）游戏中重要参与者的年轻政治科学家。……蒂莫西·库克在正

---

① 如利奥·罗斯顿的经典著作《华盛顿特派记者》、利昂·西加尔的《记者和官员》和道格拉斯·卡特（Douglass Cater）的《政府的第四部门》。

确的时间、正确的地点，研究了美国政治制度下的新闻媒介，并且，由于他的作品引起了人们的兴趣，他培养了越来越多的学生追随他的脚步"(Kumar，2007)。

库克对美国政治制度和媒介之间的联系的理解来自他的亲身经历和学术训练。库克曾在华盛顿特区加入了为众议员唐纳德·皮斯（Donald Pease）办公室服务的美国政治科学学会，通过一年的参与式观察实践，他看到了新闻媒介在众议院议员生活中所扮演的角色。通过对记者与他们所报道的众议院成员之间关系的观察，他意识到这两者之间是一种合作关系，而不是敌对关系。当他把对新闻媒介和国会的合作关系的理解应用于观察新闻媒介与包括总统在内的其他机构的关系时，他看到了类似的合作关系。

在观察政府与媒介之间的关系时，库克发现了新闻媒介作为一种制度的运作方式。在《新闻执政》一书中，他还注意到媒介独特的一面："不确定性的压力和专业主义的兴起也促使新闻媒介，甚至是那些跨传播模式的新闻媒介变得相似。这样，我们认为新闻媒介不仅是通常意义上的组织或机构，而且是一种统一的、非常独特的制度。"(Cook，1998，p. 15)

二、作为政治制度的新闻媒介

鉴于新闻媒介和新闻记者拥有的政治权力，库克认为，对媒介的研究存在一个关键的空白：缺乏一个综合的、跨学科的模型来解释新闻媒介在美国政府执政过程中的政治作用。《新闻执政》一书的一个目标是提供一个清晰的模型，说明新闻媒介已经成为一个对宪法规定的联邦政府中三个部门的运作至关重要的协调性中介机构。

(一) 为什么不称新闻记者为政治行动者

在引言部分，库克表示，他更感兴趣的是发展而不是检验新闻媒介作为一种制度的经验主义理论。库克认为，一方面，理论的发展是必要的，因为在狭隘的政治传播领域中，人们主要关注的是媒介的效果，而忽视了研究效果的含义。另一方面，社会学家和批判理论家一直将媒介视为一种制度，但没有强调它在政治治理中的作用，而新闻记者也历来不鼓励别人把他们看作政治角色，事实上他们也不会从政治角度看待自己。库克对将新闻媒介视为一种政治制度感兴趣，但他尤其关注新闻媒介是否具备协助民主治理的能力以及基于民主的问责机制。

(二) 美国新闻媒介的政治化历程

该书的第一部分从梳理历史事件的视角出发对新闻业与政府关系的演变过程进行了思考。库克认为，美国新闻业的发展一直与各种形式的政治赞助、补贴和保护紧密相关。库克一丝不苟地追寻支持他理论的证据，同时也带领读者展开了一次社会科学之旅。

直到 19 世纪中期，美国的报纸都是由政党和印刷合同赞助的，同时，作为赞助的一个方面，报纸还可以获得政府官员（权威信源）的支持。合众国初期的政治态势推动了党派性新闻报道的出现，但在 19 世纪下半叶，随着大发行量的大众化报纸的兴起，新闻报道变得更加商业化，也不那么注重意识形态了。广告商取代了政党，为报纸提供经济支持。随着华盛顿记者团的壮大，新闻生产的过程也发生了变化。

合众国初期的报纸可以得到邮政补贴，而今天，媒介的发展得益于各级政府设立的众多的政府公关部门的支持。到 19 世纪末，政府官员们已经意识到，与新闻媒介的合作使他们拥有了对最终的新闻产品施加影响的机会。于是，由政府公关部门收集并提供的官方信息，使美国的新闻成为官员与新闻工作者之间密切合作和制度化的产物。因此，库克认为，美国政府一直在扶助新闻业的发展。从电报到互联网，传播技术的不断创新极大地推动了当代新闻业形态的变化，与此同时，政治因素在这一变化过程中的贡献被忽略了。

(三) 作为政治制度的媒介

在该书的第二部分，库克借助制度主义的跨学科理论，对新闻媒介如何满足"制度"的社会科学定义以及如何作为一个特定的社会制度发挥政治治理作用进行了系统的分析。库克概括了制度的三个特征：具有广泛的社会认同的行为模式包含程序、惯例和假设；这些程序、惯例和假设跨越空间并随着时间的推移而延续；其目的是管理一个社会部门。在这个定义的基础上，他得出了一个有说服力的结论：新闻媒介是一种制度。

尽管库克认识到记者并不愿意被归类为政治行动者，但他认为政治影响着现代新闻生产的日常惯例是一个事实。日常截稿时间的压力促使记者不得不习惯性地依赖官方消息这种狭窄的消息来源，越来越多擅长与媒介打交道的官员则试图将精彩的新闻采访同期声提供给记者们。上述种种因素导致了主流新闻媒介产品的同质化，缩小了新闻报道的选题范围。

同时，新闻业中普遍存在的客观性神话也掩盖了新闻消息的常规来源，以及随之而来的关于什么人和什么事能构成"新闻"的被人们默认和不加批判地接受的程序、惯例和假设。诸如此类的对新闻制作流程和新闻定义的理解在不同的组织（印刷和电子媒介）中是一致的，且随着时间的推移继续保持一致，由此导致了现代新闻媒介的政治属性以及新闻中存在的各种偏见。

在试图确定新闻媒介是否有助于组织美国的政治活动时，库克认为，新闻媒介通过加强官员的政治权力或为其提供资源，为他们的政治活动提供了支持，并影响着公众对官员权威性和可信性的判断，从而为社会价值的权威性分配（authoritative allocation of values）① 提供帮助。当政治报道模式变得常规化，新闻采访中固定的条块分割模式将消息源限制为"官方信源"，新闻媒介主要关注政府官员的活动、想法、关注的问题和政治行动时，新闻行业中最大的政治偏见就产生了。新闻机构的这种结构性偏见是很危险的，因为政府官员为了利用媒介达到政治目的而刻意改变自身的行为：他们学会注意说话的语气语调（便于被媒体直接引用），使用夸张的戏剧性言辞。

此外，"收视率大战"背后的经济压力也是新闻报道中娱乐成分不断增加的原因。商业压力影响了新闻业对新闻故事的选择偏好，比如，

---

① 美国政治学家戴维·伊斯顿（David Easton）将政治界定为"价值的权威性分配"。这也意指政府通过对效益、酬赏或处罚的分配来回应社会压力的各种过程。

戏剧化和个性化的新闻故事使其他内容被边缘化，那些不能让媒介盈利的合法消息来源面临报道不足的风险。同时，对时效性的追求导致了新闻的碎片化，使得公民很难理解复杂的问题或将之与过去的事件建立联系。

(四) 宣传执政

在第三部分中，库克探讨了新闻媒介是如何成为政治进程的一部分的。库克指出，政客和官员利用信息宣传来制造新闻、吸引其他决策者的注意、制定议程并帮助说服其他人采取行动。因此，所有政治机构的管理和宣传之间都存在着联系，新闻媒介使政治家能够间接地实现其政策目标。

库克以美国联邦政府的三个部门为例，说明了总统、国会和最高法院如何制定媒体战略，以克服自身在美国三权分立体系中的核心弱点。政治家和官员会改变他们的行为和策略，利用新闻媒介来实现他们的政策目标和职业野心。库克总结道，新闻媒介是华盛顿特区的一个中间政治机构，在实现分权制度所期望的目标方面发挥着至关重要的作用。

(五) 第一修正案与第四部门——需要重新设计的新闻媒介政策

该书的结论部分论证了新闻媒介是否有助于政府执政。库克认为，新闻业的需求不一定契合社会在政治和决策方面的需求。为了获取广告利润，新闻媒介已经把公民降格为消费者。政府官员依靠新闻的协助执政，但公民几乎没有权力要求新闻媒介对新闻报道的内容负责。

库克坦言，新闻媒介没有能力充分参与政府治理，新闻媒介既扮演不好政治角色，也无法承担政治责任。此外，新闻业也缺乏类似其他政治机构的问责机制。他建议美国政治界减少对新闻媒介的依赖，并呼吁就需要什么样的新闻以及如何获得新闻展开更多的辩论。当前的这种大杂烩状态为政治家和新闻媒介双方带来了利益，但是与民主体制需要什么样的信息这一哲学问题相去甚远。

库克研究了几种可以最大限度地减少媒介偏见对政府治理的影响的方法，其中，重点是运用新技术和专业主义提升新闻从业者的能力。最后，他选择了最具可行性的法律和政治手段。库克指出，最近的法院裁决强调了对第一修正案的解释，重点是公民的"知情权"。他提议制定一项连贯的媒体政策，包括增加对新闻机构的补贴、使公民最大限度地获得新技术，以及使政治行动者在与公众交流时绕过新闻机构等内容。

在该书结尾处，库克转述了约翰·亚当斯在 1815 年引用过的一段话："……对新闻业的监管是人类必须解决的最困难、最危险、最重要的问题。治理人类社会既离不开新闻业，也不能完全依赖新闻业。"（Cook，1998）库克使用这句引语来说明，美国一直在努力地解决这些问题。除非公民、政治家和新闻从业者共同制定判定新闻的新标准，并确保不同收入群体的人都能获得高质量的信息，否则传播技术的任何突破都不会改变"新闻"的现状。

三、新制度主义与新闻生产研究

库克曾对媒体发表的一段评论颇具启发性。他说："在传播学研究中，大众媒体是因变量，而不是独立变量。"（Perlmutter，2006）库克的贡献就在于，他把注意力集中在政治因素上，正是这些因素促使新闻机构形成了目前的组织结构，占据了在政治舞台上的地位。已有的关于现代新闻生产机构的研究过分强调了经济和技术的发展。库克的一个强有力的论点是，现代新闻制作的惯例和新闻的本质受到新闻媒介和政府之间持续的共生关系的影响，同时也受到新技术和商业考量的影响。

库克的研究鼓励我们将新闻制度视为宏观层面的影响因素对个体新闻记者的微观行为施加影响的关键中介物，要求我们仔细思考这些制度随着时间的推移在塑造新闻记者行为时表现出的黏性特质。其后，斯派罗、理查德·凯普兰（Richard Kaplan）等人的研究也建议人们仔细思考新闻业的制度性实践的历史轨迹：制度出现的时间和顺序，它们在新闻机构之间扩散和再生产的机制，对它们的时段划分和它们的演变。于是，借助库克等人为新闻业的理论研究提供的新的见解和研究方向，新制度主义（New Institutionalism）[①]的制度分析路径开始进入对新闻生产的研究。

新制度主义对新闻生产的分析在宏观社会层面上强调社会建构，提出独立的、界限分明的新闻媒介足以被视为一种制度，发挥着调节其他社会领域的活动的作用，虽然这种制度嵌入了各种权力领域以至于它们的独立受到了高度制约。同时，作为组织的新闻编辑部也不是一个功能性的自治组织，不能独立、理性地挣脱经济效率的束缚，而是嵌入了更广阔的社会领域或社会部门，反映了所处环境的权力分配格局和文化规范。于是，作为一种制度的新闻媒介，通过各种规则（规范）来协调新闻生产，当这些规则在组织场域中系统化，就变成了常规的、被不断重复的、下意识的思考方式。新制度主义者认为它们构成了体制，一个由相对稳定的、趋同化的规则组成的体系，在组织环境中形成了理所当然的制度结构（Ryfe，2006）。

将新制度主义的思考模式应用于对新闻生产的研究，寻找并发现作为一种制度的新闻媒介在发展过程中的各种关键节点及其时序划分就变得尤为重要。在制度出现之前，个体生存在不确定的状态中，他们不知道该如何继续前行。在这种状态下，他们在与其他人的斗争中发展、维护和传播了制度规范，这些斗争的进行代表了制度建立中的一个关键节点，而不同的关键节点发生的先后顺序又进一步对新制度的构建和变迁发挥着制约或激励的作用。

库克在其研究中提出，美国的媒介体系从其创办者开始接受并资助独立的商业化新闻媒介时起就形成了。其他学者则提出了另外一些关键节点，包括便士报的兴起、19世纪90年代大型的商业化城市日报的成长、第三类党派体系的消亡、进步运动的出现、1934年《联邦通信法案》的实施、20世纪七八十年代跨国公司的繁盛，等等（Ryfe，2006）。这些都被视为美国新闻业发展过程中具有重要影响的关键节点。

---

① 关于新制度主义的英文表述有两种，一为"New Institutionalism"，一为"Neo-Institutionalism"，它们分别代表了经济学中新古典经济学和制度经济学所发展的制度分析研究传统。

现代新闻业的制度特征使其与政府更加亲近。只有政府才能为新闻机构提供可靠的信息。新闻业与政府的亲密关系也使得政府提供信息相对方便。确实，由于自身的宣传需要，政府对向新闻机构发放咨询津贴也非常感兴趣。最终，政府给新闻业披上了合法的外衣。制度主义者认为，由于新闻业与政府的密切关系，新闻业成为一个重要的政治角色。

四、评价与反思

《新闻执政》一书颠覆了新闻学界对新闻业演进历史的传统描述。在大多数新闻院校讲述的有关新闻业的发展历程中，新闻业脱离了政党的庇护，获得了商业上的成功，打赢了反对审查制度的光荣战斗，成为一个独立自治的职业——不受政治影响，但随时监督政府，向受众传达有关政治的各种信息。库克却讲述了一个完全不同的故事。从一开始，政府就帮助创建了美国公众所关注的新闻业。最初，政客们把报社作为政党的机关来赞助。后来，他们通过优惠的邮政费率和有利的立法政策对新闻产品进行补贴。今天，大批政府公关人员为新闻报道提供原始的（或者更准确地说，简化的）素材，政府办公室已经成为报道新闻热点的天然场所。

此外，虽然人们担心媒介会对政治施加影响，但很少有人注意到记者也是政治行动的参与者，是治理体系的一部分，扮演着提出问题和解决问题的工具性角色。正如库克所观察到的，记者们努力工作以阻止人们将他们视为政治角色。而且因为记者秉持客观、公正、平衡、中立的报道原则，所以他们通常被视为独立、公正的观察者，代表公众利益，监督政府，陈述事实。然而，正是这些新闻业的日常惯例使得不同的传媒公司和新闻编辑室生产了大量的趋同性报道。记者可以选择报道什么，但这样的选择大部分是由整个新闻业做出的。甚至对于新闻价值的判断，也是政府官员和记者之间协商的结果。官员们制定了议题准入的条件和规则，将某些事件和问题指定为重要事件。记者反过来决定一个事件是否足够有趣、可以报道，该事件处在什么背景下以及在新闻中的重要性如何。在一系列持续而又含蓄的谈判中，诸如谁控制议程、可以问什么、在哪里问、如何问，以及合适的答案是什么等问题得到持续的讨论，官员和记者共同为这个国家的政治和新闻注入了活力。

库克的论述是有理有据的，《新闻执政》一书四分之一的内容都是注释与参考文献。1998 年该书首次出版时，诸多书评就称赞这本书影响深远、雄心勃勃，对政治传播领域做出了重大贡献。理查德·布罗迪（Richard Brody）指出，《新闻执政》一书的目的在于重塑我们对新闻媒介在美国政治进程中所扮演角色的看法。考虑到这项任务的雄心壮志，库克教授已经取得了显著的成功（Brody，1998）。詹姆斯·M. 卡尔森（James M. Carlson）则认为，《新闻执政》一书为学者们思考新闻媒介的方式做出了重大贡献，尤其是引发了人们对媒体的能力和责任问题的关注（Carlson，2000）。戴安娜·欧文（Diana Owen）评论说，库克雄心勃勃的计划在很大程度上修正和澄清了媒体在政府执政过程中所扮演的传统角色……他建立了一个模型，详细说明了媒介行使制度性政治权力绝非易事（Owen，2007）。

与此同时，人们对这本书的基本观点——媒介是一种政治制度——展开了辩论。布罗迪直言不讳地指出，库克重塑媒介角色的核心在于将新闻媒介视为"政治制度"。库克确信，新闻媒介在创造新闻时遵循的规则和程序是随着时间的推移而演变和延续的，而这些规则和程序又凌驾于构成媒介的组织之上。换句话说，尽管媒介是复数名词，但它仍然是一种统一的制度。但这个制度是政治性的吗？也就是说，媒介是否参与了价值的权威性分配的过程？不可否认的是，新闻媒介在美国政治中的作用在过去的 40 年里变大了。但是，为了充分认识这一事实，我们需要把媒介当作一种政治制度来对待吗？此外，在《新闻执政》中，库克几乎完全没关注那些最依赖媒介的人，即普通公民。受媒介影响的公民是不是一种"政治制度"？大量的研究呈现了新闻实践是如何通过影响新闻内容来改变和限制公众对美国政治的理解和反应的。如果我们采用库克关于新闻媒介的观点，我们是否会对这些研究有不同的看法，并改变我们对民主政治中媒介力量的看法？

2005 年，库克在其新版的《新闻执政》增录的后记中，为该著作中最具争议的观点——媒介是一种政治制度——进行了辩护。库克认为，尽管涌入了新的媒体资源，并且新闻的窄播有所增加，但渠道的多元化并不一定会催生同样广泛的新闻产品和观点。此外，尽管有新媒体的存在，游戏规则基本上仍然是新闻媒介和政府行为者需要谈判的问题。很可能出现的情况是，新媒体的加入和新兴的公民自由主义将使新闻媒介成为政府执政过程中更加不可或缺的组成部分。虽然公民在线新闻网站等平台可以提供另一种制度化的世界观，但它们的声音往往被制度化的媒介所掩盖或同化。此外，所有机构都有自己的局外人和吹哨人，而这些新媒体可能会扮演这一角色。也有可能，媒介系统正在发生根本性的变化，新闻媒介-政府关系的修正模式的出现是不可避免的。

（叶青青　上海对外经贸大学）

参 考 文 献

Brody，R. A.，"Book Reviews," *Public Opinion Quarterly*，1998（4）.

Carlson，J. M.，"Book Reviews," *Rhetoric & Public Affairs*，2000（1）.

Cook，T. E.，*Governing with the News: The News Media as a Political Institution*，Chicago：University of Chicago Press，1998.

Kumar，M.，"Timothy E. Cook：1954—2006," *Political Communication*，2007（3）.

Owen，D.，"The Institution of the Media：Tim Cook's Legacy to Scholars and Students of American Government," *Political Communication*，2007（3）.

Perlmutter，D. D.，"The Legacies of an Exemplary Career," *The Chronicle of Higher Education*，2006（4）.

Ryfe，D. M.，"The Nature of News Rules," *Political Communi-*

cation，2006 （2）．

拓 展 阅 读

Kaplan. R. L. , *Politics and the American Press：The Rise of Objectivity*，*1865-1920*，Cambridge：Cambridge University Press，2002.

Sparrow，B. , *Uncertain Guardians：The News Media as a Political Institution*，Baltimore：Johns Hopkins University Press，1999.

罗伯特·哈克特、赵月枝

《维系民主？西方政治与新闻客观性》

新闻理应客观、理应推动民主的发展，这是西方新闻学界的一个非常鲜明的立场，西方发达国家的新闻业也被许多人视为理性、民主的标杆。然而，哈克特和赵月枝的《维系民主？西方政治与新闻客观性》（以下简称《维系民主?》）一书，从马克思主义的阶级立场出发，向我们展示了西方新闻业在客观、民主的面具之下的虚伪真相。

一、成书背景

罗伯特·哈克特（Robert Hackett）于 1983 年获得加拿大皇后大学政治学博士学位，现为加拿大西门菲沙大学传播学院教授。他的主要研究分布在新闻学、政治传播学、新闻内容分析、新闻体制与民主等领域，出版有《新闻与异议》(1991)、《消失的新闻》(2000)、《全球媒体的民主化》(2005)、《重建媒体》(2006) 等著作。1984 年，哈克特发表论文《范式的衰落？新闻媒体研究中的倾向性和客观性》，对研究者使用客观性和倾向性作为新闻评价标准的局限性进行了反思。此后，他又进一步研究了西方新闻业中新闻客观性实践与系统倾向性共存的现实问题（哈克特、赵月枝，2010，序言，p.21）。对新闻客观性问题的长期兴趣，使得哈克特与赵月枝有了就此议题进行合作的基础。

赵月枝曾任加拿大西门菲莎大学传播学院教授，现为清华大学新闻与传播学院教授。她的主要研究领域包括传播理论与社会理论、传播政治经济学、国际传播、传播政策、文化产业、传播技术与社会发展，等等。赵月枝的主要著作包括《全球传播：迈向跨文化的政治经济学》（2008）、《中国传播：政治经济、权力与冲突》（2008）、《传播与社会：政治经济与文化分析》（2011），等等。根据赵月枝的自述，早在 20 世纪 80 年代，她就对西方新闻模式及其适用性，尤其是独特的、自相矛盾的西方新闻客观性概念产生了浓厚兴趣，由此开启了对西方新闻客观性的研究之旅（赵月枝，2008），并于 1998 年出版了与哈克特合作的《维系民主？》一书。

该书的两位作者虽来自不同的国度，有着巨大的文化背景差异，却在《维系民主？》中就有关民主与新闻的问题达成了某种共识。在两位作者的论述中，"新闻客观性"被理解为一种新闻制度和新闻文化的形式（哈克特、赵月枝，2010，中文修订版序言，p.7）。他们在"新闻客观性体制"这一分析框架下，剖析、解读了新闻客观性与北美传媒制度背后的政治经济和社会文化的关联，此种研究思路一定程度上打破了此前学界只讨论"新闻是否客观"或"新闻能否客观"的研究局限。具体来说，在《维系民主？》中，哈克特与赵月枝以新闻传播理论、传播政治经济学和传播社会学为基础，引入了福柯的权力/知识理论、文化研究理论和话语分析方法，从新闻制度与北美民主政治制度关系的角度出发，分析、评价了西方新闻客观性的理论及实践。两位作者对新闻客观性体制的诠释中，既有理论层面的思辨，又有大量史实的佐证；既有北美政治势力对新闻客观性的操纵，也有商业势力对新闻客观性的挟持；既有新闻从业者对客观性的依附或反叛，又有受众与各种社会势力对客观性的拒斥或采纳。虽然两位作者在书中采用的具体实例大多来源于加拿大，但其立论和分析均观照了"整个英美传播制度与社会政治经济文化的传统和现实"（哈克特、赵月枝，2010，中文修订版序言，p.7）。此外，贯穿该书的民主与多元意识，不但能够启迪读者跳出非此即彼的一元论思维定式和方法论，还有助于读者认识和理解 20 世纪末北美（西方）的新闻制度和新闻实践。

二、《维系民主？》的主要内容及观点

（一）西方新闻客观性的起源与演变

《维系民主？》一开篇，哈克特与赵月枝即强调，北美新闻实践"在20世纪的大部分时间都受我们称之为客观性体制的制约"（哈克特、赵月枝，2010，序言，p. 13）。二位作者认为，利益集团、社会活动家和政客通过对媒体客观标准的运用来实现对公众议题的协商，以维持所谓的平衡；新闻从业者把客观性理念作为提高自身职业地位的有效资本；无论是在北美的成文法规还是在不成文的新闻政策中，新闻客观性都被赋予了合法的地位。作为话语体制的客观性，不但融入了主流媒体的技术机构、政府管理过程、政治及法律体系，还与民主、公共责任、公共生活以及公众利益等问题有着割舍不断的联系。

在该书第一章，作者以对欧美现代新闻史的梳理为主要内容，清晰地论述了新闻客观性与欧洲启蒙民主话语，英美加的早期劳工新闻与商业新闻之间错综复杂的意识形态关系和组织结构渊源。在两位作者看来，通俗商业报纸（便士报）的出现，预示了现代新闻客观性体制的形成——报纸必须独立于党派斗争；而19世纪末期的西方劳工报刊，则"采纳了启蒙时代民主话语以及它的普遍化语言……这一普遍化的观点实际上可以被看成是新闻客观性的原初形式"（哈克特、赵月枝，2010，p. 7）。进入第二章后，哈克特与赵月枝又详细地讨论了新闻客观性理念的演变过程。报刊产业中电报、通讯社的出现，以及摄影和照相刻板等新技术的发明，推动了以未经润饰的事实作为正确判断基础的事实观的形成。此后，新闻写作中倒金字塔结构的发明，则更为显著地影响了这种"朴素现实主义事实观"的发展。然而，第二次世界大战时期法西斯的宣传方式，却逐渐使人们意识到以"表面现实主义"为主的宣传手段的强大负面影响。20世纪60年代，以新闻客观性吸纳主观性为特点的"新新闻"报道形式出现，传统的事实观念深受冲击。受电视技术的普及和"水门事件"的影响，"批判性新闻"（critical journalism）、"调查性新闻"（investigative journalism）、"名流新闻"（celebrity journalism）等以"实证主义"为内核的"新新闻"陆续登场，原有的实证主义主张最终实现了向"万事终有真理"的现实主义主张的转变（哈克特、赵月枝，2010，p.22）。可是，这种在解释性报道基础上的对旧式的客观性理念的"修正"，实际上却并没有那么"完美"。此外，强调批判性、反叛性的新闻也在20世纪60年代应运而生，但在两位作者看来，这些变化都不是新闻媒体典型的日常活动，这些实践要么已经衰落，要么被限制在边缘地带而日渐式微（哈克特、赵月枝，2010，pp.24-28）。

（二）作为体制的西方新闻客观性

"演变归演变，怀疑归怀疑，挑战归挑战，新闻客观性作为新闻专业主义的理想或追求，始终是人们评判新闻工作的原则——这是《维系民主》首先要证明的一条结论。"（陈力丹、王亦高，2006）为了论证他们的观点，哈克特与赵月枝在书中提出了"新闻客观性体制"这一概念，并在第三章中进一步指出，新闻客观性与西方社会的商业、政治之间存在一种"机制化"的逻辑。基于此种假设，他们先后列举了加拿大报业集团的商业扩张，以及国家借"客观性"话语体制使客观性同政治需要"合二为一"等实例，来阐述"维系客观性为何是一桩划算的买卖"（哈克特、赵月枝，2010，p.44）。在他们看来，客观性可以较好地解决媒介与社会，特别是媒介与政府、人民之间的关系问题，同时，又可以遵循"成本最优化"的商业驱动逻辑，还可以成为新闻从业人员抵御批评和"逃脱责任"的一种"策略仪式"（哈克特、赵月枝，2010，p.218），因此，西方社会"维系民主"的所作所为才具有足够的价值。也正因为如此，新闻客观性才能在短短百年间受到西方社会的推崇，最终还被冠以"神格"，被称为"不死之神"（a god that won't die）。

那些试图弥补北美新闻业缺陷的运动，始终没能罢黜客观性体制的权威地位，而那些强调主观性的新闻，最终也不会在主流新闻范围内占有一席之地（哈克特、赵月枝，2010，p.33）。在两位作者的论述中，第四章所强调的"作为体制的新闻客观性"概念，是揭开新闻客观性"神秘面纱"的关键。作为"体制"的新闻客观性，为不同的社会、文化团体提供了在一定程度上进入公共领域的机会，尽管这种机会可能是不平等的。在这一过程中，客观性也被逐步异化成了一种协商新闻内容的资源。"不管这一宣称（客观性）多么具有欺骗性，试图影响媒体的内容或结构的利益团体，如果不是言不由衷地宣布接受新闻客观性的各种原则就不可能获得发言的机会。"（哈克特、赵月枝，2010，p.59）事实上，一则新闻越是"客观"，那么它成为官方机构纯粹的传声筒的可能性也就越大（哈克特、赵月枝，2010，p.51）。在论述新闻客观性"体制"时，哈克特与赵月枝分析了平衡报道中在消除社会恐慌时存在的内在的"不平衡"现象、客观平衡辞令背后的社会斗争问题，还系统地归纳了客观性的多层次范畴：第一，客观性是一种规范性的目标或道德准则；第二，从认识论的角度出发，客观性是一套对知识和现实世界认知的假定；第三，客观性体制也是一套采写新闻的实践和"统一的技术标准"；第四，新闻客观性还可以在具体的社会结构中以种种机构化了的形式体现，它可以适应一种机制化的逻辑并在特殊的机构框架中运行，在运行过程中做出能动的反应，主动地参与对机构框架的构建；第五，客观性也是有关新闻的公众话语中的活跃成分，是受众对新闻期望的共识的组成部分（哈克特、赵月枝，2010，pp.56-57）。

上述五个层面的概括共同建构了一套完整而周延的"体制"的概念（陈力丹、王亦高，2006），这五个角度看似孤立，事实上却互相依存、难以分割。前两个角度都把真实性视作新闻客观性的首要因素；而第三个和第四个角度的共同点是强调把新闻客观性看作一种形式、结构，譬如在新闻采编的过程中，北美的传媒往往会形成一套特定的"客观性"采写标准，并且在传统的新闻媒体机构中，新闻客观性的原则还制约着彼此独立、不得混岗的采编部门与广告部门的内部构成；最后一个角度，进一步表明了两位作者对受众的重视，他们认为，受众在批评记者或新闻报道存在偏见时所采用的"客观性"标准，在严格意义上已经有了将客观性理念与形式相融合的意味。正如有书评作者所言，事实上这本书对于新闻客观性的理解，一方面强调了"客观性是真实与客观形式的统一"，另一方面又突出了一种多元化的思维方式的改变。我们以往在探讨客观性时，往往容易陷入对"形式"或"真实"任一方面过分重视、各执一端的误区。相比之下，《维系民主?》对于新闻客观性的理解显然更为科学和全面，也更有说服力（陈力丹、王亦高，2006）。从更为理论化的视角来看，《维系民主?》在理解西方新闻客观性时，对"体制"（Regime）这个概念隐喻的辨析，则体现出一种跳出二元对立思维局限的尝试。书中的"体制"概念，早已被用于人们的日常表达、文化研究以及政治经济学研究，法国哲学家米歇尔·福柯的"话语性体制"也表达了类似的含义，英国社会学家苏格特·拉什（Scott Lash）有关"意义产生体制"的概念也与此相关。哈克特和赵月枝两位作者在已有用法的基础上，对这个概念隐喻进行了比较与扩充，试图指出在新闻与社会政治权力之间存在着不可避免的联系（哈克特、赵月枝，2010，序言，pp. 17-18）。

哈克特与赵月枝不止一次地在书中强调，他们并不是对福柯的思想和观点"赶时髦"（哈克特、赵月枝，2010，序言，p. 18），而是在做一种立足于多维现实来考察西方新闻客观性实践与现状的尝试。在使用"体制"这一隐喻的过程中，他们进一步肯定了其背后存在的三种特性：首先是"话语性体制"相对于外在力量的独立性。新闻是一种共享的文化形式，媒介所有者或实权人物不能随心所欲地操纵它，但新闻客观性又并不是一种自生的、完全自由的论述，它确实有其生存的物质条件，存在于不同的社会和政治经济环境之中。其次是新闻与权力背后复杂的关联性。在两位作者看来，作为一种文化和社会机构的混合体，客观性体制不仅促进，同时也管理、约束、控制着公众知识的生产，但是，权力又不是简单地分散在社会里，很多权力关系是通过社会关系与体制获得的。基于此，权力与新闻客观性之间的联系亦十分复杂，在一定条件下甚至会对整个国家的政治造成影响。最后则是"体制"隐喻本身的历史优势。哈克特与赵月枝指出，任何一种体制都不可能是对事物自然规律的一种永恒的、超越历史的演绎，也不是一个转瞬即逝的现象，因而"客观性体制并非昨天刚刚诞生，但它也不会持续到永远"（哈克特、赵月枝，2010，序言，p. 19）。上述对三种特性的归纳，足见两位作者对于新闻"客观性"体制的关注是从一个新的视角出发的。将新闻客观性作为一种体制来理解，在一定意义上指向了反思有关西方政治经济与新闻客观性之间复杂的权力关系和话语建构的问题。

（三）新闻客观性体制的"危机"与"民主救世主"

除了对西方新闻客观性的历史演进与"体制"隐喻的分析外，《维系民主?》的后半部分还在其他层面（哲学、政治、经济等）对新闻客观性的意义与局限展开了论述。在第五章中，在哲学认识论的层面上，作者认为西方新闻客观性的产生与实证主义认识论的发展关系密切，且其自产生之日起就始终受到因袭主义认识论者的广泛批评。在厘清诸多历史争议的基础上，哈克特与赵月枝犀利地指出了在实证主义、因袭主义认识论和后现代主义"现实的海湾"等观念的影响下出现的新闻公共哲学的问题，并提出了"批判现实主义"的主张。此外，在《维系民主?》的第六章，作者还着重分析了新闻客观性被右翼的新自由派所劫持，成为市场自由主义传声筒的内在动因。他们举例说，在加拿大，对代表市场自由主义观点的弗雷泽研究所及其研究成果的报道，频频出现在主流报纸的头条，而有关左翼另类政策研究中心的报道却寥寥无几（哈克特、赵月枝，2010，p. 115）。在这一过程中，右翼的观点随着新闻媒体的报道成为主流和客观的观点，而左翼的观点被视为"异端"（哈克特、赵月枝，2010，p. 107）。由此可见，市场自由的观点之所以更容易进入媒体，和它们与精英集团间的亲缘关系，以及对商业逻辑的维护有着很大的关系。在哈克特与赵月枝看来，西方新闻的客观性体制与自由民主的平衡模式（竞争的、精英的统治论）紧密相连（哈克特、赵月枝，2010，序言，p. 14）。在一定意义上，正是新闻客观性体制的僵化和它对"异端"思想的边缘化，使其作为一种非常保守的意识形态发挥作用，进而引发了新闻作为潜在民主传播形式的危机。近年来经济和技术的发展，又使得作为制作新闻框架的客观性理念本身陷入了危机（哈克特、赵月枝，2010，序言，p. 23）。

在第七章的论述中，作者认为北美自由民主的资本主义制度以及与此相关联的新闻客观性体制面临着危机，而传统的自由主义新闻传媒理论规范性的核心概念，如新闻自由、新闻对政治权力的监督、新闻媒介作为信息的提供者、新闻舆论市场上的"消费者至上"等概念，已无法为摆脱危机和进行制度创新提供新的思想资源。换言之，新闻业不论如何客观，也必然要臣服于商业主义、自由民主或是其他的东西，新闻业是不能选择不要原则的，它只能选择它的原则是否被公开承认（陈力丹、王亦高，2006）。面对客观性体制的束缚和公共生活的衰退，美国在20世纪90年代兴起了公共新闻运动。它倡导新闻放弃超脱的态度，积极地参与到公共生活中去，使公众通过理性的、有批判精神的公共讨论来达到自治。此外，随着赛博空间和另类媒体的崛起，这些新的变化能否成为拯救西方民主的"救世主"呢？在第八章，两位作者对"客观性体制的替代方案"进行了考察，并认为它们本身仍存在局限性。在该书的结论部分，哈克特与赵月枝辨析了"公共传播""可持续民主"的可能性，进而提出了"怎么办"的问题，试图通过聚焦北美传媒民主化的技术资源和传媒业内外部的社会运动等提供一种可能的方案。尽管作者也指出了20世纪末客观性体制外部变革的不切实际以及内部变革的"身陷囹圄"，但他们似乎仍对"媒介民主化工程"抱有一定的期待，认为乔治·格伯纳所说的媒介民主化虽是"不可能的"，但在两位作者看来，这一工程亦必须被实施（哈克特、赵月枝，2010，p. 179）。

三、评价与反思

新闻客观性原则作为新闻专业主义的核心，在其发展进程中已经被众多的学者讨论，并被从不同角度加以批评。自从在劳工报刊普遍话语的基础上融入市场逻辑的便士报兴起以来，新闻客观性的理念便在随后百年间成为西方新闻业中无可取代的价值准则。然而，进入20世纪60年代后，西方社会运行的民主制度屡遭质疑，与其息息相关的新闻客观性理念也成为众矢之的。20世纪晚期发生的诸多重大事件，亦令西方民众眼中打着维护"公众利益"旗号的新闻业信誉受损。在很多民众与研究者看来，掌控"客观"背后的资本运作与权力关系，才是资本家和当权者的真正目的，新闻媒体已沦为当权者垄断资源和影响人心的统治工具。此外，后现代主义和后结构主义观念的兴起，也在另一维度上对新闻客观性理念造成了冲击，它们把关于语言中介与构建现实的争论提高到了一个令人眩晕的高度（哈克特、赵月枝，2010，p.85），并对关于西方新闻客观性的基础概念进行了批驳，认为"有一个客观、真实的对事物记述的概念是虚幻的"（转引自哈克特、赵月枝，2010，p.87）。但不论是遭受质疑或面临变革，直至今日，西方（尤其是北美地区）民主社会中新闻客观性的地位始终难以被撼动。

　　早期有关新闻客观性的讨论，主要聚焦于"新闻能否客观"或"新闻是否客观"这些常规话题。20世纪70年代，第一波有关新闻编辑室的研究兴起，代表人物盖伊·塔克曼、马克·费什曼和赫伯特·甘斯等人着重从新闻组织的角度考察了编辑部内部复杂的新闻生产过程，进而在认识论和操作层面上质疑了新闻客观性。除了新闻社会学的研究路径，美国学者迈克尔·舒德森的经典著作《发掘新闻：美国报业的社会史》从社会观念史切入，对美国新闻业"客观性"理念的诞生及其发展过程进行了考察。此外，还有学者在新闻操作的层面对新闻采集方式的客观性进行了否定，如戴维·莫利（David Morley）对"新闻客观"的批评。莫利强调："能够用来毫无偏见地记录纯粹事实、价值中立的语言是不存在的。因为价值观早已暗含于个体借以观察与记录的概念和语言之中。"（Morley，1976）最后，就是以《维系民主？》为代表的政治经济学批判的路径，基于新闻与民主的关系论述媒体所受到的政治或经济利益集团的影响。

　　与前述几种研究路径相比，哈克特与赵月枝在《维系民主？》一书中的分析视野更为宽广，虽从"体制"这一较小的概念隐喻切入，但综合了新闻发展史、新闻生产、哲学认识论、传播政治经济学等领域的研究成果，形成了其独特的批判性分析。在研究路径上，兰斯·班尼特所著的《新闻：幻象的政治》与《维系民主？》虽同属政治经济学视角的批判性著作，但两者批判的核心存在显著差别。《新闻：幻象的政治》主要着眼于阐述政治经济利益集团对媒体新闻生产过程的干预与影响（班尼特，2018，自序，p.7），而《维系民主？》试图在"体制"层面上对新闻客观性与西方政治的关系问题进行剖析，讨论背后的权力关系。正是因为《维系民主？》一书拥有宏阔的理论视野、逻辑严密的辩证式分析，以及对西方新闻业历史演进与当下实践的兼顾等特质，它在出版后引发了学界大量关于新闻客观性问题的讨论。以我国为例，2005 年《维系民主?》的出版，掀起了一个有关新闻客观性的研究高潮。诸多学者对我国或西方的新闻客观性问题进行了系统的研究，涉及的主题主要有新闻客观性操作、西方新闻客观性的内涵、西方新闻客观原则的根源和发展，以及新闻客观性的理论建构等多个层面，该书在研究议题和研究路径上的示范作用可见一斑。

（郭恩强　华东政法大学

杨朝　华东政法大学）

参 考 文 献

Morley，D.，"Industrial Conflict and the Mass Media," *Sociological Review*，1976（24）.

陈力丹、王亦高：《深刻理解"新闻客观性"——读〈维系民主? 西方政治与新闻客观性〉一书》，《新闻大学》2006（1）。

〔美〕兰斯·班尼特：《新闻：幻象的政治（第 9 版）》，杨晓红、王家全译，北京：中国人民大学出版社，2018。

〔加〕罗伯特·哈克特、赵月枝：《维系民主? 西方政治与新闻客观性（修订版）》，沈荟、周雨译，北京：清华大学出版社，2010。

〔加〕赵月枝：《为什么今天我们对西方新闻客观性失望？——谨以此文纪念"改革开放"30 周年》，《新闻大学》2008（2）。

拓 展 阅 读

Zhao，Yuezhi.，*Media，Market，and Democracy in China：Between the Party Line and the Bottom Line*，Champaign：University of Illinois Press，1998.

〔加〕赵月枝：《传播与社会：政治经济与文化分析》，北京：中国传媒大学出版社，2011。

〔加〕赵月枝：《中国传播政治经济学》，吴畅畅译，台北：唐山出版社，2019。

詹姆斯·艾特玛、泰德·格拉瑟

《良知监护人：调查性新闻与公共美德》

20 世纪 70 年代"水门事件"之后，美国媒体的调查性新闻迅速发展，涌现了一批知名的调查记者，大量针砭时弊的调查性报道问世。许多调查性报道具有强烈的对抗姿态和愤世嫉俗的倾向，竞相以发掘政府黑幕为己任，以至于有观察家认为，新闻界对调查报道的痴迷不仅破坏了政府的权威，同时还破坏了真理和共识的权威（Ettema & Glasser，1998，p.66）。本文将要介绍的《良知监护人：调查性新闻与公共美德》（以下简称《良知监护人》）一书的两位作者，就被当时兴盛的调查性报道热潮所吸引。从 20 世纪 80 年代一直持续到 20 世纪 90 年代中期，他们陆续访谈了数十位因调查性报道而闻名的美国记者，邀请他们讲述自己进行调查性报道的选题动机和写作过程。

一、成书背景

《良知监护人》一书由詹姆斯·艾特玛（James Ettema）与泰德·格拉瑟（Ted Glasser）合著，于 1998 年首次出版。詹姆斯·艾特玛现为美国西北大学传播学系荣休教授，主要关注大众传媒与新传播技术的社会组织与文化影响，目前的研究包括媒体对战争的报道以及新媒体对公共事务话语的贡献。泰德·格拉瑟现为美国斯坦福大学传播学系荣休教授，研究领域是媒体的实践和表演，其中重点关注新闻责任和问责制。

调查性新闻是一种颇具影响力的新闻报道类型，专注于揭发被有权势者所掩盖的信息，被誉为"新闻业皇冠上的明珠"。那些被刻意隐藏的犯罪行为，只有被大众传媒报道，才能被普通大众所知，进而推动形成变革的呼声，惩恶扬善，捍卫良知和正义。同时，这些罪行经过大众传媒这一中介而进入公众的意识，变成鲜活的公共记忆被传承下去。

该书的两位作者在与调查记者交流时，发现了调查性新闻的一个悖论：调查性新闻之所以能够吸引读者的关注，一方面是因为它可以揭露错误的行为，谴责社会不公，捍卫公共美德；另一方面是因为调查记者声称自己的话语是客观的社会事实，而非道德评价，会努力摒除个人偏好和价值观的影响（Ettema & Glasser，1998，p. 7）。记者声称的客观报道与报道文本实际展现出的道德评价之间产生了张力。那么，调查性新闻是否可能在不做道德评价的前提之下捍卫公共美德呢？循此问题出发，两位作者展开了探索，通过与当时美国人文学界盛行的反讽理论和叙事理论进行对话，从不同的面向来考察调查性新闻的认识论和道德议题。

二、反讽与调查性新闻的道德悖论

反讽（irony）是贯穿该书的重要理论概念。反讽原本是一个修辞学术语，后来被文学批评界所继承，指的是一个陈述在特定语境中的实际内涵与其字面意义相互矛盾，或者是同时呈现多种意义相互冲突的表达，从而制造出一种独特的反差效果。美国新实用主义哲学家理查德·罗蒂（Richard Rorty）将反讽引入政治哲学的脉络，建构起"反讽的自由主义"的论述。

在反讽主义看来，所有理论都是被社会历史的偶然性所塑造的，不存在可以超越情境限制的道德规范。因此，反讽主义往往被认为与民主理想格格不入，堕入了相对主义的深渊，进而摧毁了人类的团结。罗蒂试图调和自由主义与反讽主义的分歧，他认为，每个人都要意识到他人与自己的不同，不应将自己的价值观施加于他人，但人与人之间并非没有共通之处，比如每个人都会因为他人的痛苦而心生同情，这是一种深植于人性的品质。因此，罗蒂认为一个持反讽立场的自由主义者一方面会承认自己所坚持的价值、欲望和信仰都是偶然的产物，而非普遍的真理，另一方面会渴望结束人类的苦难和人与人的互相侮辱。由此而延伸，一个正义的社会应当容许所有公民都能在不伤害他人的前提下努力追求自己的理想。

反讽主义立场的潜在危险之处在于造成愤世嫉俗的虚无，导致公民不再积极地参与公共生活。对此，罗蒂认为人类的团结并非理所当然的状态，也不是单纯通过理论研究和理性探讨就可以"发现"的，而是依靠描述和想象他人与自我的关系被"创造"出来的。这种团结的创造，依赖我们的想象力，即把他人想象为和我们处境类似、休戚与共的人，只有如此才能对他人的苦难感同身受。而感受他人苦难的能力，依赖小说、电影、民族志等叙述形式的塑造，因此，罗蒂呼吁"抛弃理论，转向叙述"，依靠更加细致、生动的描述来重新想象他人与自我的关系（罗蒂，2003）。

受罗蒂的启发，该书的两位作者认为调查性新闻所遵循的价值观都是偶然的，是特定的历史、文化和语言的产物，而只有对他人痛苦的敏感才具有普遍意义。因此，调查性新闻正是在践行罗蒂的理想，通过讲述遭受不公待遇的受害者的处境来激起公众的义愤，进而维护道德秩序，谴责权力滥用和失职的行为，这是实现正义的最佳策略，也是建构美好的公共生活必需的行动。

对于新闻业而言，仅仅客观记录下公职机构的违规行为，并不足以触动公众的道德良知。作者分析了三篇调查性报道的经典文本，发现调查记者会采用反讽的修辞手法，其中最常见的策略是将公职人员冠冕堂皇的言辞与违规、渎职的行为并置，两相映照之下，这些公职人员的虚伪便跃然纸上。就像客观性一样，反讽手法也是调查性新闻实践中的一种策略，它使记者可以在保留客观报道形式特征的同时，表达对不正义行为的谴责，因此对调查记者极具吸引力（Ettema & Glasser, 1998, p. 87）。

罗蒂曾经指出，反讽话语适用于私人生活领域，但必须保护公共生活免受反讽性言论的侵蚀（Ettema & Glasser，1998，p. 88）。两位作者对于调查性报道中常见的反讽立场态度复杂，一方面肯定调查记者对反讽手法的使用，同时不无担心地提醒读者，这种反讽语言的使用有可能导致一种新的反讽。作者引用了托马斯·伦纳德（Thomas Leonard）对美国政治报道历史的研究，指出政治黑幕报道的泛滥破坏了政治参与的仪式感，引发了读者的困惑和不满，最终的结果是美国民众的政治参与热情下降。当道德上的反讽激起了大众愤世嫉俗的心态之后，新闻业也就没有能力推动关于"真"与"善"的讨论，无法促进人类的团结，也无法履行其民主使命，这反过来摧毁了新闻业的规范性角色（Ettema & Glasser，1998，pp. 107-109）。因此该书的第四章便被命名为 "The Irony of Irony-in-Journalism"（新闻业中的反讽之反讽）（Ettema & Glasser，1998，p. 89）。

三、事实与价值可以分离吗？ 叙事与调查记者的道德判断

该书中与反讽紧密相连的另一个理论议题是叙事。作者在此主要征引了史学家海登·怀特（Hayden White）的叙事理论，指出叙事不只是一种呈现事实的工具，也是一种道德权威的主张。怀特认为，实际发生的历史事件只提供了构成故事的元素，而未能提供故事本身，叙事的终极目的在于将知晓（knowing）的东西转化为可以讲述（telling）的东西，建立起某种形式上的连贯性，而这势必要凸显某些事件而压制另一些事件。一个事件只有被放置在一系列结构化的事件之中，其意义才能被彰显，而对故事形式的选择又势必依赖某种预先存在的道德框架（Ettema & Glasser，1998，p. 112）。

调查性报道通过讲述残酷的恶行来捍卫社会道德，在这方面与其他流行叙事并无二致。但相比于通俗小说、戏剧等不受现代客观性观念束缚的叙事而言，调查记者的道德判断更为隐秘和模糊，接受作者访谈的调查记者大都不认为自己的工作包含着道德判断。例如记者比尔·马里莫（Bill Marimow）认为自己不需要在报道中做出道德判断，只负责将官员的表现与既定的行为标准进行比较，读者自然可以做出判断

(Ettema & Glasser，1998，p. 8)。另一位调查记者乔纳森·考夫曼（Jonathan Kaufman）虽然自视为激进的社会行动者，但他认为自己主要是基于对新闻价值的判断而非道德判断来开展工作的（Ettema & Glasser，1998，p. 7）。作者认为这两种观点在调查性记者群体中具备一定代表性，隐含了一种新闻生产的基本逻辑假设，即事实与价值是可以分离的。基于这种假设，调查性新闻似乎可以将对与错的问题完全视为客观的事实问题，从而回避对现行道德秩序的挑战。

将事实与价值分离的迷思，源自 20 世纪以来新闻业的"科学化"转向：记者推崇科学家式的独立观察与实证检验，将客观性作为自己的职业理想，宣称自己的工作是价值中立的。原则上讲，记者可以声称自己遵循严格的客观性程序来收集事实，但作者认为收集事实的过程不可能完全超然于价值立场（Ettema & Glasser，1998，p. 136）。许多受访者在谈到自己如何寻找事实并将其整合到故事之中时，常会采用"拼图"的比喻，即根据零散的事实来还原事件的全貌。作者指出这一比喻恰好说明了记者对事实的采集受某种故事情节的指导（Ettema & Glasser，1998，p. 145）。事实和故事是相互构成的：一方面，事实是故事的基础，记者建构的故事必须能够得到事实的验证，否则便不能成为新闻报道故事；反过来，记者在撰写报道时可以在多种故事情节之间进行选择，最终选定的情节模式会把散落的潜在事实串成连贯的故事。调查记者日常的事实核查工作，便是在多个相互冲突的解释之间进行确认，当重要的事实本身不够清晰时，记者就必须做出判断（Ettema & Glasser，1998，p. 152）。

调查记者的判断既涉及选择哪些违规行为来吸引公众的注意，同时涉及应当选择何种道德准则来评判这些违规行为。社会学家赫伯特·甘斯曾说记者只要在丹尼尔·哈林所说的"共识范围"行事，就可以很容易找到约定俗成的行为标准，宣传或谴责那些背离主流价值观的人，在维护主流道德秩序的同时，还可以将自己的行为视为客观的。但该书作者认为甘斯忽略了"共识"的不稳定性和不完整性，认为记者在实践中很多时候无法找到合适的共识加以参照，必须自己做出抉择（Ettema & Glasser，1998，p. 62）。尽管很多接受访谈的记者都将这种判断称为新闻判断而非道德判断，认为自己是根据经验得出结论，但作者认为所谓的新闻判断实际上取决于特定历史情境中的道德秩序，并且会通过引发公众行动而塑造未来的道德秩序（Ettema & Glasser，1998，p. 81）。这便引出了新的问题：调查性新闻承担着怎样的道德责任？

四、道德秩序的 "对象化"：调查性新闻的道德责任

该书认为，调查记者每当在工作中面临艰难的判断时，就需要重新思考传统道德观念在当下情境中的适用性，由此反复考验、修正和激活既有的道德规范。作者在此提出一个核心概念：对象化（objectification），即记者致力于寻找、选择、简化和解释既定的行为标准，并将其运用于自己的叙事。这里所说的既定的行为标准，包括法律、伦理、职业标准和专家的意见，等等。尽管记者并不是这些行为标准的创立者，但他们参与了行为标准的对象化，即将这些行为标准应用到特定的情境中，并在实践中进行反思与修正（Ettema & Glasser，1998，p. 63）。因此，调查性报道不仅在维护既有的道德标准，而且持续参与"道德的生产"，这对调查记者的道德责任提出了更高的要求。

盖伊·塔克曼和马克·费什曼等学者此前已经充分研究过日常新闻报道的生产常规，他们发现记者往往避免承担自己发表主张的责任，只负责准确地转述官方消息源的言论并提供与之一致的解释，或者只是平衡地展示各方的声音，使之互相辩驳。在此情形下，记者不需要亲自论证报道中观点的合理性，自有受访者的官方背景为之辩护（Ettema & Glasser，1998，pp. 159-160）。相比之下，调查记者的写作周期更长，有更充足的时间开展调查，因此也就担负着更重的道德责任，需要努力超越日常报道所面临的限制，还原事件的完整、真实的情况。

然而作者在访谈中发现，调查性记者往往喜欢称自己的故事是真实（true）的，但未必会说自己的故事是真相（truth）（Ettema & Glasser，1998，p. 156）。作者认为这种态度不够真诚与勇敢，他们呼吁调查性新闻应当树立一种以记者个体为中心的责任观，不再只是象征性地屈从于新闻客观性的要求，四平八稳地罗列各方消息源的言论，而要坦

然接受记者个体的"成熟的主体性"（mature subjectivity）。"成熟的主体性"是作者援引的迈克尔·舒德森提出的概念，指的是记者的主体性随着实践经验的丰富而日益成熟，表现出对不确定性的宽容、对风险的接受和对真理的承诺。在面对模糊的事实和歧异时，一名具备"成熟的主体性"的记者应当首先对自己的良知负责，以诚实的态度做出慎重的判断，同时向公众清晰地解释自己的主张以及自己接受这些主张的理由（Ettema & Glasser，1998，p. 175）。

　　基于上述分析，作者指出调查记者具有一项特殊的职能，即公共良知的监护人（custodians of conscience）。这一表述并不假定记者可以独立解决社会系统崩溃的问题，毕竟记者并非立法者或是司法者，并无权力来对他人的表现进行审判。记者是通过叙事的方式，揭露当权者的恶行及其对他人造成的苦难，以此激发公众的义愤和行动。因此，该书认为，调查性报道既是一种政治力量又是一种富有道德意义的文化形式，通过动员公众参与而维护公共良知不被侵害（Ettema & Glasser，1998，p. 187）。

　　最后，作者总结了调查性报道对于新闻价值观的独特贡献。通常人们所说的新闻价值，有时指的是新闻选择的标准，例如显著性、接近性、冲突性、异常性等；有时指的是新闻中体现的专业实践标准，例如平衡性、准确性、公正性等；有时指的是新闻所推动形成的政治或文化规范，例如甘斯所总结的个人主义等八种植根于美国新闻业的核心价值。对调查性新闻而言，作者提炼出三种核心的价值观念：公开（publicity），即让公众注意到那些被忽视或隐瞒的制度性问题；责任（accountability），即要求相关人员为行为的后果进行解释并承担责任；团结（solidarity），即让大众对那些遭受不公正待遇的人产生同情，感受到人类命运的息息相关。作者认为，这三条价值观可以帮助我们拓展对于新闻业的期望，进而推动新闻业的现实变革，使得无权者能够发声，并迫使强权者接受监督（Ettema & Glasser，1998，pp. 189-200）。

五、评价与反思

《良知监护人》首次出版于 1998 年，问世之后便受到美国新闻学界和业界的关注，先后获得了美国国家新闻和大众传播荣誉学会的研究奖、宾夕法尼亚州立大学的媒体批评奖、美国专业新闻工作者协会的新闻研究奖等一系列荣誉，被认为是新闻研究领域的一部力作。

相比于 20 世纪 70 年代盛行的新闻生产社会学研究，该书关注的并非日常新闻的生产常规，而是一种独特的新闻门类——调查性新闻。作者认为，调查性新闻的生产常规不同于日常新闻，其生产周期更长，记者自主性更强，因此调查性新闻的认识论和伦理规范中也蕴含着更多张力，不能简单挪用日常新闻生产的要求。而关于调查性新闻的著作，大都是业务探讨和案例汇编，缺少深入的学理探讨。因此，两位作者开展此项研究，旨在厘清调查性新闻背后的理论问题。

在研究方法上，该书介于经验研究与规范研究之间。两位作者受克利福德·格尔茨（Clifford Geertz）启发，致力于梳理记者日常工作实践中蕴含的"意义结构"，邀请记者讲述自己的工作方式、做出决定的过程以及引导他们实践的价值观，并尝试用记者本人的话语来表述其工作（Ettema & Glasser，1998，p. 2）。此外，该书结合了文本分析的方法，对遴选出的多篇调查性报道文本进行了细致的修辞学批评，是对新闻文本进行反讽主义批评的典范。

与此同时，该书的人文思辨色彩浓郁，先后援引了理查德·罗蒂的反讽理论与海登·怀特的叙事理论来观照调查性报道的认识论问题，特别是较早将新实用主义哲学引入新闻研究领域，重新界定新闻业的规范性地位，进而批评了推崇客观性的新闻生产常规，重申事实与价值之不可分离，呼吁调查记者勇敢地承担责任，以"成熟的主体性"替代仪式化的客观性，努力充当"良知监护人"的角色。这是该书对于新闻业规范理论的一大贡献。

罗蒂在《偶然、反讽与团结》中高度评价叙事的功用，强调小说、电影、民族志等文艺作品在塑造想象与团结中的重要作用，但并未意识到新闻报道在公共生活中的重要地位。而正如该书所说，调查性新闻能够通过生动的叙事呈现他人的痛苦，令读者感同身受，进而激发公众对于不公与腐败的义愤，最终可以形成一股激浊扬清的道德力量，促进社群团结。通过将反讽理论与新闻规范理论相结合，该书也为罗蒂的反讽理论补充了新的视角。

该书将反讽主义作为新闻认识论的基础，在新闻学界也曾遭受争议。其中最犀利的批评来自克里斯托弗·毕姆（Christopher Beem）的评论。毕姆一方面肯定了该书关于新闻叙事中隐含着道德判断的论证，另一方面批评了两位作者的认识论基础。毕姆认为，其一，社会生活中存在着恒定的价值观和确凿的事实，而非如反讽主义者所说一切道德判断均为偶然的塑造，反讽主义的引入削弱了新闻业的共识的根基。其二，毕姆指出调查性记者固然关注他人的受苦经历，但同时也在谴责诸如贪婪、虚伪等其他破坏公众信任的行为，该书过于强调调查性新闻有助于激发人们对他人痛苦的共情，却对其他潜在的道德实践语焉不详，大大窄化了新闻业在捍卫社会道德中的作用（Beem，1999）。

该书所倡导的反讽主义认识论在新闻学界与业界的确应者寥寥，或许是因为美国新闻学界对于认识论层面的纯思辨研究兴趣有限，而反讽主义对事实和价值的激进质疑也使之注定无缘跻身主流。该书在学术界所激起的反响，更多的来自其对调查性新闻之道德功用、调查记者之道德责任以及新闻叙事形式之道德意义的强调。21世纪以来，随着数字技术的发展和自媒体的兴起，以透明性取代客观性的呼声在新闻学界与业界日益高涨，记者的主体地位也渐趋彰显，不再甘于消极地记录事件发展，而是经常化身积极的行动者介入社会事件。在新的时代背景下，该书为记者道德主体性所做的辩护仍旧铿锵有力，可以帮助我们重新反思与理解新闻业的公共使命。

值得注意的是，该书的问题意识、经验材料和理论资源都带有美国本土情境的烙印。该书呼吁调查记者勇于承担道德责任、做出道德判断，针对的是美国新闻界对于客观性和科学主义的迷恋以及对道德判断的刻意回避，而该书用以论辩的哲学基础，亦植根于美国本土自普特南、罗蒂以降的新实用主义思潮。而在中国的语境下，新闻业自诞生之日便承载着浓厚的道德色彩，记者常以"铁肩担道义，辣手著文章"来自我标榜，那么中国调查记者的自我认同和认识论具有怎样的地方性特征？这或许是我们从该书出发展开思考的方向。

　　本文受体例所限，仅能扼要概述该书的主要理论见解，无法呈现书中汇集的丰富经验材料，包括作者对知名调查记者的大量访谈片段和对经典调查性报道文本的修辞学批评。这些丰富的经验材料不但使得该书的论证框架血肉丰盈，具有较强的可读性，同时还展现出美国 20 世纪八九十年代新闻业的鲜活面貌，对新闻实务学习和研究亦不无裨益。

（张洋　华东师范大学）

参 考 文 献

Beem，C.，"Book Reviews：Custodians of Conscience：Investigative Journalism and Public Virtue，" *Journal of Communication*，1999（1）.

Ettema，S. E.，& Glasser，T. L.，*Custodians of Conscience：Investigative Journalism and Public Virtue*，New York：Columbia University Press，1998.

〔美〕理查德·罗蒂：《偶然、反讽与团结》，徐文瑞译，北京：商务印书馆，2003。

拓 展 阅 读

〔美〕海登·怀特：《形式的内容：叙事话语与历史再现》，董立河译，北京：文津出版社，2005。

〔美〕杰克·富勒：《信息时代的新闻价值观》，展江译，北京：新华出版社，1999。

杰克·鲁勒

《每日新闻、永恒故事：
新闻报道中的神话角色》

故事流通是人类文明中最为重要的一种文化传播活动。神话则是其中对形塑社会价值观产生重要作用的那些故事。每日见诸报端的新闻头条看似是对当下社会的"实况直播"，实际上却是反复上演的人类神话。杰克·鲁勒（Jack Lule）的《每日新闻、永恒故事：新闻报道中的神话角色》（以下简称《每日新闻》）以《纽约时报》等精英大报中的典型新闻故事为例，向读者展示了美国现代新闻业中的七个经典神话：受害人、替罪羊、英雄、好妈妈、骗子、另一个世界和洪水。通过揭示新闻故事的神话属性，鲁勒意在指出现代新闻维护社会价值观的重要功能，以及神话叙事帮助化解新闻业危机的可能。

一、成书背景

该书作者鲁勒现任美国理海大学新闻与传播系主任，《新闻与大众传播季刊》和《媒体传播批判研究》杂志编委。从新闻研究出发，他近年的研究兴趣还延伸至媒介与全球化领域，并在理海大学任全球研究教授。《每日新闻》是鲁勒的成名作。该书提出并论述了"今天的新闻实际上讲述着古老的神话"这一命题，并被视为新闻学领域颇具代表性的一部著作。《每日新闻》之后，鲁勒著有《全球化与媒体：巴别塔地球村》，讨论全球化进程中的媒介角色，提出了与麦克卢汉所预言的"地球村"截然不同的看法;并著有《理解媒介和文化:大众文化导论》这一简易的大众传播教材。

鲁勒对新闻文本本身以及对新闻与社会互动关系的关注,与他1979年到1984年间在《费城问询报》任记者的经历密切相关。作为记者,面对日复一日的采写任务和截稿期限,他需要不停地思考如何将新闻转化为故事。他发现,在写作新闻故事时,记者会在有意无意中将采写对象"神化"、将新闻故事"神话化"。在《每日新闻》一书的首章,鲁勒以自己报道一起谋杀事件的经历为例,讲述了记者为了让新闻故事与读者相关,而把"信息"转化为"故事"的工作经历。

当走出新闻编辑室、走上研究者的位置,鲁勒对于新闻报道将新闻事件"神话化"的研究进一步深入。起初作为记者,出于实践需要,他有意无意地将"故事化""神话化"的操作纳入了自己的生产常规;而后作为学者,在对大量文本进行阅读和研究后,他发现了从新闻文本中"析出"的神话。这一认知的转变也呼应了罗兰·巴特(Roland Barthes)在《神话修辞术》中提出的对神话的不同解读类型。作为记者,也是神话的制造者,他需要熟练地调用能指和所指的对应系统,从原型和概念出发,用故事的形式完成意指过程;而作为学者,也是神话修辞学家,他关注的是如何"破译神话""理解变形",区分新闻故事中的意义和形式,揭开神话意指作用的秘密。

通过分析,鲁勒认为,使用神话原型生产新闻,从而维持现代新闻业的运行是不争的事实,但他并不认为这是一桩彻底的坏事。相反,他认为作为神话的新闻中蕴含着从危机中拯救新闻业的可能。将新闻建构视为神话,说到底是一种讲故事的职业技巧。一方面,神话可能是简化、变形事实的手段;另一方面,神话也更能够发挥形塑社会价值、重塑新闻业权威的作用。因此,在技术革命和信息爆炸频发、媒体公信力丧失的当下,生产那些蕴含人类核心价值的永恒故事,也就是神话,或许正是化解新闻业危机的良方。

新闻中存在固定叙事形式这一研究命题并不新鲜。曾作为记者供职于《纽约时报》的历史学家罗伯特·达恩顿(Robert Darnton)在研究早期流行文化时,就发现现代新闻报道和早期民间故事之间具有相似的母题；迈克尔·舒德森在研究 20 世纪美国新闻业"被创造出的传统"时，指出"故事的类型"是研究美国政治新闻生产最为关键的主题；赫伯特·甘斯在《什么在决定新闻》中，也提及了影响新闻故事的"持久的价值观"（鲁勒，2013，pp.21-22）；达恩顿从在《纽约时报》工作的亲身经历出发，讨论新闻室结构以及既有的叙事传统和故事结构对新闻写作的影响；舒德森的研究是从 19 到 20 世纪间美国政治文化与新闻政治条线之间的互动关系入手；甘斯的研究则立足于在新闻编辑室的参与式观察。还有其他许多新闻研究者，也都关注新闻"对事件的极端强调"背后存在着的更为固定、可捉摸的叙事结构、类型。但鲁勒没有局限于讨论美国的政治新闻，也没有从新闻编辑室的民族志入手，而是从一条更加强调"故事类型"，特别是新闻与神话同构性的路径进入，从《纽约时报》等大报的文本切入研究。

作为一种叙事类型，神话是宗教学、人类学、文学等多学科交叉的研究领域。关于神话类型以及神话的社会价值，西方学界已有丰富的研究成果。美国著名神话学家约瑟夫·坎贝尔（Joseph Campbell）的《千面英雄》就讨论了人类不同文明神话中"似曾相识"的英雄形象，以及为什么神话中需要塑造英雄的问题。法国学者巴特从符号学的视角出发，讨论了神话的作用机制。鲁勒在书中对话极多的罗马尼亚宗教学家、历史学家米尔恰·伊利亚德（Mircea Eliade）所强调的"原型与典范"这一研究概念，亦为该书所用。

在以上研究的基础上，该书的贡献在于，试图通过"神话"这个特定形式来解释"新闻为什么这么写"，甚至"新闻应该怎么写"的问题。鲁勒认为，作为神话的新闻，兴起于 19 世纪 30 年代便士报潮流中的人情味新闻。从那时开始，人们对于新闻故事的要求越来越高，不再止于新闻信息。而作为神话的新闻，如何处理"客观性"，如何承担"为了建设更好的公民社会"的角色，亦是该书的核心关切。

二、每日故事中的神话类型

所谓神话，是指对于人类社会产生重要作用，甚至具有神圣意义的原型故事，其中往往蕴含一定的"模式、形象、母题和人物"。神话故事中存在着超越文明和时间的人物和精神，直达人类价值和精神的核心，成为社会生活的样板（鲁勒，2013，p. 6）。该书的核心论题是，现代的新闻故事实际上取材于古典神话，充满了陈词滥调和原型，并最终服务于加强社会主流价值与信仰。

将新闻和神话联系起来，乍听之下是一个相当荒谬的命题。因为新闻的特质是"真实"，而神话的特质是"虚构"。然而，鲁勒将新闻比附神话，并不是说新闻是"虚构的"。相反，神话的叙事特征能够真实地展现出人类的认知图式。以神话比附新闻，意在强调新闻类似神话般的揭示人类"真意"的功能。新闻故事和神话故事具有同构性（鲁勒，2013，pp. 10-12）：

（1）它们都对特定的故事、主题、事件进行着重复叙述；

（2）它们都被认为是真实的；

（3）它们同样具有公共性，最终指向教化、引导社会的功能。

新闻成为神话，从实践层面来看是一种策略性的选择。面对海量的信息和每日更新的新闻事件，记者需要在截稿时间内，将对读者最有意义的内容摘选、讲述出来。如何保证所写的新闻是可读的、好读的、对读者有意义的？为达成这一目标，就形成了神话作用于新闻之处。而当蕴含神话原型的新闻故事见诸报端，其中作为榜样的人物和为了维护当下社会秩序的价值观与信仰被讲述时，新闻就彻底成为神话。

在此基础上，鲁勒归纳了常见于美国现代新闻中的七个神话，并对以《纽约时报》为主的报道案例展开了论述（鲁勒，2013，pp. 12-16）：

（1）受害者："通过受害者牺牲的故事，神话提供和解，在死亡面前使生活得到升华"；

（2）替罪羊："以引人瞩目的方式讲述挑战或者无视社会信仰的人们的遭遇，以此进行嘲笑和贬低，诋毁与回避"；

（3）英雄："提醒人们，他们也能成功，也能成为伟人……宣扬——但也帮助界定——伟大"；

（4）好妈妈："起到培养与滋养的作用，为人们提供了善意的榜样"，但也提供了"有关母爱和性别的僵化的模型"；

（5）骗子："受到似乎是兽性的本能的驱使，给自己带来嘲弄和毁灭……作为被嘲笑和鄙视的对象"；

（6）另一个世界："尤其是在有关外国的新闻里"出现，对我们和他者的生活方式"进行明确和暗含的对比"，"冷战"带来了一个典型的模式；

（7）洪水："代表着描述灾难性事件的更大的一系列神话……提醒人们关注大自然令人谦卑的威力……奇怪地给人带来安慰"。

在这七个常见的新闻神话中，前五个是关于人物的神话，后两个是关于事件的神话。在作为神话存在的新闻叙事中，新闻事件被记者和编辑变形，且往往在变形中被简化处理。在人物神话中，以"替罪羊"和"好妈妈"神话为例，这两种神话对核心新闻人物分别进行了"矮化"和"拔高"的处理。

在分析替罪羊这一神话时，作者选择了《纽约时报》对 20 世纪美国著名激进派黑人运动领袖休伊・牛顿（Huey Newton）的报道为例。牛顿本身是一个充满争议的人物。他所领导的黑人运动组织"黑豹党"在 20 世纪反对白人特权的运动中作风尤为激进。牛顿本人还曾因涉嫌杀死警察而入狱。但对于大多数黑人来说，牛顿无疑是一面精神旗帜般——牛顿领导下的"黑豹党"最早对白人警察向黑人施加的不公发起了公开且激烈的抵抗和挑战。

然而，在美国的精英大报中，对于牛顿的报道无一不是从贬低的视角着笔。1989 年，在一起涉毒争端中，牛顿不幸遭到枪杀，惨死街头。大报对于这一事件的报道可谓极尽讽刺之能事，亦不避讳对死亡场面的露骨描写，充满了对牛顿的负面评价。在鲁勒看来，大报对于牛顿之死乃至对其整个生平的报道，基本采用了"偏离社会信仰、违反社会公约、最终成为'替罪羊'"的神话写法（鲁勒，2013，p. 63）。新闻通过替罪羊的故事类型，将牛顿这一人物纳入其中，并向公众讲述。

而好妈妈神话则是"拔高"人物的典型。作者以《纽约时报》对诺贝尔和平奖得主特蕾莎修女的报道为例进行分析。特蕾莎修女并非一个"十全十美"的人物，反而是一个颇具争议的角色。但经过新闻神话的塑造，她成为一个充满母性光辉、慈爱奉献的圣人角色。报道回避和掩盖了其极端保守的宗教价值观引发的社会历史争议，甚至不顾将"修女塑造为母亲"是一个悖论。好妈妈原型的特点包括：（1）"母亲般的女性"，负责孕育、养育和培养；（2）"善良和仁爱"，为他人牺牲自己；（3）"我们大家的杰出模范"，具有超凡的品质，是"好"的极致（鲁勒，2013，pp.90-94）。这些原型特点都能够用来解释《纽约时报》对特蕾莎修女的刻画。

在特蕾莎修女最初进行社会活动的十几年中，《纽约时报》并没有对其进行报道。但在她荣获诺贝尔奖这一高光时刻之后，《纽约时报》对其的塑造正是基于好妈妈的神话。尽管这样的处理具有悖反色彩——特蕾莎作为"修女"并不可能扮演"母亲"的角色，但她无时无刻不被塑造为一个世俗意义上的崇高且慈爱的母亲。好妈妈神话将特蕾莎引发的社会历史问题彻底掩藏，"把本应该禁止和否定的，表达成了可以赞美和歌颂的东西"（鲁勒，2013，p.96）。从这一角度来看，鲁勒的研究呼应了其他评论者对此类报道的道德谴责；但通过神话类型，他的批评则更多凸显了神话原型在新闻中"永恒出现"的现象。鲁勒认为，好妈妈神话的产生并不仅仅是为了塑造特蕾莎修女的形象或颠倒是非，而是便士报时代以来不断发展的现代新闻业对人情味新闻的需求的产物："这种故事（人情味新闻）强调服务，创造了名人，提供善良的化身。"（鲁勒，2013，p.97）

其他人物神话也在完成类似的对特定价值观进行强化的叙事使命。受害人神话通过塑造牺牲的英雄形象，起到展演"巨人的搏斗"的效用，从而对社会形成安慰，宣扬诸如尊重生命、对抗恐怖等主题；英雄神话取材于现代的社会名流，通过对诸如体育明星等的奋斗历程和特殊品质的叙述，完成对特定流行价值观的强化。

在对事件神话的分析中，鲁勒挑选了两个典型的案例，分别是反映国家政策与新闻关系的"另一个世界"类报道，以及指导人类面对自然苦难的"洪水"类报道。前者体现了在神话的叙事驱动力下，现代新闻如何处理政策与新闻的关系；后者则将今日的灾难报道与《圣经》等经典文本中的洪水神话进行比照，凸显"永恒故事"在新闻中的上演和意义。

作者对另一个世界神话的分析，切中了战后美国新闻研究的重要关切，即新闻界在民主社会中所扮演的角色的问题，以及新闻价值观的抉择问题。后冷战时代，美国新闻业处于"价值观的真空"中，亟须一套能将海外事务再次与国内读者关联起来的价值体系驱动。此时出现了两种有分歧的路线：（1）追求确立一套全球公正的新闻报道体系，进行人性化的新闻报道，关注冷战框架之外的故事（主动影响外交政策）；（2）对海外事务的报道仍然受到国家政策主导，为当权者的观点和态度发言（对外交政策唯命是从）（鲁勒，2013，pp. 125-126）。通过研究《纽约时报》关于 20 世纪 90 年代海地战局的报道，鲁勒证实了战后对美国国际新闻最为"悲观"的一种看法，即为美国外交政策"打配合"（鲁勒，2013，p. 140）。

在"大报的国际新闻是否成为国家政策之附和"的争议之外，鲁勒再次强调了看到神话故事类型的价值。从神话的角度来理解新闻故事，能够将讨论扩展到更广阔的社会价值观层面，而不止于新闻价值观层面。在原型故事中，对新世界或另一个世界神话的叙事具有悠久的传统。这种叙述本质上帮助了此世界的读者定义与彼世界的关系，同时也是对本社会现行价值观与信仰的加深和确认。在对海地的报道中，记者仍然将其处理为一个原始、落后的蛮荒之地，从而为美国的先进文明和政治干涉赋予正义。

综合以上案例分析，鲁勒得出结论：美国精英大报的报道中充满了神话和原型故事。从共性来说，这些神话都是通过对现实的变形，生产为维护现行社会价值和信仰的叙事。但鲁勒并非意在揭露现代新闻业的"策略"或者"惯性"，也不为揭示政治力量对新闻的控制。他认为，发现、重视新闻中的神话本身，具有重要意义。从神话的叙事学出发，能够更好地理解新闻的社会角色，而不是局限于对于新闻类型化的道德性判断。与此同时，洞悉神话所内蕴的人类文明永恒价值，有助于超脱关于狭义的公民政治美德的争论。也因此，鲁勒认为，作为神话的新闻本质上可以是被视作"富有人情味"的新闻故事；相对于仅提供事实增量的"信息"，作为神话的故事才是现代新闻业得以存续的关键（鲁勒，2013，p. 157）。

三、从新闻到故事，从故事到神话

在《每日新闻》中，鲁勒巧妙地借助神话的透镜，为读者提供了理解现代新闻生产的一条捷径，与新闻研究中经典的把关人、新闻价值等理论皆有呼应。而新闻故事被大报"青睐"，从而被推上社会神话的位置，又要借助神话本身的叙事机制来完成。《每日新闻》中提出的研究命题，实则站在了神话叙事学和新闻社会学的交叉点上。

根据巴特的定义，神话是一种言说方式，亦是一种意识形态。不论是流传至今的古代神话，还是为今人津津乐道的新闻神话，均是具有社会性、公共性的一种意指形式。所谓意指形式，是巴特神话符号学中的一个概念。在包含直接意指关系的由能指和所指构成的符号的基础上，神话又赋予其含蓄意指，从而在保持直接意指不变的情况下，扭曲直接意指，达成神话的叙事。在索绪尔发明的符号学系统的基础上，巴特将神话定位为一个"次生的符号学系统"。如果说表达含义的语言符号是第一重符号系统，神话就是对第一重符号的再处理，即"释言之言"。当负载了扭曲之后的新意义的神话得到集体的认同时，神话就成为意识形态，而其中的叙事也被"自然化"了。因此，对于神话的解构，以及该书对于新闻的解剖，都是从质疑被文学、报刊所自然化的"现实"开始的。和巴特一样，对于这些被神话自然化的意识形态，鲁勒选择了从神话的叙事文本入手，从而解开神话意指过程的谜题。

对于作为意指形式的神话来说，能指是丰富却空洞的，背后的意义却是重复且充实的。神话的真意，正是通过在多样叙事中的重复才显露出来。这也正是鲁勒和其他神话学家共同发现的研究入口。神话在新闻叙事中反复出现，体现了神话的作用原则，即"将历史转变成自然"。通过神话，那些被运载的意识形态自然地进入公共叙事，被确认为公共价值。因此，神话也成为新闻记者运用的使得新闻与读者最大程度相关的通用手段——神话让"突发"和"偶然"，变成了"永恒"和"自然"。

借助神话符号学，鲁勒给出了现代新闻承担何种社会角色的一种解释。这种解释不是从政治控制、社会功能出发，也并不是从变迁的社会史视角出发，而是从一个具有普遍价值的叙事类型学切入。在与既有的新闻社会学研究进行对话的同时，这种解释给出了一个颇为新颖的视角。

四、评价与反思

《每日新闻》一书同时从神话的作用机制和新闻的社会角色两端出发进行论述。此二者虽都不是新鲜的议题，但该书找到了其巧妙的连接点。最后，通过神话类型，鲁勒并非要得出"太阳底下无新事"的悲观结论，反之，他以神话论证了现代新闻业孜孜不倦生产此类新闻的意义。

在鲁勒看来，富有人情味的"软"新闻，并非只是"硬"新闻的补充，也发挥着现代新闻的功能性作用。人情味新闻具有独特且重大的社会意义，也有其局限：（1）强调"个体能发挥重要作用"：关注个体行为和社会生活之间的紧密关联；（2）展现"历史毫无作用"：极端关注人物和事件，忽略背后的结构和历史性因素；（3）使"社会秩序得到肯定"：肯定当前的社会秩序，回应主流价值观（鲁勒，2013，pp. 97-99）。

不过仍需追问的是，引入神话类型来解释现代新闻的社会角色是否是一个完全合理的论题？正如巴特的神话符号学指出的，神话本身是一种言说，一种意识形态，神话学家的任务是在被神话自然化的叙事中解谜、解读符号和意义。如果讨论新闻价值时以神话类型进行比附，是否又让对新闻神话的讨论回归了空洞的形式？神话作为一种叙事类型，被从每日的新闻文本中析出，是一个了不起的发现，背后蕴含着丰富的关于现代新闻生产机制的知识；但是，此类神话得以形成的社会、历史因素，以及塑造这类神话的"背后推手"究竟为何，是否才是更应该追究的问题？鲁勒虽然指出，作为神话的新闻，可能是重塑现代新闻业权威和大众信任的关键，但"对公众有益的神话笔法具体为何"仍十分模糊，"'回归人文价值'与'专业新闻常规'之间的关系互动为何"，该书也没有指出十分明确的方向。

鲁勒借助神话类型学想要指出的是，新闻故事具有承载社会价值观的重要作用。那么对于新闻神话背后随着政治情境和历史条件流动的意识形态的探讨，是否应该是此项研究的下一个落点？鲁勒所论述的神话所维持的社会公约和规范，应当也处于流动中。相应地，"永恒故事"所作用的意指过程又会怎样变化或不变？

新闻故事作为现代神话的符号学原理或许并不会改变，但同一则新闻神话的作用逻辑却会发生流动和改变。以书中提及的牛顿的例子来说，在 21 世纪的前十年，身份政治运动风行全球，"黑命贵"（Black Lives Matter）运动席卷全美之后，牛顿在媒体中颇有从"替罪羊"变成"英雄"的趋势。牛顿这一媒体神话形象的改变，不乏少数群体势力和社交媒体、自媒体的推波助澜。几十年间，媒介技术的更新，改变了新闻叙事的生产模式和传播方式。在数据库和算法新闻的时代，人们对于长篇叙事的认同程度，以及认同产生的方式都在发生改变。对于类似《纽约时报》的精英大报来说，它们的声量也在受到挑战，维护现行社会秩序的责任已然在暗中分散、流动。这些都会挑战《每日新闻》中对新闻神话相对静态的讨论。因此，该书讨论的七种经典神话类型无疑具有典型价值。但为什么这七类神话是现在的新闻故事的典型？远古神话和在今日新闻中生产的神话之间存在何种演变、递进关系？不同神话类型之间是否存在重叠、转化等现象？或许这些是该书仍需进一步探讨的方面。

最后，作为中国读者，我们在阅读《每日新闻》时或许多少都会感到有些难以理解。尽管在经典的神话研究中，世界不同文明的神话呈现出"各族神话，永恒故事"的特点，但仍不应因此忽略不同文明之间的差异。在借助神话类型讨论现代新闻的角色时，这一文化差异的问题还将被再次放大。《每日新闻》中选取的神话意象，基本上是从西方人的认知图式出发的，而作为例子的新闻事件则大多讨论美国的种族问题、国际地位等，亦具有本土特色。所以，借助《每日新闻》提供的启发，如何结合我国新闻产制的现实和神话塑造方式展开研究，也是未来有待开垦的课题。

（施好音　复旦大学）

参 考 文 献

〔美〕杰克·鲁勒：《每日新闻、永恒故事：新闻报道中的神话角色》，尹宏毅、周俐梅译，北京：清华大学出版社，2013。

拓 展 阅 读

〔法〕罗兰·巴特：《神话修辞术：批评与真实》，屠友祥、温晋仪译，上海：上海人民出版社，2009。

〔美〕迈克尔·舒德森：《发掘新闻：美国新闻的社会史》，陈昌凤、常江译，北京：北京大学出版社，2009。

〔美〕约瑟夫·坎贝尔：《千面英雄：奠定坎贝尔神话学理论基础的经典之作》，朱侃如译，北京：金城出版社，2012。

丹尼尔·哈林、保罗·曼奇尼

《比较媒介体制：媒介与政治的三种模式》

1956 年，美国学者西伯特、彼得森和施拉姆出版了《传媒的四种理论》，开启了传播学学者对世界媒介体制进行系统思考和探索的先河。三位学者认为，传媒总是带有它所属社会和政治结构的形态和色彩，尤其是反映了调节个人与社会关系的社会控制机制的特征。《传媒的四种理论》归纳了四种典型的媒介体制，分别是威权主义模式、自由至上主义模式、社会责任模式和苏联共产主义模式。这四种模式的提出拉开了媒介体制研究的序幕，并成为之后数十年媒介体制研究的基本模式。然而，由于研究范围的宽泛和时代环境的限制，《传媒的四种理论》存在一些不可忽视的缺陷。

2004 年，哈林和曼奇尼合著的《比较媒介体制：媒介与政治的三种模式》英文版问世，这部系统研究媒介体制的著作对《传媒的四种理论》进行了修正，并发展出了"基于真正的比较研究的更高级的模式"（哈林、曼奇尼，2012，p.10）。

一、成书背景

丹尼尔·哈林是美国著名的新闻传播学学者，当代政治传播理论和比较媒介制度研究的代表人物。他 1980 年毕业于加州大学伯克利分校，现任美国加州大学圣迭戈分校传播学和政治学双聘教授，主要研究领域包括政治传播、比较媒介等。哈林的主要著作有《"未经审查的战争"：媒体和越战》和《我们令美国独占鳌头：电视新闻事业与公共领域》等。哈林的学术研究起步于政治学，他的博士学位论文研究的是越南战争中的新闻报道，此间他意识到政治学领域中关于媒介研究的空白，随即决定继续开展对这一领域的研究。如今，政治传播已经成为一个相当热门的研究领域，哈林也继续从事对媒介与政治之间关系的研究，以及对新闻业作为一种社会与政治机构这一本质的研究（秦汉，2016）。当然，他的兴趣渐渐转变为在比较语境下观察不同地区的媒介体制，尤其是在欧洲和拉丁美洲这两个他最熟知的地方。

保罗·曼奇尼是意大利佩鲁贾大学政治科学学院制度与社会系全职教授，同时担任政治传播学跨校中心主任。他曾任教于包括美国加州大学圣迭戈分校在内的多所高校。曼奇尼教授的作品包括《易碎的体制》、与戴维·斯旺森（David Swanson）共同主编的《政治、媒介与现代民主》以及与丹尼尔·哈林先后合著的《比较媒介体制：媒介与政治的三种模式》《超越西方的比较媒介体制》等。

哈林和曼奇尼的合作始于 20 世纪 80 年代。彼时，哈林刚开始从事学术研究，恰逢曼奇尼从意大利到美国做田野调查。曼奇尼想写一本关于美国电视新闻的书，而当时意大利还没有商业电视新闻，于是他们就打算合写一篇文章来比较美国和意大利的电视新闻（周书环，2018），这篇文章就是于 1984 年发表的《总统开腔：美国和意大利电视新闻的政治结构和表征形式》。自那时起，他们就意识到了比较研究的学术前景，尝试在更大规模上进行更加系统的研究。基于日积月累的比较分析所获得的经验，他们萌生了写作《比较媒介体制》的想法。两位学者想要做的，就是试图确认政治与大众媒介结构之间的系统性关联，这也是传播学领域自《传媒的四种理论》出版以来的一个雄心（哈林、曼奇尼，2012，前言，p.1）。

二、对《传媒的四种理论》的修正

哈林和曼奇尼指出，"《传媒的四种理论》的问题之一是其范畴如此之广，以至于不可避免地流于表面，就像一幅对比十分强烈的照片，它遮蔽了太多我们需要观看的细节"（哈林、曼奇尼，2012，p. 6）。《比较媒介体制》则将研究范围限定在北美和西欧，选择的体制具有相对类似的经济发展状况，也有诸多文化和政治史方面的共性，这使得聚焦的研究对象具有可比较性。这种聚焦还有一个优点，那就是"西欧和北美的优势媒介模式倾向于成为全球范围内的主导模式；因此，理解它们的逻辑和演化……不仅是作为如何开展比较研究的一个范例，而且还因为这些模式实际上影响了其他体制的发展"（哈林、曼奇尼，2012，pp. 6-7）。

同时，哈林和曼奇尼认为《传媒的四种理论》对于媒介影响力的判断过于保守，施拉姆、西伯特和彼得森都将媒介看成一种永远的因变量。哈林和曼奇尼认为，虽然媒介体制确实在一定程度上"反映了"社会结构的其他方面，但是有证据显示，媒介公共机构对其他社会结构也有冲击力，且随着媒介的发展，这种冲击力和影响力也在日益增长，特别是对政治体制而言。《比较媒介体制》对媒介体制与政治体制的交互影响问题做了回答，并梳理了有关媒介体制变革在塑造当代欧洲政治体制中的相对影响力的一些论点（哈林、曼奇尼，2012，p. 9）。

在哈林和曼奇尼看来，《传媒的四种理论》关键的败笔是聚焦于媒介背后的哲学（或称之为媒介"意识形态"），而忽视了对媒介体制与社会体制关系的经验性分析。这意味着"他们所看到的既不是媒介体制的实际功能，也不是媒介得以运作的社会体制，而只是使这些体制合法化的'原理或理论'"（哈林、曼奇尼，2012，pp. 9-10）。受到冷战这一时代环境的限制，施拉姆等人对媒介体制的分析缺乏多元比较，他们执迷于美苏两国的二元对立模式，未能充分看到全世界媒介体制的多样性。哈林在 2016 年的一次访谈中表示，"过去的二三十年，媒介体制研究已经有了大踏步的跨越，目前的研究已在思考媒介体制的经验主义模式，也已更清晰地意识到媒介体制的复杂性。……媒介体制的不同部分根据不同的逻辑运行并相互竞争。因此，媒介体制研究对于媒介体制的复杂性变得更为敏感"（秦汉，2016）。哈林和曼奇尼在他们的研究中关注了这一复杂性，他们提出的三种媒介体制模式是基于 18 个国家的经验性案例的研究。同时，他们也强调，单个国家的媒介体制只是大致接近这些模式，即便是在这三种媒介体制模式中，每一个国家的具体媒介模式也是相当多元的。

不同于《传媒的四种理论》所呈现的发展方式，哈林认为，媒介体制是历史的，且随着时间的推移而发展，因为媒介体制本身就受到历史事件和体制类型的影响而一直处于变革过程中。比如，近年来，"西欧和北美的媒介体制实际上出现了实质性的变化……媒介的全球化和商业化导致了媒介体制之间的大幅度趋同"（哈林、曼奇尼，2012，p.13）。

三、媒介比较的四种维度和三种模式

《比较媒介体制》第一章为导论，其余章节分为上、中、下三编。其中第二、三、四章组成上编，通过一些相关的概念与模式，提出该研究的理论框架；第五、六、七章组成中编，详尽地分析了极化多元主义、民主法团和自由至上主义等三种模式；第八、九章组成下编，聚焦于西欧和北美媒介体制发生的转型，并为该研究做了总结。

在上编，两位作者首先提出了用于有效比较西欧和北美媒介体制的四种维度，包括媒介市场的发展、政治平行性、新闻专业主义的发展，以及国家干预媒介体制的程度和性质。这四种维度彼此间不可化约，既互相影响，又独立变化。哈林和曼奇尼指出，这四种维度涵盖了西欧和北美媒介体制比较的大多数主要变量，他们将其视为倾向于一起变化的媒介-体制特征的集群（哈林、曼奇尼，2012，p.44）。从某种意义上说，每一个维度都可以被量化，即我们可以辨别媒介市场的发展（主要体现在报刊的发行量）、政治平行性、新闻专业主义的发展和国家干预媒介的强弱程度。但是在分析具体的媒介体制的过程中，每一个维度均有其复杂性，有些微妙的影响因素的重要性会凸显出来，需要引起研究者的关注。

接着，两位作者从政治社会学和比较政治学切入，找出了其中有助于理解媒介的一些相关概念，进而分离出了政治体制中与媒介体制相关联的一些变量（其中有些关联变量只能被视为假说）。这些变量可以从五个方面加以总结：政权与社会的关系、共识体制与多数至上政府的区别、组织化多元主义或法团主义与自由多元主义的区别、法理型权威的发展、温和多元主义与极化多元主义的区别（哈林、曼奇尼，2012，p. 62）。此外，哈林和曼奇尼还提出了一个论点，即共同的历史渊源决定了媒介体制与政治体制的发展，并且对于理解两者的关系至关重要。一个典型的例证是报纸的发行量可以反映各个国家在 19 世纪末建立的媒介模式。

哈林和曼奇尼在第四章归纳出三种媒介体制模式：（1）地中海或极化多元主义模式；（2）北欧/中欧或民主法团模式；（3）北大西洋或自由至上主义模式。而要识别这些模式，可以从占据主导地位的地理区域和媒介-政治关系的模式这两种方式着手。上述三种模式框定了该书对欧洲和北美 18 个国家的经验性材料的分析方式。两位作者通过分析发现，如今所有国家的媒介体制都在迈向商业化，媒介更接近商业世界而远离政治世界。在这个意义上，可以说，不同的媒介体制正在向自由至上主义模式趋同。为了理解各种媒介体制之间的差异和日益趋同的倾向，作者们引入了差异化理论作为框架，以对这些模式的差异和历史演进展开讨论。需要注意的是，哈林和曼奇尼在上编中提出的用于比较分析媒介体制的理论框架，并非一个可以通用的普遍框架，而只适用于对特定且具体的历史事例的分析。正如他们所言，"我们真的希望其他地区的学者将我们的书作为一种研究进路来使用，而不是作为一套你可以直接套用的分类体系，或类似的其他东西"（秦汉，2016）。

在中编，哈林和曼奇尼对上编提到的三种模式进行了具体阐释，探索了这三种模式各自的逻辑和历史演化。具体而言，中编的每章都详尽讨论一种模式，其大致结构是：以报业的历史起源开篇，继而讨论该媒介体制的特征，最后讨论媒介体制演化的政治语境，分析媒介体制变量（主要指第二章的四种维度）与政治体制变量的关系。在每一个案例分析中，两位作者所努力强调的，既包括界定这三种模式的共同要素，也包括单个国家的媒介体制不同于三种理想模式之处。各章的具体结构又根据具体议题的延伸而有所不同。例如，在极化多元主义模式的案例中，作者就增加了对从新闻专业化到媒介工具化的延伸讨论；在民主法团主义模式中，作者则强化了商业性媒介市场与政治平行性的复杂关系的论述。

作者认为，地中海或极化多元主义模式主要集中于南欧国家，其特征是媒介体制高度政治化。在那里，媒介的作用是代表竞逐影响力的广泛的政治力量，这体现为它们相互之间的讨价还价，以及各自为统一自己的政治声音所做的努力。这些国家的新闻工作者与政治行动者之间的关系相对密切。媒介的政治忠诚往往削弱了新闻业对共同职业规范和制度的承诺。因此，这些国家商业性报刊的发展，不如民主法团主义模式和自由至上主义模式所在的国家那么强劲，新闻专业主义也没有那么发达。

北欧/中欧或民主法团主义模式和它的名称一样，主要发展于北欧和中欧国家。民主法团主义模式得名于彼得·卡岑斯坦（Peter Katzenstein）在《世界市场中的小国》中的分析。正如卡岑斯坦指出的，20世纪初，北欧及中西欧的小国，采用的是各大社会利益集团之间相互妥协、权力共享和福利国家的扩张的政治模式。而这种政治模式的历史渊源，也同样塑造了这些国家的媒介体制。这些国家之间虽有诸多差异，但也存在重要的共同特征，可以概括为三个"共存"：大规模的商业性媒介与政治和公民团体相关媒介的共存、政治平行性与新闻专业主义的共存、新闻的自由主义传统与国家对媒介强力干预传统的共存。在此，媒介被视为社会公共机构，而不是纯粹的个人企业。

北大西洋或自由至上主义模式主要存在于美国、英国、加拿大和爱尔兰四个国家。这些国家都拥有较为成熟的商业性报纸，新闻事业以提供客观信息文本为主导，媒介的政治立场较为中立，而且新闻专业主义都发展良好。自由至上主义模式的媒介扮演着向公民-消费者提供信息和政府的"看门狗"的角色，政府对媒介领域的干预有限，媒介倾向为广大受众服务。当然，这种模式内部也存在着许多紧张关系和矛盾，如私有制的实质与媒介应该服务于公共福祉之间的紧张关系，又如新闻专业主义和商业性压力之间的紧张关系等。即便如此，人们依然视自由至上主义模式为未来媒介体制的潮流。中编可以说是该书的核心部分，两位作者花了大量篇幅详细描述了三种模式的特征，也分析了这三种模式在单个国家中的特殊性。而他们对三种模式的研究，也显示了媒介体制与政治体制之间的关联的可辨识性。

然而，随着时间的推移，三种模式之间的差异正在日益缩小，极化多元主义模式和民主法团主义模式都出现了向自由至上主义模式靠拢的趋势。该书下编就重点聚焦于各种媒介体制同质化或趋同这一问题。20世纪70年代，三种模式之间的差异格外引人注目，然而时至今日，许多人担忧这种差异是否已经被一种单一的、全球性的媒介模式所取代。至少在该书所讨论的发达资本主义民主国家，这种担忧不无道理。正如麦奎尔所言，一种"国际性媒介文化"对两位作者所研究的所有国家来说已经变得越发常见（哈林、曼奇尼，2012，p. 249）。自由至上主义模式似乎正在成为具有主导性的"国际性媒介文化"。这种媒介体制同质化的现象是全球化的外部力量以及世俗化、商业化的内部力量共同作用的结果。然而，媒介体制同质化也受到了各国政治体制差异化的牵制，这种牵制可以一定程度上阻止完全的同质化。哈林和曼奇尼还讨论了有关差异化的理论争鸣，分析了与差异化理论相联系的"现代化"语言，能够在何种程度上充当理解媒介体制趋同的一个框架。媒介与政治体制形成差异时，很可能服从于市场和公司争夺市场份额的逻辑，在这个意义上，媒介与政治体制的差异虽然拉大了，但是与经济体制的差异缩小了。媒介由高度的政治平行性转向高度的经济平行性，这种向自由至上主义模式的转变，似乎并未使沟通更为开放和平等。

该书下编的最后部分是对全书内容的总结以及对研究意义的评估。作为一项比较研究，两位作者认为它的价值在于：提出了关于媒介体制与其所处社会和政治语境之间关系的种种理论问题，理解了媒介体制随着时间推移而发生的变化，以及深化了我们对特定国家媒介制度的理解（哈林、曼奇尼，2012，p. 299）。因为比较，所以才能突破单一媒介体制的视野限制，才更凸显不同媒介体制的重要特征。这正如莱茵哈德·本迪克斯（Reinhard Bendix）所说的，"通过将一个结构与另一个对比来增加它的'能见度'"（Bendix，1963）。在该书的结尾处，作者给出了对未来媒介与政治体制比较研究的相关建议，并希望后来的学者能在此基础上做更深入的研究和探索。

四、评价与反思

《比较媒介体制》自问世以来，也一直受到后继研究者的检验和质疑。批评的声音主要集中于框架模式的合理性、适用性，以及对互联网媒介相关议题的忽视等，而哈林和曼奇尼也在不同场合针对一些问题进行了回应。有研究者对哈林和曼奇尼提出的三种模式进行了经验研究，其中的两项研究分别证实和证伪了他们的观点。弗兰克·埃瑟（Frank Esser）和安德里亚·温布里希特（Andrea Umbricht）沿用了哈林和曼奇尼提出的三种模式，对美国、英国、德国、瑞士、法国和意大利六国报纸的政治新闻进行了比较分析（Esser & Umbricht，2013）。其中，美、英属于自由至上主义模式，德、瑞属于民主法团主义模式，法、意属于极化多元主义模式。两位研究者对上述六个国家的全国报纸、地方报纸和周报各进行了一次随机取样，在检验了媒介体制和文本话语的相关性后，他们发现这三组国家的报纸报道风格正是由相应的媒介体制所决定的。这个研究从微观的新闻文本角度证明：相同的媒介体制导致了相同的新闻操作惯例和媒介产出（单波、林莉，2016）。而埃里克·阿尔贝克（Erik Albaek）等人的研究结论完全相反。他们对丹麦、德国、英国和西班牙四个欧洲国家的政治记者进行了问卷调查和访谈，分析数据后发现，各个国家记者的职业自治程度和角色认知是不同的，但是都受到政客-记者关系的影响。他们提出，一个理想的新闻业需要的媒介体制由五个因素构成，分别是高度专业主义、低度政治平行性、强大的广播体系、适度的商业化、适度的竞争。问卷调查得到的数据并不支持哈林与曼奇尼的三大媒介体制模式（单波、林莉，2016）。

后续的研究者选择了不同的个体样本进行经验研究，并且获得了相异的研究结果，这恰恰说明哈林和曼奇尼提出的模式是经验性的而非规范性的。两位作者的经验性分析是基于 18 个国家的经验材料，这意味着庞大的工作量，也意味着"精准模型化"工作的困难。由于研究对象的范围较大，对于各国情况的了解也有限，所以作者只能依赖二手数据。同时，因受到语言因素的影响，他们阅读各国的原始资料也是一项艰巨的任务。最后出现的一个不可避免的结果就是：国家与国家之间在资料的数量和质量上往往存在差异（常江、黑龙，2019）。哈林在访谈中也坦承，其工作是探索不同制度得以形成的逻辑，而非对每一个国家进行细致的个案分析。简单来说，就是要找到不同制度的共通根基（常江、黑龙，2019）。

此外，《比较媒介体制》的分析框架来自对欧美 18 个国家的经验分析，这些国家在经济发展水平、政治制度和文化习俗上有着较强的同质性。因此，该分析框架的适用性遭到了一些学者的质疑。有研究者认为，此模式和比较维度并不适用于探索非西方国家的媒介体制。例如，大多数亚洲国家都不存在极化多元主义模式，也不存在欧洲国家的党派制度和新闻专业规范。又如，由于不同国家在政治和经济转型上呈现出巨大差异，媒介市场与国家关系也呈现出多元面向（单波、林莉，2016）。其实，哈林和曼奇尼曾经考虑过分析框架适用性的问题，即他们提出的框架究竟在多大程度上可以被运用于分析其他国家。他们认为这一框架可以拓展至其他国家的可能性，要大于"发展新的框架以适应新的案例"的必要性，因为这个框架本身是一个逻辑框架，可以帮助我们探索不同媒介制度的成因。"在这一逻辑的基础上，我们可以不断探索新的模型，发展新的理论，提出新的概念，设计新的变量。这是不矛盾的。我很欣喜地看到，很多在欧美之外的国家和地区展开媒介制度研究的学者，是在这一框架的逻辑基础上进行他们的工作的。"（常江、黑龙，2019）哈林和曼奇尼 2012 年主编的《超越西方的比较媒介体制》一书，在一定程度上也是对上述问题的回应。在该书中，两位作者和其他研究者将媒介体制的研究范围扩大至西欧和北美之外，包括东欧、南非、亚洲等地区。相较被质疑研究框架的适用性，哈林更担心研究者因为"好用"而过于依赖这个框架，将其结晶化，停止新的探索。他希望他的研究结果是新的理论探索的起点，而不是可以被直接拿来使用的工具。

该书英文版首次出版于 2004 年，彼时正是互联网兴起的时代，数字技术和互联网发展已经对媒介体制产生了影响，然而哈林和曼奇尼却未将网络媒体机构纳入研究框架进行分析，这不能不说是一大缺憾。哈林曾解释说，这一方面是因为有关传统媒体的资料需要花费大量时间和精力去整理，另一方面是彼时的人们刚刚开始讨论互联网在媒介制度中扮演的角色，许多观点尚未成熟，他出于建立"模型"的考量，希望概念框架能够更加扎实。因此，"这也就意味着对于当下的比较媒介制度研究来说，更重要的是'如何提出正确的问题并获得适宜的数据'，而不是一味将新的变量全部纳入进来"（常江、黑龙，2019）。同时，既然是比较研究，困难还在于不同媒介体制下的互联网充当的角色可能截然不同。哈林想要强调的是，媒介制度的形成过程并不是同质化的，没有一种单一的逻辑可以解释所有不同的媒介制度的形成过程。不同的逻辑往往根植于不同的历史土壤，同时也与不同媒介类型之间的竞争密切相关，一种媒介正是在与其他媒介的区别中，实现了对于自身的界定（常江、黑龙，2019）。也就是说，互联网的发展和与其相竞争的媒介有关。至于互联网究竟在多大程度上改变了既有的媒介文化，并没有一个准确的答案。因此，尽管该书未能对互联网所扮演的角色做出系统的分析，但是它提出的比较媒介体制的分析框架依然适用于分析互联网。

最后需要澄清的是，尽管其他两种模式有朝自由至上主义模式方向发展的趋势，但我们不能想当然地给三种模式判断高下。比如，有学者对极化多元主义模式存在一定的偏见，认为这种模式下的新闻机构的独立性受到政治限制，而自由至上主义模式下的新闻界相对更为独立。这种观点显然忽略了自由至上主义模式下的媒介更容易被"商业化"扭曲这一事实，也忽略了极化多元主义模式下不同的政党互相竞争，媒介与政党竞争紧密相连，因此具有更多元的表达意见的渠道的优势。这说明，三种媒介模式各有其优缺点，我们不应该做孰优孰劣的僵化区分。事实上，哈林和曼奇尼将三种媒介模式纳入比较分析的框架，也是为了通过比较增强它们自身的"能见度"，帮助人们更加全面地认识和理解各种媒介模式。

（郭恩强　华东政法大学

马旭　华东政法大学）

参 考 文 献

Bendix，R.，"Concepts and Generalizations in Comparative Socio-logical Studies，"*American Sociological Review*，1963（4）.

Esser，F.，& Umbricht，A.，"Competing Models of Journalism? Political Affairs Coverage in US，British，German，Swiss，French and Italian Newspapers，"*Journalism*，2013（8）.

常江、黑龙：《丹尼尔·哈林：传播研究应当追求语境化的思维方式——比较媒介制度研究及其拓展》，《新闻界》2019（8）。

〔美〕丹尼尔·C.哈林、〔意〕保罗·曼奇尼：《比较媒介体制（媒介与政治的三种模式）》，陈娟、展江等译，北京：中国人民大学出版社，2012。

秦汉：《媒介体制：一个亟待梳理的研究领域——专访加利福尼亚大学圣地亚哥分校传播学院教授丹尼尔·哈林》，《国际新闻界》2016（2）。

单波、林莉：《比较新闻学的新问题与新方法》，《山西大学学报（哲学社会科学版）》2016（4）。

周书环：《比较媒介体制研究与拉丁美洲的特色——政治传播学者丹尼尔·哈林教授访谈》，《新闻记者》2018（6）。

拓 展 阅 读

〔美〕弗雷德里克·S.西伯特、西奥多·彼得森、威尔伯·施拉姆：《传媒的四种理论》，戴鑫译，北京：中国人民大学出版社，2008。

〔美〕J·赫伯特·阿特休尔：《权力的媒介——新闻媒介在人类事务中的作用》，黄煜、裴志康译，北京：华夏出版社，1989。

帕布鲁·博奇科夫斯基

《数字化新闻：在线新闻的创新》

在新闻学研究发展的很长一段时期内，技术没有受到太多重视，直到 20 世纪末以互联网为代表的新兴替代媒介对传统媒体的生存和权威开始构成实质性威胁，新闻学才逐渐意识到技术研究的重要性。相比于单纯宣称技术可能带来的决定性变革，越来越多的研究者更倾向于采用科学和技术研究（Science and Technology Studies，STS）作为分析路径，综合考察技术与社会之间的关系。其中部分学者聚焦于信息技术的象征性维度（symbolic dimensions），更多学者则着眼于媒介技术的社会应用过程。其中，帕布鲁·博奇科夫斯基（Pablo Boczkowski）的《数字化新闻——在线新闻的创新》（以下简称《数字化新闻》）一书被认为是首次将 STS 的视角引入新闻学研究的经典著作。

一、成书背景

帕布鲁·博奇科夫斯基常年致力于对数字技术与新闻业互塑机制的研究。2001 年，他在美国康奈尔大学获得科学与技术研究博士学位之后，曾被聘为麻省理工学院斯隆商学院的助理教授，目前是美国西北大学传播学院教授，兼任阿根廷媒体和社会研究中心联合主任。在《数字化新闻》一书中，博奇科夫斯基着重分析了美国早期在线报纸作为一种新闻创新的出现及其演化过程，关注既有媒体中的从业者如何认知和纳入新的技术潜能，以及基于这些实践产生的新媒体形态（Boczkowski，2004，p. 181）。该书出版后受到了广泛关注，有学者称其"为理解在线新闻生产中技术、物质性和社会实践之间的互动铺平了道路"（Ahva & Steensen，2019）。

20 世纪 90 年代，随着新兴的数字技术，尤其是万维网的推广和普及在多个方面影响了人们的生活方式，学界和业界兴起了对技术革命的广泛研究热情。有着信息科学教育背景的博奇科夫斯基对新闻行业的技术变迁也产生了浓厚的研究兴趣，但他反对当时盛行的单一的、决定论式的"媒介融合"观念，而是主张采用 STS 路径来把握技术与新闻之间的互动关系（Boczkowski，2004，p. 4）。

STS 是一个由多种学术脉络构成的跨学科领域，如科学史、科学社会学、科学知识社会学等，在过去的三四十年已逐步成长为社会科学中的一个重要研究领域。其形成之初主要聚焦于工程技术、工业机械和科技体制等方面（Wajcman & Jones，2012），不仅研究科技物本身，也研究科技物的发展过程。这一路径有三个核心观点：（1）技术与社会之间的转化是一个相互依存的双向过程；（2）持续的变化演进是这个过程的主要特征；（3）既有的社会历史传统和情境对这些过程具有重要影响。基于这种双向的、过程性的认识论，STS 摒弃了科技决定论，反对社会决定论，着重思考科技与社会之间的相互影响（Boczkowski, et al.，2016）。

上述互动式的技术观被认为对当代新闻传播研究具有较高的借鉴价值（Ahva & Steensen，2019）。主流新闻传播研究曾过于关注文本，关注生产文本的产业运作、受众消费，但这些传播设施的物质性和网络关系被长期忽略。经典媒介研究将新闻窄化为页面上的一段文本，而非页面本身——标题是被审读的，而不是报童叫卖出的、电报发出的，或者由数字代码转换为可以点击的链接的。媒介仅被视作影响观念的信息，而非当人们在使用词语、声音、形象等社交货币时通过信息或事物而联结成的一系列社会关系（Boczkowski & Lievrouw，2007，p. 967）。近年来德国媒介学者基特勒和北美媒介生态学学者麦克卢汉等人的研究得到重视，可部分填补主流新闻传播研究的"技术缺失"，但其"见物不见人"的论述方式也时而引来对"技术决定论"的担忧。STS 路径则恰好可以帮助新闻传播研究既看到技术的作用，也注意到人类社会与技术的关系。

　　然而，早期 STS 路径也一度忽视媒介和传播技术研究，部分是因为这一领域建立在自然科学基础之上，研究者不得不通过研究"硬科学"，尤其是关注那些与产业、工程、知识生产、军事和交通有关的重要的、历史悠久且应用广泛的科学技术，来向其他科学家和工程师同事展示自身工作的正当性。20 世纪 90 年代初，STS 领域内开始出现一批关于媒体信息技术的研究，例如对电话和视频文本（videotext）的"技术系统"的研究，对广播、电话、电子媒体的文化历史的研究以及对于计算机技术的社会学研究等（Boczkowski & Lievrouw，2007）。但直到互联网普及后，媒介信息技术才成为 STS 的重要研究对象。一些学者关注计算机给工作实践和环境带来的影响；还有一些学者开始关注传播和媒介研究，以更好地理解信息与计算机技术的象征维度，在特定的文化情境中理解技术的社会生成（Wajcman & Jones，2012）。而对于新闻传播研究，STS 可以带来更有效的概念分析框架，帮助人们更好地理解特定技术和信息的生产、流通和接收如何产生重要的社会、文化和心理影响。正是在这样的脉络中，博奇科夫斯基采用了 STS 路径研究正在兴起的在线新闻。

二、兴起中的媒介

　　在 STS 理论视野之下，博奇科夫斯基反对在比较在线新闻与平面报纸新闻的差异后武断地宣告技术将会引发革命，而是认为需将技术进步导致的媒介变迁置入具体的媒介进化过程，并认为最初的资源、实践目标、社会条件、运作情境都可能对某个新媒体项目的形态产生重要影响。这里的媒介既包括那些能够延伸我们传播能力的人造物或设备，也包括人们使用和发展这些设备的实践，以及围绕和构成这些设备和实践的社会结构和情境（Lievrouw，2014）。对于这些新兴媒介的构型，博奇科夫斯基强调关注让这些产品成为自身的那些因素，并认为许多"线上"表现只有通过观察其"线下"生产情境才能得到充分解释，从而真正揭示媒介在特定技术和社会条件下数字"化"的过程。

具体操作上，博奇科夫斯基首先通过考察美国多家日报在 20 世纪 80 年代开启的市场导向的电子出版进程，来了解在线报纸产生时已存在的报业创新文化；又对三家展开了差异化的在线新闻实践的编辑室及其创新过程进行了为期三年的民族志研究，回溯和观察了既有媒体的从业者如何使用这些可能带来新前景和新变化的技术进步，并将其与这些报业数字创新实践最终形成的产品形态之间的勾连进行分析，力求展现 90 年代末美国互联网在线报纸的兴起历程。1997—1999 年三年间，博奇科夫斯基为每个案例花费了 4 到 5 个月，总计进行了超过 700 小时的观察（白红义，2017）。

相比于带有目的论色彩的"媒介融合"，博奇科夫斯基选择用"兴起中的媒介"（Emerging Media）来指称现实经验中新技术给媒介生态带来的变化，以及通过融合新技术的潜能和既有社会、物质基础而形成的新的媒介传播形态。当时许多研究认为新技术会给报纸带来革命性变革，博奇科夫斯基则指出这种观点在认识路径上存在严重问题：这些研究仅呈现出新技术可能满足预想中的社会需要的潜力，而非从使用者实际使用的现实情况出发，但媒介历史的经验证明，技术形态的特性取决于人们开展传播实践的初衷。

博奇科夫斯基认为，新闻业的数字化转型是一种进化而非革命，报纸既有的创新文化和实践动机对在线新闻的产生及其形态具有重要影响。这种进化不是单一方向的，而是特定组织、经济、技术、文化因素交织的结果，并呈现出差异化的数字媒体新形态。编辑室应该被视为一个社会-物质环境（socio-material environment），技术决策会影响编辑实践，并受到组织策略的影响，这个过程同时与更广泛的社会背景和社会的宏观发展趋势相关联。总而言之，在线报纸是既有的单向的、以印刷文本为基础的报纸传统与网络化的、计算机的互动和多媒体等新技术潜能相互结合的产物，是一项综合的社会结果。

三、避险式的报业创新文化

为展示互动、超文本、多媒体等技术发展不是新闻网站必然的、单一形态的历史方向，而是因组织、经济、技术、文化因素的不同交织在不同的编辑室发生差异化的呈现，博奇科夫斯基引入了技术、传播和组织三种理论资源，来分析这些实践的物质、编辑和工作维度，以及各维度之间的相互关系。基于经验观察，博奇科夫斯基认为组织是上述维度中最为核心的一个，既关系到既有报纸的创新文化、当时的经济/社会条件，也涉及因采用新技术而生成的新的编辑常规和工作流程。

每个时代都有自己的新技术，美国报业一直具有独特的创新传统和创新文化。事实上，美国报业的发行和广告市场在 20 世纪 60 年代就已经开始面临挑战，包括印刷发行成本提高、消费模式日益多元、年轻人更喜欢音频媒介等，这些都在敦促报业采取有效的应对举措。许多报纸在 20 世纪 80 年代就开始尝试采用个人电子计算机、传真、电视、固定电话等作为替代性的内容分发渠道，但这些创新项目大都没有超过 10 年的寿命。其原因是美国报纸创新行为不约而同地共享了一种"避险文化"——对于替代性的媒介技术，报业的举措往往是反应式的、防御的、实用主义的，而非前瞻的或主动式的，即只愿意跟随技术先驱者进行一些能够带来短期利益的尝试（Boczkowski，2004，p.67）。

只要发现新技术对报业不足以构成颠覆式的威胁，即使新项目运作得还算顺利，也还是会被放弃。直到 1995 年左右万维网在美国日渐普及，数百万美国人开始在网上获取新闻，美国报业尝试非印刷版本新闻才具备了条件与必要性（Boczkowski，2004，p.173）。入驻互联网后，报业奉行的避险式文化依然在发挥作用。当时的市场环境奖励灵活多变的企业，但面对各种各样的新技术，由于不知道什么是可行的，各家新闻机构的在线新闻部门进行了大量的探索。这种避险是一种补偿性的措施，用来在充满不确定性的技术和经济环境中分散风险，媒介产业后来形成的多元混杂格局其实与这种避险策略有关。在相对保守的创新文化中，面对新的技术潜能，报纸想要变得更好，维护平面报纸的特殊地位是尝试新技术的基础动机。

但技术发展和新的工作实践还是会带来或多或少的变化。在博奇科夫斯基选取进行民族志研究的三个由报纸发起的在线项目中，新媒体产品形态的差异表现为组织、技术和传播实践三股力量持续的互塑。虽然已成为独立的部门，《纽约时报》的在线部门还是选择再利用平面部门的内容、把这些文章放到网上这种简单的做法来实现巨大的商业成功——1998 年该报在线报纸每月的阅读量都保持在 6000—8000 万的水平，这在当时是颇为可观的数字。但在技术创新上，这并不是什么革命性的转型。网络部门认为自己同平面部门没什么区别，都是消息来源和消息受众之间的掮客，负责向受众推送他们应该知道的信息。

《休斯敦纪事报》发起的"虚拟旅行者"（Virtual Voyager）项目则在尝试一些不一样的做法。在这个过程中，记者学习了使用多媒体的技能，开启了新的讲故事方式，让在线新闻报道与普通的平面报道之间产生了差异（Boczkowski，2004，p. 124）。报纸原来的一些做法被认为已经不适用了，受众被想象为精通网络技术、可以积极地与报道互动的人群。但是新闻人仍旧行使着主要的把关职责，其传播方式也仍然与纸质报纸一样是单向的。

最具创新性的是第三个案例，即新泽西州媒体联盟集团的项目——"新泽西在线"。该项目没有进行独立报道，而是为个人和机构开辟了网络平台来发表内容。新闻工作者在这个项目中只是承担一些编辑和建立链接的工作，他们大量的时间和精力被用于帮助用户解决技术困难。新闻工作者几乎完全放弃，或者说是主动交出了把关人的权力，传播模式也因此从传统报纸的单向流动变为以在线新闻创新项目为平台的网络式互动。

从上文可以看出，博奇科夫斯基用于衡量创新的标准是新的技术创新应用项目与传统报业的差异程度。通过对所选取的三个主要案例进行交叉比较，博奇科夫斯基发现，虽然不同的报纸组织都意图发挥互联网技术的潜在优势，但最终形成的新媒体项目形态还受到三个主要因素的影响：（1）在线编辑部门与传统编辑部门的关系，是依存还是自主？（2）产品设计对用户的定位，是消费者还是生产者？用户技术熟练与否？（3）新闻人的角色，是把关人还是另类开发者？

相对于此前的新闻生产研究对技术的相对忽视，STS 路径的优势在于其对技术更新这一自变量的强调（Boczkowski，2004，p. 103）。博奇科夫斯基的研究基于技术变迁的基本背景和研究动因，揭示出技术实践和技术考虑是在线新闻部门信息生产工作的核心部分，这对理解新媒体产品十分重要。但他同时认为组织目标和组织文化对线上产品具有重要的塑造甚至决定作用。后来，"新泽西在线"项目因市场效益不佳而终止运作；"虚拟旅行者"因合同到期而暂停；而《纽约时报》的在线部门一直存在，还获得了一些报道奖项。对于许多报业机构来说，尝试应用新媒体往往是出于对经济效益的考虑，而非追求技术革新。传统报业接受新技术是为了避免更多的变化而非迎接新形态的新闻，这种避险的做法不仅是个人的行动，也是整个产业的集体逻辑。

四、评价与反思

《数字化新闻》一书的出版获得了学界的广泛关注和赞誉，并获得了 2004 年美国国家传播学会组织传播组颁发的"杰出图书奖"、2005 年美国国家传播学会批判与文化研究组颁发的"杰出图书奖"，以及 2005 年国际传播学协会颁发的"年度杰出图书奖"。其最大的贡献被认为是扭转了当时的技术决定论视角，提供了新的研究视角。当然，博奇科夫斯基并不否认技术带来的转化作用，而是更想揭示那些新的技术潜能如何显现或者未能显现的过程。他用"兴起中的媒介"这一概念提醒人们关注媒介融合的过程和后果，关注多元化的影响因素和技术的影响途径。博奇科夫斯基承认，不管怎样，变化都是大势所趋，报纸活了下来，也越来越不像报纸。他站在批判性立场上，表现出对报业避险式的创新文化的担忧。

此后，博奇科夫斯基在 2010 年出版了《工作中的新闻：信息充裕时代的模仿》，并因此获得了 2011 年美国社会学协会传播与信息技术分会颁发的"最佳图书奖"。该书从比较的视角对阿根廷、芬兰、以色列、日本和美国的新闻消费、娱乐与技术进行了研究。在新世纪的前十年中，报纸产业的竞争进一步分化且日益激烈，面对愈发不确定的技术和市场环境，报业的避险式创新依然在发挥重要作用。《数字化新闻》出版后，博奇科夫斯基曾被建议纳入更多受众接收方面的分析，但纳入了相关分析后，他对新闻数字化的态度却变得更为谨慎。虽然到了2010年，新的数字技术在美国不断涌现，人们仍保持着相对乐观的技术-社会想象，但博奇科夫斯基认为这种乌托邦式的想象不适用于新闻和新闻消费领域。市场竞争仍是一个重要的调节变量，媒体之间的相互跟进和模仿加剧，新闻越来越同质化。移动互联技术让更多受众可以在工作时间接收新闻信息，但这种让人分心的情境加剧了新闻接收的碎片化。这种恶性循环没有人喜欢，但也没有任何一方能够改变。从民主运行的支撑力维度来看，上述移动、互动、新闻创新，其实并没有带来什么好处。通过交叉比较新技术带来的新闻生产、流通和消费情境中的变化与新闻内容的质量和多元化程度，博奇科夫斯基既相对全面地展现出技术带来的种种可见的连锁变化，又在宏观的社会结构和人文批判立场上对这些变化可能带来的深刻影响进行了阐释与批判。这种将内容与技术进行双重比照的研究路径一定程度上桥接了新闻传播研究与STS研究。

博奇科夫斯基此后进一步推动将STS相关理论资源运用到新闻传播研究领域（Siles & Boczkowski，2012），并得到了许多学者的响应，其中一些重要的研究被收入其与媒介社会学学者塔尔顿·吉莱斯皮（Tarleton Gillespie）、科斯坦·弗特（Kirsten Foot）共同主编的《媒介技术：传播、物质性与社会》这一论文集中。虽然早期传播学领域关于STS的部分研究因侧重呈现技术的社会塑造过程而被担忧再一次遮蔽技术的自身势能，但这种担忧之所以产生很大程度上是由于不同学科范式的根本立场不同——传播研究看重技术带来的影响，STS则更侧重社会如何塑造技术（Boczkowski & Lievrouw，2007）。不过，更聚焦经验分析的媒介信息技术研究很快学会了避开上述根本动力机制或者因果关系的纠缠，而是进入具体的情境，力求呈现技术和社会力量之间的相互依存和相互塑造（Wajcman & Jones，2012），并释放出大量的研究生产力（Boczkowski, et al.，2016）。在学者的共同努力下，媒介是一种复杂的社会物质现象，已经成为一种共识，物质性成为媒介传播与STS

两个理论路径的桥接概念（Siles & Boczkowski，2012；Lievrouw，2014），媒介技术不再只被认为发生于社会中，而被视为特定的人类和机构努力的物化结果。当然，社会科学研究不仅仅满足于呈现复杂性，而是要在概念分析层面实现精进。对此，博奇科夫斯基也给出过建议。他认为，不仅要承认在变化和延续之间常在的张力，也要关注这种张力在不同情境下的不同表现："进一步的工作可以是界定某些会使这架天平倾斜的某些特定条件，或者研究有哪些特定的机制、过程能够在特定条件下强化某些技术的社会构型，但在另一些条件下更具延展性。"（Boczkowski & Lievrouw，2007）

（陶文静　上海大学）

参 考 文 献

Ahva，L.，& Steensen，S.，"Journalism Theory，" in Wahl-Jorgensen，K.，& Hanitzsch，T.，*The Handbook of Journalism Studies*，New York：Routledge，2019.

Boczkowski，P. J.，& Lievrouw，L. A.，"Bridging STS and Communication Studies：Scholarship on Media and Information Technologies，" in Hackett，E. J.，et al.，*The Handbook of Science and Technology Studies* (3rd)，Cambridge，MA：MIT Press，2007.

Boczkowski，P. J.，*Digitizing the News：Innovation in Online Newspapers*，Cambridge，MA：MIT Press，2004.

Boczkowski，P. J.，et al.，"Science，Technology，and Society Studies，" in Jensen，K. B.，et al.，*The International Encyclopedia of Communication Theory and Philosophy*，New York：Routledge，2016.

Lievrouw，L. A.，"Materiality and Media in Communication and Technology Studies：An Unfinished Project，" in Gillespie，T.，Boczkowski，P. J.，Foot，K. A.，*Media Technologies：Essays on Communication，Materiality and Society*，Cambridge，MA：MIT Press，2014.

Siles，I.，& Boczkowski，P. J.，"At the Intersection of Content and Materiality：A Texto-material Perspective on the Use of Media Technologies，" *Communication Theory*，2012（3）．

Wajcman，J.，& Jones，P. K.，"Border Communication：Media Sociology and STS，" *Media，Culture & Society*，2012（6）．

白红义：《在新闻室做田野：作为方法的新闻民族志研究》，《现代传播（中国传媒大学学报）》2017（4）。

拓 展 阅 读

〔美〕C. W. 安德森：《重建新闻：数字时代的都市新闻业》，王辰瑶译，北京：中国传媒大学出版社，2022。

〔美〕帕布鲁·博奇科夫斯基：《工作中的新闻：信息充裕时代的模仿》，周亭译，北京：北京大学出版社，2020。

〔美〕苏珊·赫布斯特：《用数字说话：民意调查如何塑造美国政治》，张健译，北京：北京大学出版社，2018。

詹姆斯·汉密尔顿

《有价值的新闻》

《有价值的新闻》是斯坦福大学传播学教授詹姆斯·汉密尔顿于 2004 年出版的著作，这本书英文原名叫 *All the News that's Fit to Sell：How the Market Transforms Information into News*，直译过来其实应该是《所有适合售卖的新闻：市场是如何将信息转化成新闻的》。可能是考虑到"售卖新闻"这一提法中国读者不好理解，所以该书在 2016 年被翻译成中文时，标题改成了与中国新闻界常提的"新闻价值"概念相关的"有价值的新闻"。

"新闻是商品，而非事实的翻版。"（汉密尔顿，2016，p.9）该书第一句话就给了读者"当头棒喝"。该书创造性地对新闻做出了迥异于其他新闻学著作的定性，在此基础上，作者构建了一套系统的新闻经济学理论，并成功地用经济学模型解释了美国新闻业的诸多现象——包括 19 世纪无党派报纸的兴起，20 世纪后期硬新闻的衰落，以及 20 世纪后期电视台明星主持人、明星记者的出现。作者证明了这些现象的背后都有市场的有力推动，从而让我们看到，媒体的偏见或许并不仅仅是政治阴谋的结果，信息的娱乐化也或许并非单纯是人性的弱点所致，今天的新闻业所呈现的许多特性，更有可能是由市场决定的。

一、成书背景

作者汉密尔顿的主要研究方向是媒介经济学、公共政策和计算传播学等。不过他并不拥有传播学的硕士或博士学位，他硕士毕业于哈佛大学经济与政府专业，博士毕业于哈佛大学经济学专业。

扎实的经济学和政治学功底，使得作者在早期学术生涯中就敏锐地观察到了信息生产背后的供求关系，看到了市场需求对信息生产起到的决定作用。1991 年，汉密尔顿博士毕业后，进入斯坦福大学做助理教授，先后参与了多个有关新闻媒体的政治、经济学的科研项目，研究课题包括"媒体暴力的政治经济学"（The Political Economy of Media Violence）、"观众兴趣对媒体内容的影响"（The Impact of Viewer Interest on Media Content）、"市场如何将信息转化成新闻"（How the Market Transforms Information into News）等——这些课题的成果均在《有价值的新闻》中得到了呈现。

汉密尔顿的独立专著共有 5 部，它们均在探讨媒体、新闻、信息与公共政治和公共经济政策的关系。汉密尔顿的第一部独著是 1998 年出版的《导向暴力：暴力电视节目的经济市场》。在该书中，作者揭示了市场需求推动了电视节目里暴力镜头的日渐增加这一事实，我们在这里介绍的《有价值的新闻》是作者的第二部独著。在这本书中，作者第一次综合地构建了他的新闻经济学理论，对自己十几年学者生涯的研究成果做了系统性归纳。汉密尔顿的其他三本独著，分别是 2005 年出版的《通过启示调控：有毒物质释放库存计划的起源、政治和影响》、2010 年出版的《在保护计划中保存数据：信息不完美时监管计划如何运行》以及 2016 年出版的《民主的侦探：调查性新闻的经济学》。在这几本书中，读者都能看到《有价值的新闻》所提供的理论基础。

这些专著构建了作者独到的新闻经济学或者说信息经济学的天地。《有价值的新闻》在这个天地中起到了搭建理论框架的作用，是对之前所有研究成果的总结，也为之后的研究打下了一个坚实的地基。

二、新视角：新闻作为信息商品

该书第一章首先构建了新闻经济学的理论基础，诠释了什么是新闻、市场如何选择新闻。

（一）新闻作为信息商品

在该书中，作者对新闻的性质做出了新的界定——新闻属于信息商品，更具体地说，是"能够在市场上被作为新闻供应的信息的子集"（汉密尔顿，2016，p. 11）。

新闻作为信息商品，拥有信息商品的一般特性，这些特性包括：公共商品、经验商品、高额固定成本/低额可变成本，以及正外部性（汉密尔顿，2016，p. 12；p. 323）。公共商品属性，指的是任何人都能消费新闻，并且不存在信息被"用尽"的情况；经验商品属性，指的是人们必须消费过新闻才能理性判断其质量；高额固定成本/低额可变成本，是指新闻机构在购买印刷机、雇用记者上的固定成本相对高昂，而购买纸张、油墨、递送服务等的可变成本相对低廉；正外部性是指新闻机构永远无法获得与新闻产生的公共利益相当的经济回报。这些特性决定了媒体所有者会如何处理新闻商品。

在认识新闻这件事上，汉密尔顿深受美国政治学家安东尼·唐斯（Anthony Downs)《民主的经济理论》一书的启发。唐斯认为，新闻对于公民来讲具有四个基本功能：为生产者提供生产信息、为消费者提供消费决策、提供娱乐、指导选民投票（汉密尔顿，2016，pp. 14-15）。但是，新闻的受众往往愿意花钱去满足自己的前三个需求，而不会花钱去满足投票需求，因为这背后涉及选民的"理性无知"特性——选民知道自己投出的一票对选举结果的影响微乎其微，因此倾向于不去花精力学习与投票相关的政治信息，而相比之下，如果选民不花钱获取与前三个因素相关的信息，就不会得到自己想要的好处。选民的"理性无知"特性，正是硬新闻市场需求偏弱的根源。

(二)"5W"因素和空间模型

基于新闻作为信息商品的基本特性,类似于我们在新闻学基础课程中学习的"新闻价值五要素",作者从经济学的角度,提出了市场驱动下记者、公司、媒体进行新闻选择时会考虑的"5W"要素(汉密尔顿,2016,p.9):

(1)谁(who)关心某条特定的信息?

(2)他们愿意为了找到信息支付什么,或者其他人为使信息达致他们愿意支付什么(what)?

(3)媒体或者广告商能在哪里(where)达致这些人?

(4)何时(when)提供信息能够赢利?

(5)为什么(why)这是能赢利的?

在"5W"的基础上,作者借用了经济学中的空间模型概念,来描述媒介经营者会怎样做出"在实体空间中放置商品的决定"(汉密尔顿,2016,p.20)。

作者在构建新闻生产的空间模型之时,提出了以下几个基本的需要考虑的因素:读者或观众的口味、资金、技术、制度。其中,读者或观众的口味以及资金这两个因素,对应"5W"中的前两个W,即谁关心、为找到信息愿意支付什么;技术对应第三、第四个W,即在哪里可以达致特定受众、何时可以赢利;制度对应第五个W,即为什么特定的新闻商品可以赢利。

由此,该书将空间模型总结为一个简易的公式(汉密尔顿,2016,p.23):

$$新闻商品的利润 = P \times (X/N) - C$$

其中,P代表广告商评定的特定节目的观众的价值,X代表收看节目的观众数量,N代表市场内独立的竞争者数量,C代表节目生产成本。

作者认为,媒介管理者正是在这样的空间模型的指导下,在选择新闻时,通过调整各因素,尽可能达到组织利润的最大化。

空间模型是该书观测新闻业的基本工具。从第二章起,作者先是探讨了 19 世纪"客观报道"的兴起与空间模型诸要素之间的关联，证明了空间模型的有效性，而后又通过分析地方媒体新闻内容的变迁、20世纪下半叶电视网晚间新闻节目的变迁以及互联网新闻的特征，证明了空间模型的理论具有可移植性。

三、空间模型如何预测新闻业的变迁

作者心中始终有一个重点关照的现实问题，即 20 世纪 80 年代之后，美国新闻界明显出现的硬新闻衰落、信息质量下滑的问题，这是在作者生活的年代发生的切实的变化。该书第二章可以被视作对"5W"和空间模型的有力检验。第三到第六章整整四章的篇幅，详细讨论了与20 世纪 80 年代后硬新闻衰落相关的诸要素。第七、第八章则关照空间模型所能预测的另外两个和硬新闻衰落相关的现象，一是互联网新闻的兴起，二是明星新闻主持人、明星记者的出现。在这些章节中，"5W"和空间模型充分展示了它们在预测新闻市场走向方面的有效性和可移植性。

(一) 19 世纪无党派报纸的兴起

作者在该书中分析的第一个案例，是 19 世纪美国无党派报纸的兴起。这是该书第二章的主要内容。

美国报刊从政党报刊转向无党派报刊的这段历史，是任何一本外国新闻史教材都会重点论述的内容，关于为什么会发生这样的剧变，迈克尔·舒德森曾在《发掘新闻：美国报业的社会史》一书中提供了三个社会原因：印刷技术的发展、社会识字率的提升以及新闻业发展的自然规律（舒德森，2009，pp.24-35）。该书提出的空间模型的预测和以上观点基本不冲突，只是更加具体地分析了这段历史中市场选择如何发挥了主导作用。

汉密尔顿同舒德森一样，将印刷技术的发展视为推动无党派报纸兴起的关键因素。简单来讲，印刷技术的发展推动了购买印刷机的成本的上涨，但是同时单份报纸的印刷成本大幅下降，报业获得了新的发展机会。空间模型预测，当固定成本上升时，经营者会转而更加关注读者的价值和规模，由于无党派报纸生产的内容迎合了所有党派支持者的兴趣，因此越来越多的报纸所有者转向了无党派报纸阵营。

空间模型还预测了新闻界的其他一些变化，比如：由于读者必须达到一定的规模才能分摊高昂的印刷机成本，因此无党派报纸在大城市更加流行；同时从广告商的角度来看，由于无党派报纸受众规模较大，因此广告公司也更愿意发布广告，这也让无党派报纸索要更高的广告发布价。

该书在论证上体现了极强的严谨性，在使用空间模型进行预测之后，作者通过分析 1880 年开始发行的《美国报纸年鉴》中公布的数据，基于以上假说进行了严格的量化数据统计以及回归分析。最后，假说基本得到了统计学意义上的支持，验证了空间模型的有效性。

(二) 20 世纪 80 年代后电视硬新闻的衰落

空间模型在成功预测了 19 世纪新闻业变迁的同时，也成功预测了作者生活的年代里电视新闻中硬新闻的衰落和娱乐化信息的泛滥。

第三章论证了受众兴趣对新闻内容的强大影响。作者首先假设软新闻兴起的受众基础主要体现在两个方面（汉密尔顿，2016，p.96）：第一，广告商会更加青睐购买决定容易受影响的观众，这些人通常为 18—34 岁的人群以及女性群体；第二，这些群体构成了硬新闻节目的边际受众，而媒介管理者会认为核心受众（多为年纪较大的男性）不会流失，因此会更倾向调整节目定位以吸引边际受众。

为了证实以上现象，作者基于皮尤研究中心在 1999 年和 2000 年所做的三个调查，进行了一系列的实证分析。这些实证分析的结果显示，由于年轻受众和女性受众被赋予了更高的广告价值，因此媒体会更多地聚焦年轻人和女性关注的话题，比如教育议题、减少犯罪的议题等，并且政治倾向更加偏向自由主义。这证明了公众兴趣，尤其是边际受众的兴趣在多大程度上界定了电视内容，甚至电视的政治偏向。

为了进一步呈现电视节目的内容随着公众兴趣的变化发生了哪些变化，第四章对美国 1999—2000 年的一些全国性的高收视率新闻节目进行了内容分析，发现在"人情味"和"自我指涉"两项指标上得分更高的节目更受观众青睐，广告要价也会更高（汉密尔顿，2016，p.176），而这两项指标正是女性观众和年轻观众更为关注的特征，也正是软新闻文本的主要特征。

第五章的论述重点下沉到了地方媒体。作者之所以要单独划出一章谈论地方媒体的新闻，是因为在美国处于食物链底端的地方媒体，常常被视为跟全国性媒体不一样的个性化媒体。作者用一章的篇幅证实了地方媒体和全国性媒体一样，其新闻内容同样也是能用空间模型进行预测的，比如：地方人口构成会影响地方软新闻的流行程度（汉密尔顿，2016，p.190）；如果一家电视台或报纸是由更大的集团控制的，或者发行量更高，那么软新闻流行的可能性则更大（汉密尔顿，2016，p.197）。

第六章把研究拓展到了更宏观的一段历史时期，通过对1969年到1998年30年间的美国电视网晚间新闻节目的发展进行梳理和分析，作者呈现了电视网晚间新闻节目如何随着节目商的动机的变化而变化。在这一章中，作者使用质化和量化结合的方式在制度层面（对应第五个W）分析了硬新闻衰落背后的机制，具体来讲，主要是联邦通信委员会的放松管制政策、以及来自有线频道的日益增加的竞争压力（汉密尔顿，2016，p.212）。质化的部分分析了新闻内容和保留下来的传媒纪要，量化的部分对以三大电视网为主的电视网的各类型报道进行统计。

从第三章到第六章，作者用了四章的篇幅，利用空间模型全面地分析了市场因素如何导致了美国电视网硬新闻的衰落，并且基于20世纪80年代美国新闻业的变化，阐释了新闻经济学中的一个关键理论：受众兴趣对媒介内容有着不容忽视的强大影响。

（三）互联网新闻和作为商品的记者

作者在第七章和第八章详细探讨了两个值得注意的新兴现象：一是互联网新闻的出现，二是电视节目主持人、记者和评论员薪酬的大幅上涨。

互联网新闻在该书出版之时还是个新兴事物。互联网新闻较之传统的报纸、电视新闻，具有一些不同的经济学特征，比如先前所分析的新闻的高额固定成本和低额可变成本，在互联网新闻中要么消失不见了，要么大幅降低了，因为互联网新闻不需要昂贵的印刷机或者电视演播设备，也无须负担诸如纸张、油墨等消耗品所产生的边际成本。然而，作者在该书中进一步证明了空间模型的可移植性："5W" 和空间模型同样适用于分析互联网新闻。

作者通过对皮尤研究中心在 2000 年的调查数据进行分析，发现互联网上的新闻使用同样明显受到年龄和性别的影响，而且互联网上的硬新闻仍旧处于相对弱势的地位。不过，互联网也具有自己独有的特点：一方面，由于互联网传播打破了地理限制，受众在信息获取上更依赖头部媒体，因此美国的五大报纸在网络上占据了绝对优势；另一方面，互联网使得用户能够根据自己的兴趣生成 "我的日报"（汉密尔顿，2016，p. 257），同时媒介经营的固定成本降低，因此更多的小众媒体出现，而它们的预算有限，新闻质量因而受到影响。

除了互联网新闻，作者也注意到电视网新闻领域出现了一个看起来有些矛盾的现象：在电视网晚间新闻节目的绝对观众日益减少的同时，主持人的价值却在增加，这体现为电视节目主持人和记者的薪酬在 1980 年后有了明显的提升。有些成名的记者靠着公共演说赚取的外快，甚至比他们报道的政客获得的报酬都要多（汉密尔顿，2016，pp. 298-299）。作者认为，之所以会出现这种现象，主要是因为新闻是经验商品，媒体经营者必须想方设法让观众对节目留下印象，因此 "造星" 是处于激烈竞争中的新闻媒体必然会采取的策略。作者通过实证分析发现，媒介机构在努力把主持人、记者、时事评论员等塑造为 "明星""名人""娱乐者"。

四、新闻业变迁对公共利益的影响

新闻业发生的这些变化，不能仅仅被看作新闻这个行业内部的事，它们也关系到公共利益和民主政治。在该书最后一章，作者结合经济学理论和政治学理论，对新闻业的变化与公共事务的关系进行了分析。

"理性无知"是作者在第一章就介绍过的理论。这个理论告诉我们，公民"想要知道的"和"需要知道的"信息是存在差别的，由于"理性无知"的存在，大部分选民不会为了行使投票权而去充分了解与民主政治有关的信息，而这对于民主政治必然是一种伤害。

在最后一章，作者借用一些政治学研究成果，阐释了硬新闻的衰落究竟对社会造成了哪些伤害。比如，人们更加关注政治人物的丑闻和政治决策中的暴力，而非和公共利益有关之事，这就增加了政治决策的风险。此外，按照议程设置理论和框架理论的判断，以及启动效应的存在，媒体报道会影响选民对候选人的判断，同时因为"理性无知"，选民也往往倾向于"委托"媒体帮助自己进行政治决策，而此时媒体会对投票之外的信息过分关注，所以必然造成对选民决策的极大误导和干扰（汉密尔顿，2016，pp. 330-333）。

除此之外，前文提到，由于新闻作为信息商品具有正外部性，因此媒体的经济收益往往和新闻所产生的社会效益是不对等的，而硬新闻对于社会有着极其珍贵的价值。虽然在该书中，作者并没有对此进行十分充分的说明，但作者在 2016 年出版的《民主的侦探：调查性新闻的经济学》一书中，详细估测了调查性报道产生的经济和社会效益，比如对洛杉矶不卫生餐馆的揭露可以减少食品中毒的病例，为社会带来超过 1.24 亿美元的价值（Hamilton，2016，p. 10）。但是，由于调查性报道给媒体带来的经济效益不足以支付高昂的调查成本，因此，像调查性报道这样的硬新闻日益衰退，而这无疑是社会的巨大损失。

那么，我们有没有什么办法可以规避这样的损失呢？作者在书中给出了一系列应对措施。提出这些措施的依据是经济学家针对基于正外部性形成的市场所制定的决策工具，以及对各大利益主体的成本-收益预测（汉密尔顿，2016，pp. 352-353）。这些措施是：

（1）降低新闻收集和分析的成本，尤其是有关政府运转的信息成本。比如信息自由法案的颁布，以及政府主动提供电子信息，都可以促进这一点。

（2）鼓励非营利集团为新闻业提供更多资金援助，包括非营利集团对调查报道的资助、对特定媒体研究发放津贴、对记者教育的支持等。

（3）强化记者的职业性，这一方面要求在经营者要求的利润最大化和记者追求的职业理想之间留下足够的空地，另一方面要求强化新闻作为公共事业的价值判断，增加记者为声望而报道硬新闻的动力。

（4）界定产权。该书作者并没有明确给出具体的调整策略，因为按照经济学分析，存在一个两难现象：如果要鼓励生产者，那么就要收紧版权保护；如果要增加新闻消费，则要放宽版权保护来降低消费成本。

在该书的最后，作者呼吁读者行动起来，对抗"理性无知"（汉密尔顿，2016，p. 355）。

五、评价与反思

现在，在知识付费市场上有句话很流行，叫作"万物皆可经济学"。该书就让我们再一次感受到了经济学模型的强大之处。原先被我们视作公共事业、"第四部门"的新闻业，实际上也能用经济学的视角去审视。该书无疑拓宽了我们对新闻的理解。

从纯粹的"专业主义"的视角来看，这本书基于商业行为来看待新闻生产可能是荒谬的，因为"专业主义"会认为专业的新闻机构理应，且有能力让自己和商业划清界限。但正如有学者指出的："谙熟马克思思想的欧洲人，很早就看到了商业利益最大化的目标与新闻业公众利益最大化之间的冲突。"（McManus，2005）该书中严谨的实证分析，有力地证明了新闻业的确会非常明显地受到市场力量的驱动，正如20世纪二三十年代美国新闻业遭遇危机时，新闻界所认知到的那样，"客观性"对于新闻业可能永远只是"神话"和"纯理想"（舒德森，2009，p. 143）。

这本书对新闻研究的贡献受到了普遍认可。华盛顿大学传播学教授兰斯·班尼特这样评价这本书："它可能是对市场力量如何影响新闻的历史弧线的最清晰、最系统的解释。"（Bennett，2007）美国媒体研究员约翰·麦克马那斯也评价说："《有价值的新闻》在量化研究市场对新闻选

择的影响上，是一次值得称赞的努力。"（McManus，2005）

不过，这本书也有受到质疑的一些地方。

首先，该书面对的最大质疑是作者仅用经济学工具衡量新闻业，视野难免单一、狭隘。比如，有学者认为，"将主流新闻机构视为一种政治机构""以地位和权力为中心"的观点，似乎比该书提出的"以边际收益为中心"的观点"更为优越"，因此，该书塑造的空间模型的一个极大缺憾，就是未将政治因素纳入模型（Bennett，2007）。值得一提的是，关于使用经济学工具的局限性这一点，似乎作者自己也是承认的，我们可以看到，该书最后作者在分析新闻业的变化对公共利益的影响时，结合了政治学理论，而非继续仅用经济学模型对公共利益进行评估。

其次，该书的所有案例都聚焦美国新闻业，而这一空间模型是否适用于世界上的其他国家和地区是存疑的。比如有学者指出，该书提出的理论无法解释为什么在欧洲的很多国家，特别在斯堪的纳维亚地区，党派报纸依然兴盛（Forde，2005）。同理，作者提出的这个空间模型在分析中国新闻业时是否具有可移植性，恐怕更是个问题。

最后，该书还有个地方可能许多读者不理解。该书非常明确且详细地论证了今天美国的硬新闻之所以衰落，联邦通信委员会解除管制是一个非常重要的原因。美国的许多政治批评者也在呼吁重新以政治手段干预新闻业，但是通览该书最后一章，作者在如何改善当下局面这个问题上，似乎完全没考虑倡议恢复管制，这不得不说是件令人疑惑的事情（Hampton，2006）。

（马锦辉　复旦大学）

参 考 文 献

Bennett，W. L.，"*All the News That's Fit to Sell: How the Market Transforms Information Into News*，by James T. Hamilton，" *Political Communication*，2007（3）.

Forde，S.，"Public Opinion，Markets and Technology：Evaluating

the Economic and Political Pressures on the Contemporary News Media," *Continuum*, 2005（1）.

Hamilton, J. T., *Democracy's Detectives: The Economics of Investigative Journalism*, Cambridge, MA: Harvard University Press, 2016.

Hampton, M., "Book Review: *All the News that's Fit to Sell: How the Market Transforms Information into News*," *Media, Culture & Society*, 2006（3）.

McManus, J., "Book review: *All the News that's Fit to Sell: How the Market Transforms Information into News/Audience Economics: Media Institutions and the Audience Marketplace/Toward a Political Economy of Culture: Capitalism and Communication in the Twenty-First Century*," *Journalism & Mass Communication Educator*, 2005（2）.

〔美〕迈克尔·舒德森：《发掘新闻：美国报业的社会史》，陈昌凤、常江译，北京：北京大学出版社，2009。

〔美〕詹姆斯·T. 汉密尔顿：《有价值的新闻》，展宁、和丹译，杭州：浙江大学出版社，2016。

拓 展 阅 读

Starr, P., *The Creation of the Media*, New York: Basic Books, 2005.

〔美〕安东尼·唐斯：《民主的经济理论》，姚洋、邢予青、赖平耀译，上海：上海人民出版社，2010。

〔美〕詹姆斯·T. 汉密尔顿：《民主侦探：调查性新闻的经济学》，上海社会科学院媒体融合发展研究创新团队译，上海：上海社会科学院出版社，2019。

罗德尼·本森、艾瑞克·内维尔

《布尔迪厄与新闻场域》

皮埃尔·布尔迪厄（Pierre Bourdieu）的场域理论为理解新闻业与新闻学研究提供了有价值的理论资源与分析工具。除了《关于电视》这部电视演讲的结集作品，布尔迪厄已出版的著作很少涉及新闻业，他关于场域的理论阐释与经验分析主要以文学与艺术场域为研究对象。罗德尼·本森（Rodney Benson）与艾瑞克·内维尔（Erik Neveu）主编的《布尔迪厄与新闻场域》是一本关于新闻场域的论文集，收录了之前没有被译为英文的布尔迪厄的文章以及诸多其他媒介学者关于新闻场域的理论文章与经验性的文章。该书包括场域理论的理论导向、比较视野与批评性反思三部分内容，为读者提供了关于新闻场域的理论解析与经验性研究，帮助读者更好地理解场域理论在新闻研究中的应用。

一、成书背景

罗德尼·本森现为纽约大学媒体、文化与传播系系主任、教授，同时受聘于纽约大学社会学系。从攻读博士期间开始，本森一直致力于对新闻场域的研究。他的博士论文《塑造公共领域：新闻场域与移民争论在美国和法国（1973—1994）》以场域理论为核心理论资源，考察了20世纪70到90年代，商业主导的美国新闻场域与政治主导的法国新闻场域如何塑造了围绕移民问题进行讨论的公共领域。

该论文展示了两个国家的新闻场域的内部逻辑差异。此外，他在《政治传播》《理论与社会》《欧洲区域研究》《法国政治、文化和社会》等刊物上发表了大量有关布尔迪厄场域理论和比较媒介研究的文章。这些文章促进了场域理论被引入新闻研究，为新闻研究提供了具有解释力的理论资源，也为新闻研究者如何使用场域理论提供了范例。

艾瑞克·内维尔为法国雷恩大学政治研究学院政治科学教授。他与雷蒙德·库恩（Raymond Kuhn）一起主编了《政治新闻学》，近年来在《欧洲传播学刊》《新闻学研究》和《欧洲政治研究》等刊物上发表了多篇论文（本森、内维尔，2017，pp. 5-7）。

二、超越二元对立

个人与社会之间的二元对立一直是社会学研究中的经典问题，这表现在主观与客观、结构与能动、宏观与微观等具体形式上。在实践中，社会学家会自觉不自觉地倒向其中一方。20世纪四五十年代，以塔尔科特·帕森斯为代表的结构功能理论获得了短暂的成功。随后的60年代到80年代，经典社会学理论孕育的符号互动论等从不同的角度对功能主义理论进行了反击，导致结构与能动"二元对立"的鸿沟进一步加大（鲍磊，2014）。在《社会学的想象力》这本书中，查尔斯·赖特·米尔斯（Charles Wright Mills）对以帕森斯为代表的宏大社会理论以及过于强调方法论的抽样经验主义提出了批评，并强调将历史与个人生活相结合的社会学的想象力。米尔斯认为，社会学的想象力涵盖从最不个人化、最间接的社会变迁到人类个人生活的变迁，并观察两者之间的联系。在应用社会学想象力的背后，总有这样的冲动：探究个人在社会中，在他存在并具有自身特质的特定时代，他的社会与历史意义何在（米尔斯，2016，pp. 4-6）。布尔迪厄的理论尝试超越了结构与能动的"二元对立"，将宏观的社会结构与微观的个体行动结合起来。他致力于提出一套描述行动者内化的行动倾向与他们的位置结构关系的理论。

场域可以被定义为不同位置之间的客观关系的网络或者是构型。场域理论关注差异性（difference）的持续生产。布尔迪厄认为现实是关系性的，因此，社会意义上的存在就是要展现与其他主体的差异性。这个过程往往是在无意中完成的。这种对新闻关系性建构的强调对于媒体分析至关重要。熟悉诸如尤尔根·哈贝马斯的"公共领域"（Public Sphere）或者曼纽尔·卡斯特（Manuel Castells）的"媒介空间"这样的空间隐喻的学者和学生会发现，"场域"不仅是一个更加经验性的概念工具，也开启了各种新的探求知识的道路（本森、内维尔，2017，p. 1；pp. 3-4）。

布尔迪厄提出了场域的概念以区别于结构主义。在他看来，一方面，场域是结构化的位置空间，其属性受到空间中位置的影响；另一方面，它的属性又不完全取决于社会结构，也会受到位置占有者自身特性的影响。场域理论继承自韦伯和埃米尔·涂尔干（Émile Durkheim），他们将现代性描绘为一个半自主和逐渐专业化的行动场（政治、经济、宗教、文化生产场域）不断分化的过程（本森、内维尔，2017，pp. 3-4）。对一个特定场域的界定是通过对于争论的对象、与之相关的重大利益以及与其他场域中相关利益之间关系的定义实现的。一方面，不同的场域（如政治、宗教）有其相对稳定的运行规则。一旦场域形成，它往往在内部明确的行动规则的指导下运行，从而呈现一定程度的内部一致性（Benson，2006）。因此，仅仅着眼于场域外部的因素不能完全理解特定场域的运行逻辑。布尔迪厄强调场域内存在对抗外部压力的自治。另一方面，尽管这些不同的场域有其明确的特性，但是它们也拥有可通约的运行机制。

值得一提的是，布尔迪厄强调场域形成与存在的历史性，认为脱离了它们的历史基础和轨迹，场域就不能被人们理解。以新闻场域为例，它们是围绕"新"与"旧"的对立而建构的。布尔迪厄吸收了涂尔干社会形态学的传统，并提出假设：新的行动者大量进入场域，既可能成为变革的力量，也可能成为保守的力量（本森、内维尔，2017，p. 8；p. 26）。研究者通过分析场域的新入场者，为场域增加了一个重要的动态元素，以显示"客观的"结构是如何与个体作用者（agents）"主观的"视角相联系的（本森、韩纲，2006，p. 4）。在这一过程中，经营体制的差异应该成为划分入场者的重要依据。此外，场域中的新入场者为了争夺资源，使游戏规则对自己有利，会采用把自己与原有成员加以"区分"的策略，提出不同的价值追求（刘海龙，2008，p. 411）。

在场域内或场域之间，权力关系是决定人们行动的基础。场域存在于社会空间中不同行动者为了争夺资本而进行的竞争中。与同样关注权力关系的霸权理论不同的是，在场域理论中，新闻场并不总是强化现存的权力，在某些情况下实际上也可以在其他场域中改变权力关系，因为权力自身是在分化的意义上进行概念化的（本森、内维尔，2017，p. 3；p. 14）。因此，布尔迪厄眼中的场域是流动的和充满生气的，而不是一成不变的。场域中不同位置的行动者总是动态地围绕权力（布尔迪厄的概念"资本"）展开竞争以获得支配的位置。在各种资本中，经济资本和文化资本比较重要。经济资本在布尔迪厄那里只意味着金钱，或者可以转化为金钱。文化资本包括教育证书、技术知识、一般知识、语言能力和艺术感悟力等。作为一个整体，社会世界是围绕着这两种相反的权力建构的。总体而言，经济资本更为强大，但文化资本可以使行动者的财富具有合法性。此外，经济资本和文化资本的形式会在不同的场域中发生变化。就新闻场域而言，经济资本主要表现为发行量、广告收入与受众率（audience rating），文化资本则体现为深度报道、睿智的评论以及每年在普利策新闻奖中获得认可的新闻实践等（本森、内维尔，2017，p. 5）。

布尔迪厄曾经从经济资本与文化资本这两个代表场域中不同方向的资本维度出发，区分了文化生产的两种类型：一种是针对同行的"有限生产"，靠近文化这一端（自律极）；另一种是满足大众需要的大规模的文化生产，例如大众娱乐业，偏向经济一端（他律极）。与其他场域类似，新闻场域存在于代表外力影响的他律极与表征场域内部独特资本的自律极之间。与文化生产场域中其他具体的场域相比，新闻场域具有"高度他律性"与"低度自律性"的特征（Benson，2006）。场域中的行动者总是尝试着从他律极转向自律极。不过，许多行动者成功地积累了两种资本形式。对于新闻业来说，像《纽约时报》或《华尔街日报》这样的媒体，它们在体现了良好的专业性的同时积累了大量经济资本（本森、内维尔，2017，p. 6）。值得一提的是，布尔迪厄认为不能简单地依靠外部世界的背景性知识去理解新闻场域内发生的事情；要理解新闻场域内发生的事情，只知道谁为出版提供了资金、谁是广告商、谁为广告买单、津贴从何而来等信息是不够的。研究者要努力去理解这个小世界中的人们相互间施加的影响，否则是不能理解新闻界的部分现象的（本森、内维尔，2017，p. 35）。

除了对结构作用的阐述，布尔迪厄的理论也考虑了个体的能动性。布尔迪厄提出了惯习（或"习性"）这一概念用以理解社会结构和个体之间的关系。惯习被定义为"结构化的结构"。这一概念表达了一个合理的假设：个体的禀性、假设、判断和行为是长期社会化的结果。然而，这并不意味着惯习是一成不变的，它要被不停地修正。但是，那些被社会阶层结构中的位置所塑造的早期经验和实践会塑造人们后来的惯习（本森、内维尔，2017，p. 4）。而惯习的改变反过来又会潜移默化地促进场域中规则的变化。在一定的场域中，行动者为了获取资本而形成了一定的惯习，而惯习指导着行动者的实践活动。场域和惯习之间存在两种关系。一种是制约的关系：场域通过与之相适应的规则塑造着行动者的惯习，惯习是场域的结果和内化的属性；另一种是知识的关系：惯习有助于把场域建构成为一个充满意义的世界，值得行动者去尽力实践的世界（布尔迪厄，1998，pp. 163-172）。

布尔迪厄提出了"游戏"与"游戏的感知"的隐喻来阐述场域与惯习之间的关系。场域与惯习之间的关系，就像是"游戏"与"对游戏的感知"之间的关系一样。在这样的关系中，游戏规则（如游戏中的利害关系）随之产生。作为场域中的最高规则，游戏通过吸引场域中的成员投入其中而得以运行。值得一提的是，场域中的规则所发挥的作用不是决定性的，而是塑造性与约束性的。基于此，任何关于行动者话语与行动的解释既需要分析结构性的位置，包括场域与场域之间以及场域内部的位置，也需要分析行动者获得相应位置的特殊历史轨迹（惯习）。

三、比较研究的视角

新闻媒体研究的场域路径已经扩散到法国之外的其他国家，但场域研究很少告诉我们法国新闻业的显著特征。实际上，法国的"政治/文学"报刊传统在很多方面与美国的"信息"模式存在着尖锐的冲突。本森认为，这种差异不应该被忽视，而需要被强调和解释。虽然布尔迪厄认为场域和场域结构在不同国家可能是不同的，但他没有对这种差异进行理论化，而是将其忽略掉了（本森、内维尔，2017，p. 87）。因此，本森在延续布尔迪厄的研究的基础上，提出了对于场域理论的创新性使用，即考察不同国家新闻场域的差异并以此得出场域和场域结构变化的品质。比较研究视角的运用可以为进一步发展场域理论提供新的契机。

在"图绘场域变量：法国和美国的新闻业"一章中，本森在整合布尔迪厄关于场域理论的基础上，提出了一个运用场域理论进行比较研究的分析框架，其构成部分为：（1）新闻场域外部和内部的经济组织；（2）新闻场域与政府的关系；（3）新闻场域的历史构型与自主性程度；（4）新闻场域内部的形态学与人口学（本森、内维尔，2017，pp. 89-91）。这个分析框架既涉及对新闻场域与经济场域、政治场域等场域之间的关系的分析，也涉及对场域内部的构型及其历史发展轨迹的分析。

在布尔迪厄关于媒介的著作和绝大多数关于场域的个案研究中，新闻业中的他律性被描绘成是经济方面的，主要与新闻媒体的所有权和广告收入有关。然而，本森认为借助这两个指标不足以全面理解这两个国家的新闻业，他引入了"结构生态学"的概念进行场域的空间分析，即分析场域的中心化与碎片化。例如，就法国与美国的新闻场域而言，前者比后者更加集中化。具体表现为，在法国，超过60%的记者生活在巴黎市区，而美国的新闻记者遍布全国。同时，法国的新闻受众也更加集中，少数几家电视台会吸引大量受众的关注（本森、内维尔，2017，p. 91；p. 95）。

除了商业因素之外，本森还归纳了布尔迪厄关于政治权力对于新闻场域的影响。尽管政治权力与经济权力往往是紧密联系在一起的，但在经验分析层面仍然有必要将两者进行区分。布尔迪厄列举了多种资本（权力）形式：经济资本、文化资本、象征资本和"武力物质力量资本"。布尔迪厄扩展了韦伯关于国家的定义。在韦伯那里，国家拥有合法使用（物质）暴力的垄断权，而布尔迪厄更愿意强调国家也垄断了对

"象征暴力"的使用。因此,关于新闻-政治场域关系的一般性理论,需要对国家强加于媒体的权力形式进行分类和分析,这些权力形式主要包括"限制性"与"促进性"的。

限制性表现为对接近或者发表某类信息或意见设定限制。相较美国而言,在法国,权力对于新闻业的限制更严格。对新闻业而言,国家权力表现为"促进性"时是指国家对新闻媒体进行直接(如财政资助)或间接(如技术等)支持以促进其生存与发展。这里布尔迪厄区分了从市场与政府获得的资金的差异。对于法国而言,利润和受众不再是新闻媒体最关键的考虑。与美国政府相比,法国政府在资助新闻业方面表现得更积极,它鼓励非市场取向的新闻业形态。这对于新闻场域来说也是他律性的权力(本森、内维尔,2017,pp. 102-103)。

对新闻场域的分析还要考察其历史轨迹。在新闻生产研究的其他相关理论流派(如政治经济学、组织和文化研究等)中,这种分析视角是缺失的。这也是场域理论的一个长处。具体场域中建立起来的"游戏规则"有其稳定性,但又不是一成不变的,如美国新闻业中"客观性"观念的出现与演进(本森、内维尔,2017,p. 103)。

对法国与美国新闻业历史发展轨迹的考察能够帮助人们更好地解释法国新闻业的"政治/文学"路径与美国新闻业的"信息"路径的差异。与美国相比,法国早期报纸被君主制影响的时间更长久。这导致法国新闻业逐渐走向了与文学结合并偏向"解释"的风格,这一风格通过常规化保留至今。反观美国新闻业,虽然也曾经深受政治党派的影响,政党报刊盛行的时间却相对较短。在美国早期新闻业中,"讲故事"与"文学性"的规范也曾流行。舒德森在《发掘新闻:美国报业的社会史》中曾提到,"在世纪之交,对于大报而言,'讲好故事'比报道事实更重要。多种形式的煽情主义报道才是主流。记者采集新闻的同时,还致力于'文学'写作"(舒德森,2009,p. 3)。之后由于受到新闻场域内外多种因素的影响,美国新闻行业中的规范与报道风格才逐渐发生变化。

在 19 世纪 30 年代,便士报开始出现并迅速扩张。第一份便士报《纽约太阳报》于 1833 年 9 月 3 日创刊,数月内便成为纽约发行量最大的报纸,到 1834 年 1 月发行量为 5000 份,两年内增至 1.5 万份。"便士报"迅速扩展至波士顿、费城和巴尔的摩等其他都市的商业中心。《波士顿每日时报》于 1836 年 2 月 16 日创刊，短短几周内便成为波士顿发行量最大的报纸，3 月中旬发行量便达到 8000 份。便士报纸的经营之道是以大发行量来吸引广告，不依靠订报费和政党补助，因此报社的经济结构较为合理。广告和销售所带来的以市场为基础的收入，取代了依赖社会关系和政党关系的财源（舒德森，2009，p.14）。便士报的崛起及其所带来的报业收入的变化反过来影响了新闻业中的规范。与政党报刊不同的是，便士报不是为特定政党服务，而是为所有支付订阅费的受众服务。因此，为了争取更多的读者，一些便士报改变了政党报刊时代那种攻击对方政党的报道风格。在内容上，便士报也带来了变化，发明了现代的"新闻"概念。报纸不再仅仅反映一小群商业精英的生活，而是描摹大都会的迅速崛起以及多彩多姿的贸易、运输、制造业等行业中中产阶层的活动。新闻逐渐成为报纸的重心。便士报不再坐等报道常态的消息，而是去寻找新闻，并引以为豪（舒德森，2009，p.18）。便士报推动了新闻市场化的发展，读者而不是政治精英逐渐成为新闻迎合的对象。这也增强了日常生活的重要性。但是，便士报的盛行及其对于日常事件的关注也带来了一些消极影响。例如，对日常事件尤其是富人的社交生活的关注，模糊了私生活和公共事务之间的界限，导致以猎奇为主要特征的"低俗新闻"盛行。为了医治"低俗新闻"的弊病，《纽约时报》开始提倡一种新的"信息"报道模式，摒弃了"故事"报道模式，并逐渐成为同行中的典范（舒德森，2009，p.3）。除此之外，美国的"公共新闻"运动、创建和维持新闻学校的努力、颁发优秀新闻奖等也可能对塑造新闻规范有重要的半自主权力（本森、内维尔，2017，p.109）。此外，对于新闻场域历史轨迹的考察有助于揭示不同的新闻场域在面对外部结构性因素的限制时所呈现出的不同的自主性。

　　个体化的形态学和人口学因素（如进入场域的代理者与可提供的位置的数量、社会特征、教育和培训等）也是理解场域中的再生产和变化的核心要素。对于跨国比较研究而言，一个主要挑战在于如何获得对同一现象进行精确衡量的数据。出于对这一问题的考虑，本森尝试总结出基于场域理论并能够获得数据进行分析的形态学类型（本森、内维尔，

2017，p. 110）。第一，对区隔这一过程的分析。如前文所述，场域是围绕着"新"与"旧"的对立而建构的。场域中的新入场者往往会提出新的价值追求使自己显得与众不同，从而竞争场域中的位置。新闻记者也不例外。因此，有必要基于科学的数据对这一过程进行分析。第二，对反映场域中个体生产者与受众数量变化的数据进行分析。对新闻场域而言，新入场寻找位置的人的大规模增加将会影响场域的稳定，并导致经济权力对于整个新闻场域的影响更大。第三，对于场域中形态变迁的特定阶层的分析。布尔迪厄在《区隔》一书中重点讨论了不同阶层的品位与惯习及其对于场域建构的影响。对于新闻场域而言，教育背景、专业训练往往是表征阶层的具体的、可观测的指标（indicator）。

布尔迪厄的场域理论强调将社会宏观结构与个体能动性结合起来。对于新闻场域中新闻记者的人口学因素（如身份特征）的分析为考察宏观社会结构因素影响从业者的新闻实践，同时为考察从业者如何通过新闻业内部的教育与职业训练形成专业实践提供了更直观、更具有操作性的研究思路。

四、评价与反思

布尔迪厄的场域理论为理解新闻业、开展新闻学研究提供了有价值的理论资源与分析框架。本森与内维尔主编的《布尔迪厄与新闻场域》在继承场域理论核心思想的基础上，对如何使用场域理论开展新闻研究做出了新的理论贡献，主要表现为比较研究视角的引入以及将场域理论应用于新闻研究中一些具有操作性的分析框架与具体指标的构建，如前文提到的本森引入的"结构生态学"概念以及在跨国比较研究中提出的三种形态学类型。

如前文所言，布尔迪厄的场域理论关注不同场域之间的差异性。他认为，"在高度分化的社会里，社会世界是由大量具有相对自主性的社会小世界构成的，这些社会小世界就是具有自身逻辑和必然性的客观关系的空间，而这些小世界自身特有的逻辑和必然性也不可化约成支配其他场域运作的那些逻辑和必然性。例如，艺术场域、宗教场域或经济场域都遵循着它们各自特有的逻辑：艺术场域正是通过拒绝或否定物质利益的法则而构成自身；而在历史上，经济场域的形成，则是通过创造一个我们平常所说的'生意就是生意'的世界才得以实现的，在这一场域中，友谊与爱情这种令人心醉神迷的关系在原则上是被摒弃在外的"（布尔迪厄、华康德，1998，p.134）。

但正如本森所言，在布尔迪厄自己关于新闻场域的阐述中却很少涉及对不同新闻场域之间差异的分析。这导致一些国家的新闻规范（如美国的"信息"传统）被神话化与自然化，而一些国家的新闻规范（如法国的"文学"与"故事"传统）很大程度上被忽视。因此，借助比较研究视角能够考察不同政治、经济与文化背景下新闻场域的规则及其差异，从而揭示不同新闻场域在面对结构性因素时体现的自主性的差异。

考虑到新闻场域还可以细分为不同类型的次级新闻场域，未来关于新闻场域的比较研究，不仅可以包括在全球化语境下对不同国家的新闻场域的比较研究，还可以针对中国新闻场域中不同类型的次级新闻场域进行比较。例如，近年来随着数字技术的发展，出现了商业平台媒体与新党媒这样有差异的媒体，并且形成了具有不同价值追求与新闻规则的次级新闻场域。未来的研究中可以就此进行比较与分析。此外，随着越来越多的非职业新闻工作者参与到新闻生产实践中，争夺新闻话语权，场域理论也可以被用于分析职业新闻工作者与职业他者围绕特定新闻事件而进行的灵活多样的新闻生产与对职业权威的争夺，从而在对新现象的研究中获得进一步的发展。

（刘双庆　中国政法大学）

参 考 文 献

Benson，R.，"News Media as a 'Journalistic Field'：What Bourdieu Adds to New Institutionalism and Vice Versa，" *Political Communication*，2006（2）.

鲍磊：《社会学的传记取向：当代社会学进展的一种维度》，《社会》

2014（5）。

〔美〕C. 赖特·米尔斯：《社会学的想象力（第 4 版）》，陈强、张永强译，北京：生活·读书·新知三联书店，2016。

刘海龙：《大众传播理论：范式与流派》，北京：中国人民大学出版社，2008。

〔美〕罗德尼·本森、〔法〕艾瑞克·内维尔主编：《布尔迪厄与新闻场域》，张斌译，杭州：浙江大学出版社，2017。

〔美〕罗德尼·本森、韩纲：《比较语境中的场域理论：媒介研究的新范式》，《新闻与传播研究》2003（1）。

〔美〕迈克尔·舒德森：《发掘新闻：美国报业的社会史》，陈昌凤、常江译，北京：北京大学出版社，2009。

〔法〕皮埃尔·布尔迪厄、〔美〕华康德：《实践与反思：反思社会学导引》，李猛、李康译，北京：中央编译出版社，1998。

拓 展 阅 读

〔法〕皮埃尔·布尔迪厄：《区分：判断力的社会批判》，刘晖译，北京：商务印书馆，2015。

张志安：《编辑部场域中的新闻生产：基于〈南方都市报〉的研究》，上海：复旦大学出版社，2019。

帕布鲁·博奇科夫斯基

《工作中的新闻：信息充裕时代的模仿》

在各类社交媒体充斥我们的日常生活、信息充裕甚至是过载的当下，为何我们所获得的新闻却越来越少？在大数据算法的加持下，用户每次访问各类新闻客户端与社交媒体瀑布流时似乎新闻都得到了更新。但细究之后会发现，这些貌似多样化的新闻多是基于同一事件的不同叙事迭代与演绎。帕布鲁·博奇科夫斯基作为第二波对新闻编辑部门进行田野调查的开创者之一，通过《工作中的新闻：信息充裕时代的模仿》（以下简称《工作中的新闻》）一书，为我们勾勒出了在这一轮基于互联网的新闻同质化浪潮中，新闻生产者、机构媒体以及消费者如何通过相互模仿共同制造这一现象，以及它给社会带来的政治、文化挑战。

一、成书背景

博奇科夫斯基是美国西北大学传播学院教授、西北大学拉丁裔数字媒体中心的创始人和主任，同时也是西北大学和布宜诺斯艾利斯圣安德烈斯大学联合倡议成立的阿根廷媒体与社会研究中心的联合创始人。博奇科夫斯基的学术训练有着跨学科和跨区域的教育背景。他在阿根廷接受了专业的心理学训练，在美国则转向了对科学与技术的研究。这样丰富的教育背景也体现在他之后对新闻业创新的一系列极具跨学科视角的研究中。

事实上，在博奇科夫斯之前的对美国报业数字化所进行的研究中，他便采取了跨学科的视角，整合了技术研究、传播研究和组织研究所提供的概念、路径和工具，考察了在美国报业的整个数字化转型过程中，技术、编辑传统和具体新闻生产工作是如何交织在一起并共同塑造转型过程的。这种整合性路径给新闻创新研究提供了一系列新的思路，如探究网络新闻编辑部门的物质性文化、新媒体产品的生产过程以及线下线上的互动机制等。因此，在对报业数字转型的长时段考察中，他发现新媒体的崛起并不仅仅是因为大量颠覆性技术的出现，而是建立在将现有的媒介组织架构和实践与新技术相融合的基础上。博奇科夫斯基的整体性研究路径，即追寻新媒体产品从生产到消费的整个流通过程，克服了他在之前的研究中存在的片段化问题，使其能够以社会互动与关系网络的视角来审视新媒体创新背后的逻辑与文化意涵。

博奇科夫斯基将这个崭新的研究路径带入了对新闻模仿的考察中。与新闻创新相似，新闻学研究中并不缺乏对新闻模仿的考察，但鲜有研究试图从新闻生产、新闻产品和读者的阅读方式等多个角度去分析新闻媒介的同质化现象。不仅如此，博奇科夫斯基还将考察的地点挪到了他的家乡布宜诺斯艾利斯。这当然有着对研究便利性的考量，即更容易进入田野现场和更为亲近的文化背景，但更重要的是阿根廷的媒体业在当时所处的历史关口具有全球性的典型意义。作为"南方"，新技术对媒体行业的颠覆并不像在美国那样如火如荼地展开，但全球化推动的技术也同步传导到了阿根廷，从而将阿根廷的传统媒体业带到了变革的前夜。

在这一历史关口，博奇科夫斯基通过进入新闻业变革的现场得以观察到阿根廷读者新闻消费习惯的变化如何催生了新的媒介产品、传统新闻业如何应对网络新闻的崛起、新闻消费者如何评价机构性媒介所提供的新媒体产品以及这一切又将如何影响到新闻模仿。阿根廷的经验有着极为重要的参考价值，它可以与那些来自"北方"的实践相呼应，被用于分析全球不同地方经验的关联性及其背后的逻辑。

二、博奇科夫斯基的不满

该书的标题同时也是研究由头——工作中的新闻——暗含着该书所要达成的三个目标。第一，对新闻网站编辑部门内部的新闻生产工作进行田野调查，以一种内部视角去考察，当一系列新的技术手段与生产常规被引入新闻采集过程后，网络新闻工作将会生发出何种新的模式与可能？它与之前传统的新闻生产的断裂与连续体现在何处？第二，新闻消费催生了时空的变换，家庭之外的工作场所跃升为重要的阅读、分享与讨论新闻的空间。人们如何应对在工作中与在家庭私密空间中消费新闻所面临的完全不同的压力与动力机制？第三，新闻在社会的正常运转中承担着重要的文化与政治功能。网络新闻改变了传统新闻供给数量与质量的平衡，并进一步动摇了机构新闻媒体在定义社会现实过程中的主导地位。而新的动荡将如何影响公众的信息获取以及政治参与？社会的文化与政治机理又将受到何种冲击与挑战？这样三个有着不同研究指向但又相互关联的研究目标，意味着需要采取一种整体性的视角，并在三者之间穿梭与游走，进而形成理解与阐释模式。而模仿作为一个核心概念，同时也是论证的起点，贯穿于对新闻同质化的整个考察过程中。

然而，在博奇科夫斯基看来，对新闻工作中的模仿所进行的研究长久以来受到了学科割据的影响，研究者们多以片段化、局部化的方式对研究对象展开考察，多将新闻的生产过程与最终的内容产品分裂开来：或是将新闻生产过程对象化，去深描新闻产品是如何被制造出来的以及这一过程中新闻编辑部门内部的各行动者关系的展开；抑或是将新闻生产的结果——新闻产品对象化，孤立地考察诸如新闻的主题选择、叙事方式和消息源使用等内容与文本维度。实践与产品的分离，也导致无法在新闻生产过程与最终的产品之间建立起有意义的关联或理论阐释。

同时，研究中对技术的系统性偏见与忽略，使得技术作为在新闻工作中的一种变革性动力被遮蔽与悬置。在多数对新闻生产与创新的研究中，技术被弱化为一种背景性的存在，被编织入传统的理论与叙述。技术作为一种物质性实在如何改变新闻生产、分发与消费的整个过程难以被发掘与凸显。

此外，消费阶段一直被排除在模仿过程之外。传统的研究认为，新闻生产机制研究已能完美解释新闻中的模仿现象，而新闻如何被嵌入日常的信息消费场景并不重要。生产实践与内容产品已足够组成模仿的理论解释闭环。这种去消费阶段的研究路径，也就将新闻的消费者——大众——排除在任何可能改变新闻同质化现象的社会行动之外。

最后，有关数字媒介的考察大多来自信息社会高度发达的"北方"，尤其是美国的网络新闻实践构成了学术界对于该领域的想象与该领域的边界。然而，数字性变革是席卷全球的运动，对非中心国家，特别是"南方"的数字媒介生态考察的缺失，使得研究者们无法去感知和认识全球化所带来的巨大信息鸿沟。

基于前述局限所带来的理论与实践考察的瓶颈，博奇科夫斯基提出了一个整合性的研究框架。首先，这一框架将新闻生产过程与最终的产品结合起来，即通过进入具体的媒介机构，考察新闻从业者如何监看与模仿同行的工作，以及这种实践模式怎样影响到最终的新闻产品。其次，将新闻工作放置于具体的工作场景来考察其动力机制，以及组织机构如何形塑新闻的生产。再次，技术的重要性被凸显，即考察作为一种资源的技术基础设施在模仿的转型过程中扮演何种角色。最后，考察人们如何在日常的工作与生活中消费新闻、各种消费模式与新闻同质化之间的关联及其对社会文化与政治生活的影响。为实践此创新性的研究框架，博奇科夫斯基选择了阿根廷的媒介机构——一方面它有着自身的媒介文化与组织逻辑，另一方面它也经历着由全球数字媒介变革带来的媒介转型——作为一个兼顾全球性和地方性的研究现场，来回应媒介数字变革中的南北不均衡问题。

在这个力图描述模仿动力机制的多重维度的创新型研究框架中，不难发现技术被重新安放到核心的位置，它驱动着生产、产品和消费等各个环节的创新与变革。但博奇科夫斯基并未倒向技术决定论，将日趋严重的新闻同质化都归咎于技术，事实上，对阿根廷网络新闻网站的考察也表明，在工作中消费新闻的现象也并非在网络新闻出现的伊始就存在。在他看来，从技术入手的考察就是将社会过程与物质形态视为相互纠缠的存在，而这一切又都发生在实在的时空坐标之中。

三、技术与工作场所的时空语境

作为报纸的拓展，Clarín.com①在网站初创阶段的主要工作是完成报纸在网络上的投射，因此，该网站保持着与纸媒同样的时间模式与生产节奏。这样的生产常规安排基于延续自印刷媒介时代的认知——家庭是新闻消费最典型的场所，消费发生在工作之外的闲暇时段。也就是说，新闻的生产和消费分处两个不同的时空之中，并按照各自的逻辑运转。然而，Clarín.com的编辑们对网站的访问数据进行分析后，发现人们对网络新闻的消费基本发生在工作时间（博奇科夫斯基，2020，pp. 43-44）。因此，在新的网络新闻消费场景下，人们一边完成手上的工作，一边浏览与刷新网站的页面。面对突增的信息需求，依然进行传统报纸新闻电子化的新闻网站显然已无法仅仅依靠搬运已发表的印刷版报道来维持运转。增加在工作时段的新闻供给也就成为一条必由之路。

然而，一直以依附性状态存在的新闻网站无法在之前的生产模式下进行新闻产品数量的扩容。在技术所推动的新的机遇与挑战面前，机构组织架构的重新调整势在必行，一种新的新闻工作的时空语境随之逐渐形成。支撑传统范式的诸多新闻实践、新的场景中时空重置所导致的动荡与修正要被重估和再认识。这其中最具显示度的变化便是硬新闻与软新闻的分野。

自20世纪六七十年代以来，对新闻生产的研究已就硬新闻和软新闻之分形成一种共识，两者的区别是建立在相通性基础上的，区分只在于程度而非种类。此种对软硬新闻的认知建立在这样一种预设上，即区分的存在只是为了强调新闻事件内容上的不同特征——硬新闻处理时政等关系公众利益福祉的话题，而软新闻指向娱乐等轻松的话题。事件本身具有最为本源性的驱动力，它指挥着记者们按照其内嵌属性将其进行分类报道。但博奇科夫斯基认为，这种给予事件本身巨大能动性的视角

① 阿根廷新闻网站。

将记者置于被动的位置，只能应激性地去追随和反映事件。而事实恰恰相反，由于实际工作中的不同时空压力模式，新闻从业者们主动建构出了不同的新闻类型，以在有限的时间内完成符合行业标准的内容产品。

Clarin. com 的编辑部依照着这样的时空逻辑将新闻生产部门划分为 Ultimo Momento (latest moment，意为"最近时刻") 和 Conexiones (connections，意为"连接") 分别负责硬新闻与软新闻的生产。二者空间安排迥异：Ultimo Momento 的物理空间与社交空间呈现出一种拥挤而紧张的态势，而 Conexiones 则相反。Ultimo Momento 的办公空间笼罩在对速度的追求，以及随之而来的极度紧张而具有压迫性的工作节奏与氛围中。身处其中的记者和编辑不得不面对来自数量与速度的双重挤压（博奇科夫斯基，2020，p. 49）：一方面，为了让用户在每次刷新网页时都能够看到内容的更新，他们需高频率地生产新的内容并对已发布内容进行持续的更新；另一方面，为了应对同类网站的竞争，他们必须加快更新的速度而不至于落后。不仅如此，Ultimo Momento 和与其有着不同时空节奏的母媒之间有着复杂而微妙的关系，即在一些关涉国际新闻和公共事务的报道上既要保持与报纸编辑方针的一致，又要明确地意识到网站是不同于报纸的媒介平台，服务着拥有不同信息诉求的受众，需要保持自身的独立性与个性特质。这意味着其在与母媒的沟通中需要耗费更多的时间与精力，进而加剧了工作氛围的紧张。此外，传统新闻编辑部里的口语化沟通方式在新的、速度至上的网络新闻编辑部内显得不合时宜，它无法承载井喷式的信息流动与多线程、多任务式的沟通方式。即时通信工具就在这样的背景下被引入新闻编辑部，进而深度嵌入工作流程。从一个角度来看，即时通信工具也正因其便利性，加快了信息流动的速度与人员沟通的效率与频次。这也进而导致整个工作空间节奏的加速。Conexiones 部门的办公物理空间则颇为宽敞，社交氛围也较为轻松。因为没有紧迫的时间和版面空间压力，身处其中的记者和编辑也就没有像 Ultimo Momento 的同事那样对于速度的追求。同样的技术设施在这两种不同的工作节奏模式下，也被赋予了不同的意义，例如，Conexiones 的记者和编辑并没有将即时通信工具视作完成工作的必要信息搜索与沟通工具，而是将其视为用以维持同事之间的社会关系与情感的工具。

不难发现，两个进行硬新闻和软新闻生产的部门在内部组织架构、工作流程与内部沟通模式等方面的差异，推动了两种时空语境的形成。在 Ultimo Momento 中，速度与数量的压迫导致时间与空间的压缩与加速，后者与网络的时空模式有着极强的同构性，加速的时间向度创造出了更多需要被填充的空间，而在持续不断的空间切割和占有过程中，时间再次被加速。而在 Conexiones 中，时空语境延续了报纸时代所形成的模式。在传统的印刷时代，时间与速度作为一种外部压力当然一直存在，条线、截稿时间和消息源网络等都是对其的回应。但报纸终究是以天为出版周期的媒介，不同节奏的新闻生产之间的差异都被一个固定的印刷时间节点和线性而均质化的纸质版面所中和与淹没。而网络新闻中特有的压迫性时空语境则可以外显——新闻的发布能够以秒为单位，在无限的页面空间中彰显其即时性与实在性。之前弥散在新闻机构中、由新闻的专业性所建构的对新闻生产稳定性的把控，在新的时空语境下被瓦解。不安、焦躁与变动充斥在网络新闻媒体中。

两种截然不同的时空语境下的新闻生产也印证着博奇科夫斯基的判断，即硬新闻与软新闻属于两种不同类型的工作生产模式的产物，而这又势必影响到从业者具体的新闻生产实践。Ultimo Momento 在数量与速度的双重压力之下，不得不通过持续监看同行产品、拼贴来自不同媒体的原始素材以及制作吸引眼球的标题等措施来维系网站的日常运转并增强用户黏性。这一系列为应对外部压力而采取的监看与模仿举措必然会引发如下关键问题：记者的新闻采集工作惯习是否会因更为便利的同行参照而更为趋同？而他们最终制造出的新闻产品又会呈现何种特征？

四、相似性螺旋及对其的抵抗

对于新闻从业者来说，新闻的同质化是一个极具矛盾性的问题。从记者的专业性与职业声望的角度来说，他们一方面极力避免自己的新闻产品与同行雷同，另一方面，现实的市场压力也迫使他们不能与同行相距太远。在进入网络新闻时代以后，速度与产量的双重压力使得两者之间的张力变得更为外显，而不同媒体机构因其提供的新闻产品日趋相同而受到诟病。在对这种趋势的归责中，最容易被提及的便是记者之间的监看与模仿。

监看与模仿并非网络时代的特殊产物。在印刷时代，记者们监看其他报纸、杂志、广播和电视的报道便是其日常新闻生产的一部分。通过监看同行的新闻，记者可以迅速了解正在发生的事件而不至于遗漏重要信息。监看的过程也是做选题研究和资料收集的过程，并能通过观察竞争对手的新闻发布情况来策略性地调整自己的生产节奏。网络技术的引入使得本已存在的新闻实践被极大地加速。如果没有大量的程序、设备、软件协议等物质基础设施，网络新闻实践中的即时、弥散和不间断的监看难以实现。

Clarín.com 内部的"有线盒"以及对其进行操作的"新闻猎人"便是一种极端的基于技术的实践。"新闻猎人"的职责是监看其他新闻媒体的报道内容，而"有线盒"实际上是由大量电脑设备与网络设备所构成的技术配置。新闻猎人将其监看到的被认为重要的、有趣的内容，通过即时通信工具等途径分发给不同的撰稿人，从而帮助他们完成对同行和竞争者工作的监看。需要指出的是，这种旨在促使多元信息更为迅速地流动的监看更多出现在硬新闻的生产中，而生产软新闻的记者因处于不同的压力与生产模式之下，对其依赖较少。

这样的差异同样出现在记者之间的模仿中。较之报纸读者，网络新闻的消费者可通过具体的网页点击来表明他们的偏好。他们对于网站硬新闻有着时效性和全面性两个需求。一旦不被满足，他们就会迅速转投其他网站。这种持续存在的压力也迫使硬新闻生产者当有机会在日常工作中模仿其他新闻机构的报道时会不假思索。对于他们来说，新闻生产中的模仿行为遵循着直接复制的逻辑，而新闻的选题、报道结构与叙事方式也会因此受到影响。故而，对最新的、全面的报道的追求加剧了新闻网站上硬新闻生产者之间的模仿。对生产速度的追求也扼杀了生产者寻找独特新闻的努力，而复制其他网站的新闻成为应对这种压力的便利性选择。Clarín.com 的记者和编辑并不避讳业务中大量模仿的存在，并认为这是一种结构性的产物。他们更是将硬新闻比作"汽油"，认为它被用于满足读者的基本信息需求，与其他媒体所提供的产品无太大差异。软新闻则被认为是加油站除加油的基本功能以外，所提供的一种增值"服务"，它是具有独特性的新闻产品，被用来与其他新闻机构的新闻产品做区隔。在这种隐喻中，硬新闻被概念化为通用商品，而软新闻为差异化的载体。

然而，同质化与差异性之间存在的此种张力也表明记者们并不认同新闻中的同质化现象，因为这与他们的核心职业价值观与自我意识存在冲突，他们认为一个真正的新闻人，其工作不是去复制别人的作品。网络新闻记者也试图在狭窄的能动空间中做出差异化的产品，通过不断的监看来观察竞争对手的产品，并进一步调整自己的新闻产品以实现差异化，例如制作差异化的标题以及修改报道的角度等。但结构性的限制因素依然存在，对于涉及公共事务的硬新闻的生产来说尤为如此。为了维持媒体机构的声誉，记者不大愿意在这些话题上冒险，而会选择与同行差距甚远的报道策略。而这一切又导致新闻的同质化现象愈演愈烈。可以说，尽管从业者并不认可硬新闻生产中的紧迫性生产逻辑，但更为强大的对于制度化的"文化认知"，也决定了他们不可能跨越多重限制而采取颠覆性的变革措施。

可以说，监看与模仿的变革是技术赋能的无意识后果。互联网技术的大规模运用降低了信息生产与分发的成本与门槛，新闻数量的激增使得新闻组织的可观察性得到了极大提升。同业人员的新闻实践更易于被彼此监看，并进一步成为一种"公共知识"被分享和使用。然而，这种"公共知识"在多大程度上能为记者们赋能，从而增强其能动性，则取决于社会结构与实在实践的互动与博弈。要了解日常生产中的网络与报纸新闻生产者试图提供差异化的内容与结构性的限制因素对抗的结果如何，则需进一步对最终的新闻产品做内容考察。

在新闻的选择上，相同的报道基本都集中在对公共事务的报道上。新闻网站在该问题上面临着更为微妙的处境，即一方面要与母媒保持编辑方针与立场上的一致，另一方面又要凸显自身的独特性。因此，在对公共事务的报道上，他们选择与母媒对标，而将差异化的着力点放在对非公共事务的报道上。尽管如此，通过话题选择来实现差异化竞争的努力空间仍然有限，记者们寄希望于通过不同的"视角"来构建自身的独特性。

新闻呈现作为"视角"构建方式的一种，即利用文本报道（如标题）和视觉（排版与配图）来完成独特的报道。对其考察后发现，印刷媒体的新闻相似度超过网站新闻。技术与成本考量是造成两者差异的重要原因。对于网站来说，调整其首页的排版，如字号、字体、颜色和配图等非常容易且成本低廉，而对报纸来说，为了与其他报纸的头版进行区隔而重新印刷，显然是不现实的。此外，较之报纸的记者，由于一直对竞争对手做着高频次的监看，网站记者对于同质化更为敏感，因此也更可能朝着差异化方向做出努力。

对报纸和网站新闻的叙事进行分析，则呈现出另外一番图景。所谓新闻叙事，就是考察报道的新闻写作、消息源与图片来源的使用以及整体阐释的相似性等维度。网站新闻在新闻叙事的相似度上高于报纸新闻。这一差异同样源于两种不同的工作模式。对于严重依赖外界报道并对来自其他媒体的新闻进行"拼贴"的网站硬新闻来说，窘迫的工作时间不允许其像修改标题与导语那样对新闻的叙事结构做随意的调整从而实现差异化；报纸记者则有充裕的时间来进行文章的修改。

然而，令人遗憾的是，尽管行动者采取了诸多力图实现差异化的手段与措施，但整体效能依然无法抵御强大的模仿动力，盛行于阿根廷媒体领域的硬新闻同质化趋势仍在加强。

当这些同质化的新闻被发布后，网站用户将如何对其进行消费？他们进行的新闻选择与记者相比情况如何？博奇科夫斯基发现，在新闻选择上，消费者选择的内容的重合程度低于新闻记者，消费者中最受欢迎的新闻的集中度远远低于记者。其中，非公共事务新闻是消费者中最为凸显的主题。这与"工作中的新闻"现象密切相关，即人们多在办公场景中消费网络新闻，严肃的公共事务新闻因其自身的政治敏感性和争议性，不大适合与同事交谈，而轻盈的非公共事务新闻则不会造成社交尴尬。从选择的层面上说，消费者并不是同质化新闻的被动接受者，而是积极地选择不同的内容，而非记者推荐的内容。而从另一个角度来看，记者对于新闻的选择与消费者的选择之间产生的这种差异，意味着记者并非在一味地迎合消费者的新闻偏好。在过去，记者可以通过主动避免接触用户数据来规避后者对自己形成的压力。但在网络时代，由于用户数据的易得性和可比较性，无视这些数据变得更为困难。尽管如此，在职业逻辑与市场压力之间，记者们依然转向前者，在新闻的编码中坚持传统的职业价值观，而忽略受众多样化的解码行为。

五、同质化的新闻与危险的未来

工作中的新闻呈现出的愈演愈烈的模仿以及随之而来的新闻同质化现象，给新闻作为社会肌理构成所扮演的角色和社会政治文化都带来重要的影响。首先，记者与受众在新闻选择上的分道扬镳让前者处于一种两难的境地。新闻媒介的社会权威建立在一个基本对立之上：精英与大众之间的对立。在传统的报纸、广播和电视时代，媒介作为精英控制的一种稀缺资源，有其自身的规模和逻辑。媒介由于具有影响力，能够吸引大众的关注。精英阶层通过控制媒介上的信息流动，来影响民众头脑中的图景以及公共舆论。事实上，在这一公共权力的塑造与行使过程中，媒介机构与精英阶层共享一系列的特权与社会权威。当受众要求更多差异性的信息供给时，记者们的职业逻辑受到来自市场逻辑的巨大冲击，陷入双重压力。如果记者选择拒绝向市场逻辑屈服，即不增加差异性的新闻信息，尤其是差异性的非公共事务报道，受众很可能会选择抛弃那些漠视他们的媒介机构。这将会损害媒介机构的影响力，从而使其丧失在社会权力组织安排中的地位，毕竟，其位置的根基是对大众的影响力。但如果记者选择向市场逻辑低头，搁置其职业操守与信念，去追逐与满足受众对于非公共事务新闻的需求，那它也面临着被精英阶层抛弃的风险。因为当媒介不再去关注那些敏感的、有争议性的和具有社会影响力的公共事务议题后，其影响社会思考的能力也就消耗殆尽。社会的权力平衡与文化政治生态也会因此发生变化。

新闻媒介在社会中因其对权力的监督而拥有自身的存在价值，通过信息的沟通，形成对权力主体的控制。它作为一种社会机构和力量存在的事实本身，就对权力机构与行为人起到极大的威慑作用。当不端行为发生后，媒体可通过曝光这一行为来督促追责。当公共部门不作为时，媒体可通过群众动员来制造压力。这一传统的权力平衡模式也因新闻机构中的模仿与新闻同质化现象的扩散受到挑战。在新技术的加持下，模仿机制嵌入媒体机构的新闻生产，导致独立采集的、原创性的新闻减少，公共事务新闻的多元性减弱，社会监督工作也因供给失衡陷入困难境地。

针对这似乎不可逆转的趋势，媒介机构也试图做出应对与变革，利用技术提升受众参与的可能性，改善新闻同质化的问题。博奇科夫斯基的调查显示，将近一半的受访者都会参与新闻网站上的民意调查与投票活动。作为一种以数据呈现的、直接的舆论意见形式，民意调查与投票活动在提供意见表达渠道的同时，亦是一种重要的社会情绪参照，为人们在各种社交活动中提供指引与谈资。相对于低门槛和高参与度的投票，网络新闻网站寄予希望的博客、论坛和其他评论空间等用户生成内容，并没有呈现出令人欣慰的活跃度。参与此类活动需要大量的时间投入，而在工作中阅读新闻的用户不大可能有闲暇的时间。故而，充斥在这些空间中的更多的是低质量的话语。同时，博客之类的用户参与空间预设了一种网络社交关系，即匿名参与者在数字公共空间中展开非在场的异步交往，这迥异于用户传统的线下交往模式。他们更愿意与同事、家人和朋友讨论新闻。此外，对隐私的考量也是阻碍受众参与的原因——参与在线讨论会泄露过多的个人信息。最终的结果是大多数网络新闻的消费者只阅读、不生产。这背后的更大的政治与文化语境是，人们对于新闻同质化的无力感、怀疑感和与集体世界的疏离感。通过新闻来制造公共参与的动力，进而推动社会变革的愿景，很难获得网络新闻读者的认同。他们对新闻与积极健康的公共生活的前景，持一种悲观而消极的态度。

信息的供给与需求之间出现的巨大鸿沟给社会的公共文化政治生活蒙上了一层阴影。巨大的信息真空与新闻机构中存在的广泛的模仿趋势使公共议题的设定越来越集中到少数机构和群体中。尤其是在社交媒体盛行、传统媒体衰落的当下，先前被监督的公权力与寡头平台媒体共谋，利用自身对信息的垄断，成为信息的超级传播者。危险之处在于，对于这些新涌现的、由各类权力主体构成的新传播者，没有太多的制衡力量构成有效监督。就算在为数不多的与它们进行对抗的事件中，它们也能轻易动员在传统媒介时代无法接触的大众来对质疑者（例如新闻媒介等）发起攻击，并消解其社会权威与合法性。对于社会的健康与正常运转，这是危害巨大的。

六、评价与反思

在媒体生产与用户消费都转向基于算法的社交媒体平台的当下，新闻网站内容的生产与消费这个看起来似乎有些落后于潮流的研究依然有它强大的理论与实践价值。博奇科夫斯基此项对于工作中的新闻的研究最令人印象深刻之处在于他重新发掘了将模仿作为概念性钥匙，来开启对信息充裕时代为何有效的新闻信息沦为稀缺品的考察。他的创新之处不仅仅在于整合了一直处于割裂状态的新闻研究，即将新闻的生产过程、最终的新闻产品以及对新闻的消费置于同一考察框架之内，从而去考察在先前的孤立性研究中无法验证的研究假设与问题，更重要的是，他将技术的物质性凸显出来，即技术作为一种真实的物质实在，运转于社会之中。相较之前将技术视为一种工具的功能视角，物质性的视角将技术从背景性的、被动性的存在中解放出来，让其加入社会过程，与诸如结构和具体情境等一起，塑造着社会的面貌与人们的日常体验。网络技术也绝非技术决定论所预言的那样，仅凭一己之力便能变革或是颠覆整个新闻生产的传统与新闻媒介的社会权威，而是与政治生态、市场逻辑以及文化惯习等交织在一起，将模仿这种一直存在于新闻职业中的实践，推至一个极具可视度的位置，加速了新闻同质化的过程，进而改变了人们的新闻获取和消费方式，并导致社会权力监督结构的剧变与公共生活的转型。

当下诸如算法新闻对新闻业、人们的信息生活方式以及整个公共传播沟通生态的冲击，并非一种因新技术的出现而涌现的崭新社会事实。它延续着该书讨论的母题，即为何在貌似充裕的信息中，我们所获得的真正有益于公共生活参与的新闻变得更少。新技术的引入，可能因其自身属性和逻辑，给整个新闻生产、产品分发和内容消费过程带来与网络环境新闻不一样的情境，但它依然延续着自网络新闻兴起便已开启的一系列变革。

此外，博奇科夫斯基向我们展示了如何通过考察在地化的案例，即处于"南方"的阿根廷媒体及其受众，去探讨全球化技术在进入具体的、不同于欧美的场景后，如何与当地的语境产生勾连与互动，在形塑新的社会技术图景的同时，如何推进与改造技术本身。这为我们理解技术作为一种全球性的逻辑与实践如何进行全球旅行，提供了非常有趣的视角与经验。

（钱进　上海外国语大学）

参 考 文 献

〔美〕帕布鲁·博奇科夫斯基：《工作中的新闻：信息充裕时代的模仿》，周亭译，北京：北京大学出版社，2020。

拓 展 阅 读

Boczkowski，P. J.，*Digitizing the News：Innovation in Online Newspapers*，Cambridge：MIT Press，2004.

〔美〕凯斯·R. 桑斯坦：《信息乌托邦：众人如何生产知识》，毕竞悦译，北京：法律出版社，2008。

C. W. 安德森

《重建新闻：数字时代的都市新闻业》

进入 21 世纪，随着互联网技术等数字技术的普及，世界范围内的传统新闻业（报刊、电视台等）普遍陷入了一种焦虑状态。造成这种焦虑的主要原因是受众的流失。报刊亭内的报纸、杂志长期无人问津，电视台的收视率也愈发不容乐观。越来越多的受众抛弃传统新闻业，转向数字化渠道以获取资讯。这也倒逼传统新闻业进行数字化转型。C. W. 安德森（C. W. Anderson）2013 年所著的《重建新闻：数字时代的都市新闻业》正是对 21 世纪美国费城新闻业的数字化转型进行的全景式描绘，反映出美国地方新闻业在数字化转型过程中所经历的阵痛、遇到的障碍和取得的成就。

一、成书背景

C. W. 安德森现为意大利米兰大学社会与政治科学系教授，曾执教于纽约城市大学和英国利兹大学。他在很多顶尖学术期刊上发表过文章，例如《政治传播》《新闻学》《新闻学研究》《质性社会学》等，偶尔也会为尼曼新闻实验室和《大西洋月刊》在线版撰稿。此外，许多学术著作中的部分章节也出自他的笔下，例如《社交媒体读本》《建构我们的媒体：创造新的传播空间》《制作在线新闻：对于新媒体生产的民族志研究》《新闻研究手册》和《再造新闻：有关数字时代新闻学研究前景的文集》等。安德森的研究主要集中在数字新闻业、社会学、政治传播、科学技术研究等领域。

该书作为一道桥梁，连接了安德森的两次学术生涯：作为哥伦比亚大学新闻学院的博士生，以及作为纽约城市大学斯塔滕岛学院的助理教授（Anderson，2013，p. ix）。他的研究得到了一批知名学者的关心和指导，例如詹姆斯·凯瑞、托德·吉特林、迈克尔·舒德森、安德里亚·图切（Andrea Tucher）、吉尔·埃亚尔（Gil Eyal）、杰·罗森（Jay Rosen）等。

从费城这座美国城市的视角出发，该书透视了近期新闻业所经历的对峙、合作、衰退。该书创作于新闻业大动荡时期，表明当面临各种混乱局面时，地方新闻机构会做出特定的抉择，以更好地适应新兴的经济、社会和技术现实。作者分析了塑造以及引导这些抉择的经济、组织及文化因素，讲述了新闻业视角下的统一化公众如何解体、长久以来被视作理所应当的新闻报道实践出了什么问题，以及新闻机构如何奋力重建地方新闻业等问题（Anderson，2013，p. 3）。

安德森表示，推动自己进行这项研究的是新闻业发展过程中出现的一系列问题：随着重大的技术、经济、政治、文化以及组织变革冲击新闻业，都市新闻业该如何变革？地方记者从事何种工作？他们如何与其他机构合作？工作中的变革如何改变了地方新闻业的职业权威性？该书并非对美国"新闻业未来"的描绘，而是深度分析了今天的都市新闻业如何运行，以及当前的模式和实践为美国民主以及公众生活带来的经济、文化、理念方面的挑战。因此，该书其实是对当下历史的书写（Anderson，2013，p. 3）。

该书存在四条叙事主线：一是阐述有关都市公众的观念和图像发生的断裂；二是分析地方新闻业的工作实践；三是从生态系统和机构的角度观察新闻工作实践；四是"合作的非扩散"（Anderson，2013，pp. 6-7）。

第一至二章按照时间顺序论述了费城在线媒体生态系统的诞生和成长。第三至四章着重描绘了作者2008年进行的新闻编辑室田野观察，追溯了产业化新闻工作传统模型的瓦解和再稳定。第五章论述了

2005—2008 年费城地方新闻机构、新闻网、博客主无法创造出重要合作网络的境况。第六章首先讲述了费城新闻业面临的一些最黑暗的日子，然后又论述了传统新闻机构破产后费城新闻业的发展状况。第七章综合全书的研究，探讨了费城"将新闻网络化"的尝试对于其他新闻组织有何借鉴意义，对于一般层面的数字文化和公共生活等概念有何启发等（Anderson，2013，pp. 8-10）。

二、民族志的方法和生态系统、装配的理论视角

该书主要运用质化方法和民族志方法，采用的理论视角主要是生态系统（Ecosystem）和装配（Assemblage）。

安德森将分析对象聚焦于美国的地方都市新闻业之后，又选定了费城作为研究对象。不过他很快意识到，仅仅观察费城传统的新闻编辑室，还是无法认识 21 世纪初新闻业的真实状态。他希望理解的不只是费城的新闻编辑室，还有当地的新闻生态系统：他不想仅仅关注供职于传统新闻机构的职业记者，还要研究博客主、激进的媒体生产商、基金会、计算机黑客以及社交媒体专家。为了实现这一目的，安德森采用了菲尔·霍华德（Phil Howard）所称的"网络民族志"（network ethnography）方法，即运用网络分析帮助自己确定相关的研究地点以及进行质化研究的场所（Anderson，2013，p. 4）。

作者认为，当前正处于新闻民族志研究第二个黄金时代的入口。然而，具有讽刺意味的是，随着民族志重新成为新闻编辑室研究较受偏爱的方式，编辑室的围墙（既是物理层面的，也是修辞层面的）却发生了深刻的变动。这并非表示编辑室在当代新闻生产中变得不重要，恰恰相反，该书仍然认为编辑室在新闻生产中处于中心位置（Anderson，2013，p. 167）。然而，随着我们分析视角的拓宽，研究新闻生产的传统民族志方法就开始暴露出问题。西蒙·科特尔（Simon Cottle）提出，为了应对数字化带来的问题，显而易见的应对方案就是进行多点民族志研究（multisited ethnography）。换言之，随着新闻生产的去中心化，传统的观察"处于工作状态中的记者"的研究方法就暴露出更多的问

题。于是，霍华德提出可以将民族志研究与社会网络分析相结合，进行"网络民族志"研究，以观察"在线的实践社群"（Anderson，2013，p. 170）。

安德森花了三年时间对费城新闻业进行质化研究，其中 2008 年3—8 月进行了广泛的浸入式民族志研究。这段时期，他与记者、编辑、社会活动家、博客主进行了六十多场半结构化深度访谈，并且进行了三百多小时的参与式观察。2008 年秋至 2010 年，他又进行了后续研究以及二次实地走访。该书与早期新闻社会学研究的主要区别在于，该书是第一项对整个地方新闻生态系统进行深度观察的民族志研究（Anderson，2013，p. 171）。

该书第二项在理论、方法论、哲思层面具有重要意义的创新，就是将新闻业实践视作一种装配实践（the practice of assemblage）：对新闻产品、机构及网络进行装配。为何要将新闻业视作一种装配？因为新闻业在运行过程中要将一系列对象组合起来。这些对象有大有小，有社会对象也有技术对象，有人类对象也有非人类对象。装配理论贯穿于该书的方法论、实证分析、机构以及规范等各层面（Anderson，2013，p. 4）。安德森在附录中指出，他其实还调用了组织化理论和行动者网络理论的视角，探讨各种行动者如何装配日常新闻乃至装配新闻机构（Anderson，2013，p. 174）。

生态系统和装配这双重概念也引出了该书主要的实证结论，这也是经过多年民族志研究后才得出的结论：第一，长久以来，地方新闻业的权威依靠的是"原创报道"和"一种特定视角的新闻公众"这两大支柱；第二，数字化时代，新闻报道的本质和公众这一概念都出了问题；第三，各种机构、经济和文化层面的因素使得引导新闻业的转型极其困难；第四，不能仅仅认为这些因素是管理方面的失败或是被误导的传统主义；第五，为记者的职业生活赋予意义的文化导向同时也阻碍了新闻编辑室的变革。为了推动这一变革，记者必须开启一个艰难的过程：重新思考自己是谁、自己做什么工作，以及自己为谁工作（Anderson，2013，p. 5）。

三、地方新闻业为何转向线上

该书第一部分（第一至二章）介绍了 1997—2008 年，互联网发展起步阶段费城新闻业的数字化转型过程。

对于互联网发展早期的大部分记者而言，"公众"其实还是一个简单的概念：一大群面目模糊、接受记者提供的信息的地方读者。互联网给新闻主管、编辑和记者提出的关键问题是如何尽可能完整地将公众"转移"至线上。第一章的主题便是分析这么做遭遇的困难，以及在互联网环境下，统一化的"新闻公众"概念遇到了什么问题（Anderson，2013，p. 16）。

作者研究的新闻机构可以较好地代表费城整体的媒体生态系统。其中，Philly. com 是费城两大主要报纸《费城问询报》和《费城每日新闻》联合运营的网站；Philly Future 和 Philly IMC 是面向地方的合作式新闻生产网站；Mere Cat、Citizen Mom、Beerleaguer 和 Philebrity 是聚焦点、风格和专业性都有所不同的博客。经过早期田野观察和社会网络分析，作者选取了这些在费城数字媒体领域内处于关键节点的网站（Anderson，2013，p. 17）。

为了收集每家网站的数据，安德森对每家网站的创办者或者技术主管进行了至少一次（通常不止一次）半结构化深度访谈，并且分析了各网站现有网页的架构和设计。他还获取了关于这些数字化项目的历史及其网站重新设计过程的公邮档案（public e-mail archives）。此外，他还大量运用"互联网档案馆"（Internet Archive）的资料，这个在线档案馆记录了 1996 年以来各个网站的所有历史版本（Anderson，2013，p. 18）。

第一章主要是通过档案分析，对 Philly. com 的数字化存在进行了质化重构。很显然，许多宏观因素共同决定了互联网早期的"新闻形式"，这些因素包括组织影响、企业结构的变化以及技术能力。同样发挥作用的，还有地方新闻业"关于自身的图景"：Philly. com 的创办目的是什么，它的受众是谁（Anderson，2013，p. 32）。

C. W. 安德森
《重建新闻：数字时代的都市新闻业》

第二章探讨了 2000—2008 年间转向在线新闻业的另一条非传统路径，关注了数字化项目 Philly IMC（费城独立媒体中心）、Philly Future 以及四家具有代表性的地方博客 Quinn、Berks Phillies Fans、Philebrity、Mere Cat。

安德森花费较多笔墨解释了为何要在一本论述费城数字新闻业的书中讨论 Philly IMC：第一是方法论层面的原因，如果要追寻费城新闻网络中的行动者，就不得不聚焦于最初组成 Philly IMC 的那批人员、技术和机构；第二点原因更重要，即安德森发现自己所记录的新闻工作转型运动都可以在独立媒体运动（indymedia movement）中找到先例，而 Philly IMC 正是该运动的一部分；第三点原因是，近年来的阿拉伯之春、占领华尔街等事件重新激发了人们对于社会活动家的技术使用以及基于数字化的"抗议者新闻业"的兴趣，而这又进一步证明了新闻业的图景、数字化生产以及社会抗议运动是深度关联的（Anderson，2013，p. 35）。

另一个地方项目 Philly Future 是费城当地的群体博客，创办人卡尔·马蒂诺（Karl Martino）表示，虽然用户在 Philly Future 上发布的内容要经过审核，但其实负责审核的团队几乎会放行一切内容（Anderson，2013，p. 40）。同 Philly IMC 一样，Philly Future 也将自己视为参与式的、多编辑主体的数字化项目（Anderson，2013，p. 41）。

四家地方博客的创办日期虽然有重合，也存在一些基本的共性，但是它们各自的创办目的均不同。安德森认为，这四家博客可以被视作 2001—2005 年间参与式媒体网络生态变迁在地方层面的体现（Anderson，2013，p. 48）。

总之，第一和第二章描绘了 1997—2008 年间费城媒体生态系统的出现和发展。安德森广泛引述数字化档案，研究费城代表性网站的历史，以帮助读者理解这座城市的新闻业如何"走向网络"，并且还提出，为了把握这段历史，我们应该审视内置于这些组织的网站设计的价值观，以及这些组织如何在其数字化架构中植入自己对于其内容提供者和消费者的认识（Anderson，2013，p. 50）。

四、数字化时代的地方新闻工作

该书第二部分（第三至四章）转向微观层面，分析了费城地方新闻生态系统中日常编辑以及新闻活动的流程和惯例。

第三章主要记录了安德森 2008 年在《费城问询报》进行的田野观察。五六个月的时间内，安德森对费城记者的日常工作进行了集中观察，随后又在为期五年的时间内对费城记者的工作进行了断断续续的观察。通过这些观察，安德森提出，在如今的数字化时代存在两种主导形式的新闻工作：新闻报道和新闻聚合（Anderson，2013，p.56）。并且，由于很多记者利用博客对自己先前的报道进行补充，甚至还有一些记者直接将博客作为报道突发新闻的平台（Anderson，2013，p.77），因此，作为新闻报道和新闻聚合之集合体的"写博客"也可以被视作一种特殊的报道形式。

安德森发现，费城记者的工作表面上没有多大转变，但这仅仅是一种错觉。当许多线下编辑室的报道过程似乎仍然"不受时间影响"时，与互联网需求关联更紧密的记者就已经开始建构另一种截然不同的新闻采集惯例了（Anderson，2013，p.57）。随着《费城问询报》于 2008 年 1 月创办了第一家网络新闻部门，报社内部原本平缓的转型过程也发生了巨变——虽然网络新闻记者的整体职业角色仍然维持稳定，但是对于报道速度的强调已经发生转变。与此相应的报道机制也发生了深刻转型。安德森引用了一位摄影编辑的话："（在互联网）每分钟都是 deadline。"（Anderson，2013，p.58）

2008 年 1 月以前，《费城问询报》的网络编辑室只有一位记者和一位摄影师。当年夏天，网络编辑室已经人员齐备、初具规模。报社一位工作人员既兴奋又带有些许无奈地说："我们现在已经成为电子媒体的一部分了。"费城的许多记者都接受了这种转变后的工作模式，一部分记者还十分享受这种加速化的时代，不过也有一部分记者对于这种工作模式表现出批判和怀疑的态度。

安德森还敏锐地捕捉到，21 世纪初线下记者的职业角色、工作惯例、新闻判断与 20 世纪七八十年代经典新闻民族志研究盛行时的情况没有多少差异。但是对于已经适应网络数字化节奏的记者而言，事实采集惯例已经发生重大转变。新闻时间的观念被压缩，如今的聚焦点在于报道速度以及持续重写/更新（continuously rewritten copy）（Anderson，2013，p. 62）。

第四章进一步拓展了上一章的民族志分析，关注一则新闻报道——费城警方基于一则虚构的指控，错误地逮捕了当地四位房主——如何在费城新闻生态系统中扩散。安德森发现，地方博客是使得新闻扩散常规模式复杂化的一项重要因素（Anderson，2013，p. 93）。尽管地方博客没有进行多少原创报道，但是它们以一种将会反映和塑造社群对话方向的方式对媒体的报道进行了重新编排（Anderson，2013，p. 92）。他又进一步得出结论，互联网时代现代新闻业的核心是下述观念：记者进行报道的目的就是建构特定形式的公众（Anderson，2013，p. 98）。

五、建构新闻网络

该书第三部分（第五至六章）又在较为宏观的层面分析了费城媒体如何在合作的过程中建构地方新闻网络。

第五章基于作者几年间积累的田野工作笔记，以及 2009 年以后对费城的多次实地考察，探索了创建一个更为网络化的地方新闻生态系统的可能性和可能遇到的障碍（Anderson，2013，p. 106）。

很多分析者认为，建构更为网络化的新闻生态系统，首先需要增强新闻机构之间的合作。安德森引述了乔希·斯特恩斯（Josh Stearns）总结的三种形式的网络化新闻合作：第一，对新闻业常规生产、分析与分发所需的后台资源进行分享或结合；第二，跨机构内容合作；第三，物质层面的合作。并且，斯特恩斯还提出了长期合作与一次性搭档之间的区别（Anderson，2013，p. 108）。于是，将是否长期合作这两个维度，与三种形式的网络化新闻合作相结合，可以得到总共六种形式的网络化新闻合作（Anderson，2013，p. 109）。

安德森经过案例分析，认为连接行动也是创造网络的行动。当任何新闻机构与其他新闻机构、新闻事实、新闻网站进行连接的时候，该新闻机构此时也参与了创建网络的行动。连接行动为新闻生产者提供了以数字化形式认证他们与其他新闻机构之间的关系的机会（Anderson，2013，p.124）。在非传统新闻机构中，一部分对于连接行动怀有敌意，另一部分则欣然接受连接行动。可以从多个层面对此进行解释：

经济层面，营利性新闻机构担心跨机构合作会转移本媒体的流量，损害其经济利益；机构层面，新闻生产过程的理性化本质所具有的四种相互整合的运行机制，使得新闻机构远离网络化合作；此外，深层次的新闻文化也使得新闻机构之间缺少合作，这也许是最重要的层面（Anderson，2013，p.130）。

另外，安德森还指出，2005—2010年，费城之所以没有出现新闻网络，还有一个原因是费城地方新闻生态系统中缺乏能够推动"网络"出现、成形的"机构"。当地新闻机构仍然致力于传统形式的报道。这里存在一种悖论：为了使网络化新闻报道成为可能，传统的致力于合作式生产的新闻机构也应当留存。但是新闻网络又不能凭空从潜在的新闻生态系统的数字化沼泽中浮现出来，因此必须有相应的机构助推新闻网络的形成。然而，至少在安德森进行调研的初始阶段，费城不存在这种新闻机构。直到2010年设立创业报道奖（Enterprise Reporting Awards），这种状况才有所改变。2010年，费城公共电台（WHYY）和费城媒体控股公司（Philadelphia Media Holdings）仍然主要以传统形式进行新闻报道。当地的基金会尚未对新闻生产领域进行投资。而那些对于合作式生产似乎最感兴趣的机构（例如Philly IMC和Philly Future）仍然是脆弱的局外人，尚不具备推动变革的稳定性和文化影响力（Anderson，2013，p.163）。

第六章探讨重塑新闻工作的外在因素，回顾了2009—2010年费城新闻机构经历的一些黑暗的日子，而黑暗之中又孕育着开启新纪元的微妙机会。这两年，费城许多正式或非正式的新闻机构都破产了。安德森发现，无法向记者支付工资并非新闻网络不稳定的唯一因素，冲击早期自发、自愿性质的网络新闻机构的最重要因素，是维持自愿性机构正常运行的自由劳动时间与获取个人生活资源的需要之间存在的矛盾（Anderson，2013，p. 144）。

他经过观察，还进一步得出结论，认为在线新闻工作面临的最大悖论之一，是互联网需要以越来越快的速度填充无穷无尽的页面，而媒体机构又愈发难以通过传统方式（支付薪酬）使得这一内容生产过程理性化。新闻机构需要越来越多的内容材料，为了获取足够的材料，它们会愈发依赖去理性化的、通常不被支付薪酬的新闻生产者（Anderson，2013，p. 147）。

2010 年前后，三大新的行动者出现在费城的新闻生产领域：地方和全国性基金会；非营利性新闻机构；不太正式，但是十分重要、拥有技术思维的新闻工作者，他们有时也被称为"黑客记者"，他们是新一代技术导向型新闻编辑室创业者的主体（Anderson，2013，p. 150）。这些行动者对于驱动新闻业变革、重建地方新闻网络发挥了重要作用。

六、评价与反思

安德森在最后一章的末尾指出，网络化新闻业的许多倡导者表示，新闻业的未来在于去机构化、去聚合、对外渗透、对外连接与合作。如果不同媒体的工作者以及不同的新闻机构能够积极地共事，那么这套理论是可以起效的，机构内部的新闻业功能也不会向外释放。然而，该书探讨了合作式解决方案的内在困难。这种现象颇具讽刺意味：正如全书各个案例所阐述的，地方媒体生态系统中的新闻工作者和新闻机构前所未有地交织、缠绕，但是这种交织和缠绕并非任何有意合作的策略的结果。安德森最后还表示，决定数字新闻业发展轨迹的，并非学者和专家，而是地方记者、编辑、基金会头目、技术黑客、监管者以及媒体活动家（Anderson，2013，p. 166）。

此外，他还梳理了"公众"概念在书中的每一部分分别处于怎样的形态（Anderson，2013，p. 164）。在第一部分，传统的新闻记者奋力在数字化转型过程中改变了对公众的理解，他们当时认为，新闻公众可以被简单地转移至线上；在第二部分，作者开始注意到，在传统记者对于同质化公众的理解当中出现了紧张、对立的关系；在第三部分，记者开始直面经过网络测量技术中介化的"真实"公众，并且日益将公众理解为碎片化的受众。

安德森指出，学界长久以来都关注新闻业和公众之间的关系。参与公民新闻运动的理论家尤其关注公众。对于这些学者而言，"新闻业已经'抛弃'公众，转而将其注意力聚焦于精英人士和政界内部人士的关切"，这一事实带来了重要的规范性困境（normative dilemma）。然而，该书的论点稍有不同。作者在调研过程中接触的记者并未遗忘公众，反而给予了公众深刻的承诺。这种承诺看上去是永恒的，实则偶然易变，随历史的发展而变动。换言之，作者的论点是实证性而非规范性的。记者以往认为公众是聚合型、统一化的实体，互联网环境则使得这一观念暴露出问题。由于费城新闻业尚未设想出一种替代性的地方公众形象，因此费城新闻业的地方公众形象仍然被锁定在原地，无法改变（Anderson，2013，p. 165）。

安德森还感叹道，或许希望书写、记录数字文化的学者都会遭遇这种情况：由于这种文化的更新速度太快，以至于民族志研究都会迅速成为历史研究（Anderson，2013，p. 166）。

安德森长期致力于数字新闻业研究，既积累了大量民族志研究材料，也进行了不少学理性分析。如果希望深入了解美国数字新闻业的发展状况，就不得不了解安德森的著述。该书成书于美国新闻业经历大动荡、大变革的时期，开了对城市新闻生态系统进行深度观察式民族志研究的先河，在学术史上无疑具有重要意义。

（曹诗语　上海社会科学院）

参 考 文 献

Anderson，C. W.，*Rebuilding the News：Metropolitan Journalism in the Digital Age*，Philadelphia：Temple University Press，2013.

拓 展 阅 读

Boczkowski，P. J.，& Anderson，C. W.，*Remaking the News：Essays on the Future of Journalism Scholarship in the Digital Age*，

Cambridge，MA：The MIT Press，2017.

Paterson，C. A. ，&. Domingo，D. ，*Making Online News：The Ethnography of New Media Production*，New York：Peter Lang，2008.

Wahl-Jorgensen，K. ，&. Hanitzsch，T. ，*The Handbook of Journalism Studies*，New York：Routledge，2019.

尼基·阿瑟

《〈纽约时报〉是怎么做新闻的》

21世纪以来，互联网的普及迅速将所有人推入数字时代。这个时代以便捷为显要特征，但剧烈的动荡和变革也随之而来。各种传统行业都不得不转而寻求新的生存方式，新闻业也不例外。尽管传统的新闻价值观仍对新闻工作的开展具有指导作用，但新价值观的生成也已成为必然，它们与日常新闻实践相互影响、互为因果。2010年1月至6月，尼基·阿瑟（Nikki Usher）对《纽约时报》新闻编辑室进行了深入而细致的民族志观察，在观察所得的基础上写就了《〈纽约时报〉是怎么做新闻的》一书。通过记述数字变局下《纽约时报》内部的应对方式和员工的迷惘、困惑，阿瑟为我们提供了一个窗口，使我们得以从中窥得数字时代新闻编辑室中新兴价值观的生成及其发生作用的过程。

一、成书背景

尼基·阿瑟现为美国圣迭戈大学传播科学系副教授，曾供职于乔治·华盛顿大学和伊利诺伊大学，已出版著作有《纽约时报〉是怎么做新闻的》《互动新闻：黑客、数据与代码》《富人、白领和蓝领的新闻：地方和权力如何扭曲美国新闻业》。其中，《〈纽约时报〉是怎么做新闻的》是互联网时代第一个针对美国最重要的报纸撰写的长篇研究，《互动新闻：黑客、数据与代码》聚焦数据新闻的崛起，而《富人、白领和蓝领的新闻：地方和权力如何扭曲美国新闻业》则将目光投向新闻业在地方、权力等方面面临的挑战。

阿瑟的研究兴趣十分广泛，涉及未来新闻业、社交媒体、新闻与新媒体、新闻编辑室与数字变革、公民新闻、新闻的新商业模式，以及人类学田野调查等多个领域。她尤其关注不断变化的数字环境中新闻的制作生产，并因对新闻编辑室的民族志调查而闻名。目前她的主要研究方向有三个：新闻业与地域场所的相互作用、新闻学和政治学中的"权力精英"，以及平台治理中的政治经济学。

二、三种新兴的新闻价值观

贯穿《〈纽约时报〉是怎么做新闻的》一书的是三种新兴的新闻价值观：即时性、互动性、参与性。这三种价值观源于阿瑟对《纽约时报》长达 5 个月、总计 700 小时的实地观察，源于她所观察到的《纽约时报》内部的工作惯例。

三种价值观无一不是对新变化的回应——全天候播出的新闻环境、以互动参与为新导向的传媒环境、受众话语权的提升，都要求新闻机构做出改变。阿瑟视此类变动为必要且不容置疑的事实，她如此写道："记者们在努力接受新的工作指令：必须在获得登上纸质版头版的荣耀的同时拿出新内容放到网上，必须使网站能满足那些想探索文字之外的故事的用户，必须通过社交媒体平台接触更多的读者。这些'必须'，不管记者喜欢与否都已经成为现实，这些新兴的价值观正在调整新闻实践，并为《纽约时报》的新闻工作设置新标准。"（阿瑟，2019，p.7）

但从观念的萌生到完善再到具体落实，这一过程是漫长的。阿瑟观察到，在《纽约时报》的具体新闻实践中，这三种价值观的内涵并不明确，不同的工作人员对三者的认识、态度各不相同。总体而言，管理层更倾向于从产品经营的角度出发，将它们与公司的经济收益相关联；记者则大多从新闻实践出发，认为适应数字时代的迫切需求并非出于经济原因，而是为了赶上网络时代的发展步伐、不落于人后（阿瑟，2019，p.64）。不过，记者内部也存在态度上的分歧：一些记者倾向于自下而上地探索、实践这些价值观；一些记者苦于新兴价值观与传统价值观之间的冲撞、激荡，难以觅得法门；还有一些记者对这些新冒出的观念心怀抵触。

（一）即时性

新闻之"新"意味着信息的新鲜性、新近性。网络时代到来之前，当天信息次日见报就可被视为"新"；但数字时代，信息的传递速度大大加快、更新周期大大缩短，新闻对"新"与"快"的追求更为极致，阿瑟概之以"即时性"。

为适应"即时性"对速度的推崇，《纽约时报》在内部同时运作纸质版和网络版两个版本。二者追求的愿景、遵循的工作流程，还有生产周期都不相同。纸质版很大程度上遵循惯例，所看重的仍是那些以权威性、持久性、影响力、独特性为特征的报道，仍然保持着次日见报的节奏以及由明确的截稿时间强加的强烈秩序感，记者和编辑因而有充足的时间专注于内容策划和版面安排。就具体的工作流程来讲，一天两次的头版会议仍然是纸质版《纽约时报》的"重要时刻"，编辑将在会上决定什么报道能够登上头版、成为对这个世界而言最重要的新闻。当然，决议所依据的衡量标准仍然是那些传统的新闻价值观："编辑们最有可能推荐（上头版）的是重大突发新闻、调查性报道或者没有明确时间限制的独家专题。"（阿瑟，2019，p.123）

与纸质版的持重、条理井然不同，网络版以迅速流动为显要特征。这当然与互联网一系列以"快"为核心的特点相关：一方面，网络版中的内容可被即时修改，纸质版编排中的谨慎、权衡就成了一种相当陌生的品质；另一方面，"越快越好"仿佛一个魔咒，它所带来的压力使网络版新闻的生产变成一种不断更新、让人狂热投入的活动。阿瑟观察期间，《纽约时报》美国版的日间首页制作人米克·苏斯曼（Mick Suss-man）将"每10分钟在首页上增加一些新内容"作为自己的工作目标（阿瑟，2019，p.142）。在如此快的工作节奏下，召开正式会议来讨论网站上的新闻报道和内容编排，便成为一种不具备现实可行性的奢求。实际操作中，网络版的新闻制作相较纸质版要"随意"得多：日间版和夜间版的工作节奏更像是在"单打独斗"而不是众人合力，网站首页制作人拥有更大自由度、受到更少的监督。何种内容将占据网站的显要位置，这通常是由他们根据自己的"一套"来决定的（阿瑟，2019，p. 150）。

迥异的工作方式使得网络版和纸质版不可能保持步调一致，而至于二者的重要性，仅就阿瑟所观察到的情况来讲，2010 年，《纽约时报》总体而言还是认为纸质版更为重要。从观念层面上来讲，这当然部分和纸质版承载着传统记者最为珍视的价值体系有关。但就现实情况而言，《纽约时报》内部的评价机制也在客观上造就、强化了这一差异——在对记者的工作进行评价时，首要的因素仍然是头版报道的数量、署名的总次数、报道的长度及其在版面上的位置，而报道在网站首页上的位置、博客的浏览量、文章的转发次数则很少在其考量范围之内。在这套明显偏向于纸质版的考评体系下，记者很明白地知道，自己在《纽约时报》的职务升降和去留都取决于所写报道能否上头版或 A1 版，"这一点是最重要的"（阿瑟，2019，p. 117）。

尽管存在纸质版与网络版的割裂，但阿瑟所说的"即时性"带给《纽约时报》新闻工作者的影响是相当显著而普遍的。它渗透在《纽约时报》的每一个角落，带来诸多不确定性。在访谈中，阿瑟发现，尽管"即时性"正在逐渐常态化，但许多记者仍不了解这个词的具体含义，并对随之而来的一系列变动感到困惑、疲惫。

压力源自多个方面。首先，该如何在信息更新如此迅速的情况下保证新闻水准？信息准确性和对效用增值的保障突然成为问题所在，撕扯感也随之而来：到底是抢先发布更重要，还是权威发布更重要？是发掘新信息更重要，还是深耕策划更重要？其次，纸质版与网络版之间的割裂也加重了记者的负担，他们常常为该如何同时满足纸质版和网络版的需求而紧张到气喘吁吁，以至于觉得自己"不得不同时伺候两个主人"（阿瑟，2019，p. 172）；最后，信息"新陈代谢"的加剧还关涉到工作价值感、成就感的弱化。在阿瑟的访谈记录中，不止一位记者表示，即时性所带来的不仅是身体上的疲惫，更重要的是，当他们意识到自己耗费心力所得的工作成果在首页上的位置仅仅在几个小时之后就会被取代时，一种丧失斗志之感就油然而生（阿瑟，2019，p. 177）。

"即时性"并不是带来困惑的唯一变动。网络时代，"用户"越来越多地取代"受众"而成为新闻传播中的用词，这意味着用户主动权的扩张和可选范围的扩大。以用餐方式类比，网络时代之前，受众所享有的更趋近配餐制，网络时代之后，用户所享有的则更像自助餐。阿瑟以"互动性"概述这一重大变化，她观察到，"互动性"已经成为《纽约时报》工作进程中观念层面的又一导向价值。但同样地，这一新兴价值观在《纽约时报》中的落实过程也并不顺滑。

（二）互动性

"互动性"一词的意涵是丰富的。在新闻传播中，举例而言，它既可以指用户彼此之间的互动体验，也可以指用户和电脑之间的互动体验。在该书中，阿瑟所讲的"互动性"的含义偏向后者，她引用埃里克·布西（Erik Bucy）的话来说明自己对此词的理解："互动是用户对其选择和展示网站内容——新闻报道的纯文字版、视听文本或多媒体文本，以及其他形式接合的文本——所做出的决定。"（阿瑟，2019，p. 20）换言之，"互动性"意味着用户可以自主选择阅读哪些信息、阅读以何种形式呈现的信息。而对应到新闻编辑室中，这就是记者通常所称的"多媒体"新闻实践，它既要求记者以新形式讲述新闻故事，也要求记者为读者提供一种全新的可能性：让读者能够自行选择对新闻内容的体验方式。

阿瑟希望以简凝的"互动性"一词将对记者的实地访谈提升到理论层面。在她看来，在 2010 年的《纽约时报》内部，"互动性"很多时候是一种自上而下推行的价值观："'互动'中不仅包含新闻报道的不断深入和讲故事技巧的日益老练、程序员与人们所称的互动新闻设计师的出现和兴起，也包含媒体高层对于'留住用户'的重视。"（阿瑟，2019，p. 21）这一小段话中包含的四个角色部分地展现了"互动性"对《纽约时报》内部的重构：新闻生产者需要掌握新的故事讲述技巧，程序员和互动新闻设计师被引入新闻编辑室，而媒体高层则从公司发展的角度制定方针策略，这一考量往往是出于获取受众和经济收益的目的。其中的逻辑链条很简单:"互动"要求新闻报道形式的多样化,也要求新闻内容能够"建立基本的人际关系"(阿瑟,2019,p. 196)。这二者中,前者能够丰富读者阅读新闻的体验,后者则能够延长读者在网页上停留的时间,进而为公司带来更多经济收益。

技术的引进是《纽约时报》做出的一大变动,除了前述的程序员和互动新闻设计师,公司内部还成立了视频部、多媒体部等有助于提升新闻互动性的团队,设立了网页制作人等职位。毫无疑义地,对于这些团队中的成员来讲,最重要的并不是纸质版内容,因为这会在无形中影响他们对自己角色定位的思考。但各团队的职能划分并不明确,它们彼此之间的界限十分模糊,常常相互交叠。

表面看来,"互动性"激起的涟漪似乎仅限于数字版《纽约时报》,但实际上,它的影响力渗透了整个公司。阿瑟观察到,对"互动性"的推进甚至"侵入"了传统认知中最为重要的头版会议——高层决定让一个5分钟的视频节目(TimesCast)进入会议室,记录下编辑们是如何讨论重要新闻的,并将录制视频作为花絮向观众放送。这个视频对编辑会议的"侵入"当然会引起记者和编辑的不满,因为它打乱了正常的会议流程。但这也说明,无论喜欢与否,记者都不得不接受多媒体以某种方式存在(阿瑟,2019,p. 213)。

总之,就各种情况来看,几乎没有人怀疑"互动性"应该成为《纽约时报》的一部分(阿瑟,2019,p. 232)。但这一价值观的具体落实也面临与"即时性"之落地类似的困难:在由旧入新的过程中,不存在既有指引性案例或规范,所有新闻工作者都在"摸着石头过河",这一境况截至2010年阿瑟的观察期结束仍无变化。具体来讲,多媒体记者往往发现自己很难融入新闻编辑室,不仅因为许多新闻点子仍然来自传统记者,而他们还不太适应日常工作流程,也因为负责多媒体内容的团队成员在职责方面多有重叠,缺乏良好的协调能力(阿瑟,2019,p. 214);传统记者则陷入另一种困惑:他们不怀疑互动性的重要性,但并不希望这一观念作为一种导向价值进入新闻工作的标准流程,也并不认为了解多媒体团队的工作属于自己的职责范围。伴随互动性而来的额外职责和惯例流程的中断带来不小的压力。毕竟,就多媒体作品的性质而言，传统新闻编辑室中的许多记者和编辑更倾向于将之视为锦上添花的文字辅助品，而不是另一种叙事媒介（阿瑟，2019，p. 221）。

然而，也有记者提前意识到了"互动性"的力量，认为它不仅仅是一种补充，并且开启了自下而上的实践。阿瑟的访谈对象之一——《纽约时报》的财经记者安德鲁·马丁（Andrew Martin），就因与视频编辑布伦特·麦克唐纳（Brent McDonald）合作了一个关于信用卡的重要系列报道而意识到了视频所独有的说服力，随后开始自发向多媒体部门的同事寻求帮助与合作（阿瑟，2019，p. 93）。不过这类自下而上的行动在阿瑟访谈期间相当罕见，尽管有时传统记者也会自发地在自己的报道中引入"互动性"元素，视之为一种提升报道质量的手段，但总体而言，对这一过程心存沮丧和困惑的记者仍然占据很大比例。

此外，就"互动性"这一新兴价值来讲，它除了带来新闻编辑室中的新旧冲撞之外，与即时性之间也存在一定的冲突。不难理解，完成一则融入互动性元素的新闻报道所耗费的时间是可观的，在这个意义上，互动"更像是为那些不受截稿时间约束的新闻报道准备的"（阿瑟，2019，p. 22）。对速度的极致要求有时也会限制互动性新闻的制作，例如，要是互动性新闻的制作适逢重大事件发生，那么它就极有可能被重大事件相关报道挤掉（阿瑟，2019，p. 233）。

（三）参与性

在阿瑟的观察中，三种新兴新闻价值观中的最后一种往往与互动性相生相伴，即"参与性"。随着受众话语权的提升，普通人对新闻制作、讨论的参与变成了难以回避的事实，一种与此类变化相勾连的观念也在《纽约时报》内部逐渐生长。

与对"互动"的推崇类似，《纽约时报》管理层对"参与"的提倡很大程度上是出于经济考量，背后的逻辑同样是"流量-读者群-覆盖率-营利"。管理层将《纽约时报》及其记者在社交媒体上的活跃表现视为推广品牌、建立受众忠诚度的过程："推特上的每个《纽约时报》记者都是这家新闻机构的'子品牌'"（阿瑟，2019，p. 245）。抛开公司经营不谈，"参与性"也再一次展现了网络时代新变化的无从回避——随着社交媒体的兴起，新闻工作者与受众之间的关系发生剧变，受众不再只是被动接收信息的一方，而是也拥有了发出自己声音的平台、渠道，任何人在任何时候都有条件成为传播者。新闻传播的模式随之发生变化：由原来的中心辐射型转变为一种内容生产和分享更为网络化的模式。上述变动无疑都会对传统的新闻规范提出挑战，而阿瑟对此进行了观察和描摹。

理想情况下，"参与性"是指新闻工作者通过社交媒体与受众建立联系，参与到受众关于新闻的讨论之中，进而提升用户黏性。用《卫报》总编辑艾伦·拉斯布瑞杰（Alen Rusbridger）的话来讲，新闻机构和受众之间应该是一种"共伴关系"（mutualisation）（阿瑟，2019，p. 273）。但在 2010 年的《纽约时报》新闻编辑室中，情况显然与此有很大出入。一方面，不同的记者和编辑对社交媒体的态度各不相同：一些人活跃地在推特上发言、经营个人品牌，并利用推特寻找新闻线索；一些人怀着好奇心尝试着开启推特之旅，却发现自己不知该如何经营社交账号、打造个人品牌；还有一些人抵触社交媒体在编辑室中的盛行，认为它破坏了更为重要的纸质版的生产结构。另一方面，大多数人实际上抵触真正的"参与"，他们倾向于认为"参与"仅意味着加入社交媒体平台，而并不包括在平台上与普通用户进行交流，也不包括利用用户生产的内容："在他们看来，需要这种交流的是普通人，而不是他们自己。"（阿瑟，2019，p. 27）

除了具体实践中由旧入新的艰难适应，许多记者和编辑之所以对"参与性"这一价值观抱有疑虑，还因为社交网络很大程度上关乎新闻道德。阿瑟指出，社交媒体对个性化的要求与新闻职业道德对客观性的要求之间存在张力：作为《纽约时报》的新闻工作人员，记者和编辑需要恪守新闻职业道德准则，严守中立、客观原则，杜绝任何偏见，并与采访对象之间保持距离；然而，为了在社交媒体上打造个人品牌，他们就需要让自己显得"与众不同"，并与受众建立联系。《纽约时报》在这方面不明朗的政策加剧了这一道德焦虑（阿瑟，2019，p. 265）。此类张力在现实中表现为一系列具体矛盾，比如说，记者在脸书上加入一些小组可能意味着其与小组之间形成事实上的从属关系，这会损害新闻生产的客观性，但矛盾之处在于，加入小组在很多时候也同时意味着让自己置身新闻渠道之中，以及时获取信息（阿瑟，2019，p.267）；而就传播效果来讲，在社交媒体上实时更新自己的报道活动，当然可能让读者更有身临其境之感，更能提升报道的传播力，但是，报道也可能会因记者为陈述添加了个人色彩而显得缺乏专业性。（阿瑟，2019，p.271）

总而言之，人的个性与传统新闻工作之间有一个难以控制的地带。倘若新闻工作者将社交媒体视为一个让自己的后台工作前台化的平台，就意味着他们要承担可能因此遭受诟病的风险。不过，无论对"参与性"的意涵和落实存有多少争议，它的出现、它带来的变化都是无从否认的，与此前的"即时性""互动性"一样，"参与性"也印证着新出现的价值观对数字时代的新闻业的调整。

三、阿瑟所做的预测

作为三种新兴的新闻价值观，即时性、互动性和参与性越来越受到新闻编辑室的重视，记者越来越意识到将它们融入自己工作日程的重要性和优点，它们也日益成为新闻实践中日渐常规化的组成部分。阿瑟的观察结束之后，《纽约时报》内部的变化仍在持续。例如，新闻编辑室开始切切实实地将重大报道视为以多媒体为核心动力的各种互动机会，典型的如其对一次雪崩事件的报道。在对该次雪崩的报道中，互动内容与文字故事结合得天衣无缝，人们只需动动鼠标，就可以360度全景观看雪崩前的喀斯喀特山区（阿瑟，2019，p.279）。

基于此，阿瑟做出判断：这些价值观的出现仍在引发破坏，但也许它们已经变得更为稳定，并更被认可为人们理想中的职业愿景，而不再仅仅是为使《纽约时报》的新闻工作达到数字时代的高质量而应尽的职责（阿瑟，2019，p.275）。阿瑟认为，《纽约时报》的重要优势之一在于它是一家拥抱不确定性的机构，她将《纽约时报》视为一个大型新闻实验室，认为其中的人为未来的新闻业进行各种尝试，不断适应变化，并做出改变，以逐渐完善自己的新闻实践工作。关于这家机构的未来，阿瑟如此写道："《纽约时报》的生存可能会取决于记者的能力，即他们能否将这些宏大的网络价值观融入自己的工作流程。"（阿瑟，2019，p.286）毕竟，新闻编辑室内部发生的塑造是双向的：新闻工作者当然会被新的价值观念、新的工作惯例塑造，但反过来，他们也必定带来新的价值观念和管理方法，后者对于《纽约时报》的意义不言而喻。

在书末进一步的预测中，阿瑟提出了几个重要的观点：其一，《纽约时报》作为媒体经营者的角色短期内不会发生改变；其二，《纽约时报》不应该放弃其核心优势，即其在以往漫长的时间里打造的权威品牌；其三，《纽约时报》必须继续发展其与受众之间的关系；其四，对指标的关注可能会使《纽约时报》忘记它的内容是有生命力的，因此编辑有必要保持自己在业务方面的判断力；其五，在一个充满不确定性的时代，独创性强、人才多、质量高、运气好将是报业生存的必要条件（阿瑟，2019，pp.301-308）。

四、评价与反思

围绕《〈纽约时报〉是怎么做新闻的》一书展开的争议大多集中于民族志研究的代表性。由于阿瑟在这本书中选取的研究样本只有《纽约时报》，因而一个争议点是：《纽约时报》内部发生的变化在多大程度上代表整个新闻界。

阿瑟就此解释道，《纽约时报》所面临的挑战也是其他所有新闻机构都在面对的，即该如何在网络化的信息环境中制作新闻并向读者传播。以实际行动回应这些挑战的新闻机构远不止这一家，甚至书中提到的价值观也广泛存在于其他新闻机构的实践中，但鉴于《纽约时报》在规模、发行人、声誉以及自我意识等诸多方面都具有特殊性，同时具有强大的社会影响力，《纽约时报》的新闻工作者适应这些新价值观并将其运用到职业活动中的做法，必将产生深远影响（阿瑟，2019，p.10）。

立足于当下，结合国内新闻媒体领域发生的诸多变革考量这番解释，其说服力几乎是显而易见的："融媒体""直播新闻""全媒体矩阵"等术语都折射出三种新兴价值观的生命力——当然，此时此刻，它们已经不能算"新"。另外一点不容否认的是，对《纽约时报》面临时代变局的应对策略进行记录，这本身就具有价值。毕竟，变化几乎时刻都在发生，而对于新闻机构来讲，应变的态度和方法永远是决定命运的关键。

（常泽昱　上海社会科学院）

参 考 文 献

〔美〕尼基·阿瑟：《〈纽约时报〉是怎么做新闻的》，徐芳芳译，上海：上海译文出版社，2019。

拓 展 阅 读

Usher, N. , *News for the Rich , White , and Blue : How Place and Power Distort American Journalism* , New York：Columbia University Press，2021.

〔美〕尼基·厄舍：《互动新闻：黑客、数据与代码》，郭恩强译，北京：中国人民大学出版社，2020。

马特·卡尔森

《新闻权威：在数字时代合法化新闻》

2017 年，美国明尼苏达大学哈伯德新闻与大众传播学院的马特·卡尔森（Matt Carlson）博士①出版了名为《新闻权威：在数字时代合法化新闻》（以下简称《新闻权威》）的著作。与他的导师、著名新闻学学者芭比·泽利泽的研究旨趣相似，卡尔森也长期关注新闻业以及新闻研究的基本问题。相比较而言，卡尔森更为关注新闻业如何与其他不同的行动主体、技术客体碰撞，碰撞中发生了何种变化，以及新闻业在这一过程中如何维系自身的地位。《新闻权威》这部著作正是卡尔森对新闻权威这一新闻研究中核心概念的思考的汇总。在这本书中，卡尔森从"新闻权威的基础"和"语境中的新闻权威"两个维度出发，详细梳理了新闻权威在数字时代的基础和变迁。

一、成书背景

作为新闻研究中的核心概念，新闻权威在早期并未引起学者们足够的关注。但 21 世纪以来，有关新闻权威的研究日益增加。究其原因，卡尔森指出：

> 这很大程度上归结于所有媒介的转型，从模拟时代的匮乏到数

---

① 在该书出版时，卡尔森任教于美国圣路易斯大学（Saint Louis University）。

字时代的充足。比尔·凯勒（Bill Keller）的观点可以让我们窥视，一位备受尊敬的新闻机构负责人如何面对数字媒介改变了新闻业的可用性、经济结构以及新闻从业者与其用户之间的关系。数字媒介带来了新的潜能以及新的参与者。Google 新闻、Facebook 和 Twitter 成为相对新的服务商并已成为新闻生态系统中不可或缺的部分。支撑着传统新闻业的广告收益正在持续向线上迁移，通常远离新闻。包括那些有着特定政治观点的网站在内的新数字新闻网站过剩，分散了曾经由报纸和电视网控制的注意力。甚至在最近，自动化新闻——即计算机程序在没有人为干预的情况下撰写新闻故事——进一步提及了什么生产新闻合法性的新问题（Carlson，2017，p. 2-3）。

可以说，卡尔森对新闻权威的思考，与新技术不断涌现的社会背景有关。但是，卡尔森认为，新闻权威研究的兴起不仅仅是技术推动的产物。他表示："数字媒介带来的压力不仅仅局限于技术、组织或是经济领域。恰恰相反，核心议题已经变成了如何将这些来自不同维度的方面结合起来，以让人们根本性地重思新闻究竟为何。新闻业的权威究竟从何而来？"（Carlson，2017，p. 3）在卡尔森看来，回答新闻权威研究缘何而"热"，不但需要对新闻权威为何以及新闻权威的来源进行系统性追问，还需要对新闻业所处的环境以及新闻业和其他行动者之间的关系进行反思。

事实上，卡尔森对新闻权威的追问并非始于《新闻权威》一书。在该书出版前，卡尔森就曾经对博客与新闻权威（Carlson，2007a）、纪念话语与新闻权威（Carlson，2007b）、知名新闻人过世与新闻权威（Carlson，2012）、机器人写作与新闻权威（Carlson，2015）等具体的议题进行过分析。这些研究大多从不同的视角和议题出发，探讨了具体事件或是具体技术如何影响新闻业赖以生存的职业权威。在这些研究中，卡尔森有一个基本的论断，即新闻权威并非固态的。相反，新闻业自身的形态变化、新闻业内或与新闻有关的重大事件以及新闻业所处环境的改变，都能够影响到新闻权威。卡尔森坦言，新闻权威的定义并非足够清晰、无可争议的（Carlson，2017，p. 4）。不仅如此，他也拒绝将新闻业或是新闻权威的概念简化为某些特定的话语。例如，他直言，新闻业绝不可以简化为新闻从业者，新闻业还包含技术、消息来源、与盈利有关的行动者、机构、用户，等等。换言之，新闻业是一个复杂的概念，因此需在复杂的语境中进行分析（Carlson，2017，p. 6）。同样，卡尔森也反对将新闻权威视为某种"信任"或是"可信度"。在他看来，这种归纳法忽视了新闻权威的语境特性（Carlson，2017，pp. 3-4）。为了厘清新闻权威缘何而来，又如何变化，卡尔森提出了"新闻业何以拥有被聆听的权利"这一核心问题，并试图由此出发，对新闻权威的源头进行追问并对其在当下的变化进行阐述（Carlson，2017，pp. 3-4）。

二、对"新闻权威的基础"的再审视

与一些研究者持有的新闻中心主义观念不同，卡尔森试图从更为广阔的背景出发去分析新闻研究的核心概念。具体而言，卡尔森始终相信，新闻业的地位的建立、性质和功能的形成并非凭借一己之力，其往往是新闻业和其他不同行动者在具体的社会语境下互动的结果。由于怀有这种信念，卡尔森在《新闻权威》的论述过程中，详细介绍了新闻业和其他不同行动者的关系，以及新闻业如何主动或被动地采取行动，对职业权威进行构建。

可以说，卡尔森将对新闻业与其他不同行动者的关系的分析嵌入了全书各个章节。在第一章，卡尔森详细地分析了新闻业的职业身份，并就新闻业的职业身份、新闻权威以及新闻专业主义的关系进行了梳理。在他看来，新闻专业主义影响了新闻业作为合法的新闻报道者的身份，也影响了新闻业的职业权威。作者明确表示，"新闻权威与专业主义紧密地交缠在了一起"，专业主义精神"为从业者提供了他们缘何会被认为是文化上的合法知识生产者"的理由（Carlson，2017，pp. 29-31）。在具体的内容设置中，卡尔森首先提及新闻业的特殊性。这种特殊性体现为新闻业并不是具有鲜明准入色彩的行业，而是依靠相对软性的规则、标准和精神，与他者划清了界限（Carlson，2017，pp. 31-33）。此外，作者提出了"专业主义作为社群制造者"的观点，将新闻业奉行的专业主义视为塑造新闻社群的重要力量。"从业者们通过专业主义的话语表达自身作为社群的同时，也造就了他们的工作是支持公共利益的感觉。"（Carlson，2017，pp. 34-37）随后，卡尔森论述了"自主权和排他性的主张""专业知识生产者"等内容。在这些部分，他论述了新闻业是如何通过自我实践，对职业管辖领域进行界定的（Carlson，2017，pp. 37-46）。尽管专业主义遭遇了一定的质疑，但是其依然向外界宣扬了新闻业的社会价值。特别是，新闻专业主义为我们透视新闻权威"提供了强有力的视角"。不过，在审视新闻权威的基础时，除了从新闻专业主义的角度出发进行思考外，学者们还需要引入其他视角，而非局限于此（Carlson，2017，pp. 46-49）。

除了从专业主义维度思考新闻权威，卡尔森还从"文本与文本权威"的角度出发分析了新闻权威。在他看来，"与任何文本形式一致，新闻文本同样也有许多能够展示作者意图的常规（convention）。从叙事管理到新闻内容的次序，再到图片的运用，以及材料的选择，都表明了新闻业如何理解自身及其与用户之间的关系"（Carlson，2017，p. 51）。换言之，新闻的文本作为新闻产品，能够体现新闻业自身的创作意图和价值观念。因此，卡尔森在这一章思考了"支配管理新闻形式的常规，何以成为具有权威性的合法新闻文本"的问题（Carlson，2017，p. 52）。在具体分析过程中，卡尔森首先提及保罗·斯塔尔（Paul Starr）对职业权威的研究，并通过将医学职业和新闻职业进行对比，指出新闻工作者也在努力通过新闻报道获取界定现实的权力。不仅如此，新闻工作者"通过根深蒂固的新闻常规"和"不断重复故事结构来传达信息，建立起我们所言的'中介权威'（mediated authority）"（Carlson，2017，pp. 52-53）。尽管之前的学者也关注到了新闻文本的重要意义，但卡尔森通过对前述研究的梳理和自己的分析，对文本如何能够成为具有合法性的新闻文本这一问题进行了阐述。在他看来，新闻工作者通过日常工作实践生产新闻文本，而这些文本也成为知识生产的形式。更为重要的是，这些权威依赖关系而存在。权威关系产生于"用户接触新闻文本，以及支配管理这些文本的形式"（Carlson，2017，pp. 53-55）的过程中。而在随后的分析中，卡尔森分析了"故事形式"

"位置""数字新闻形式"以及"新闻图片"等具体形式的新闻文本与新闻权威之间的关系（Carlson，2017，pp. 55-59）。在这一章的最后，卡尔森再度论述了"为何专业主义不能够解释权威"。他强调，新闻权威绝不能够简化为专业主义，原因就在于以新闻文本为代表的其他因素在权威的建构过程中起到了重要的作用。但需要注意的是，在数字技术的推动下，新闻文本正在呈现出越来越多的新形式，而这些新形式的出现以及原有形式的调整也会影响到新闻业的职业权威（Carlson，2017，pp. 69-74）。

在"新闻权威的基础"部分的最后一章，卡尔森并不意外地将"讲述自身的故事：新闻业叙事"设定为这一章的题目。事实上，卡尔森的导师泽利泽就极其重视新闻业自我叙事的作用。在关于肯尼迪遇刺的研究中，泽利泽将新闻业的自我叙事视为新闻业建构自身的重要途径（Zelizer，1992）。与导师泽利泽一样，卡尔森也注意到了新闻业有关的话语在建构职业意义中的作用，并提出了著名的"元新闻话语"（meta-journalistic discourse）概念。他直言，"需要认识到新闻业是一种偶然的文化实践，而它涉及新闻的物质性以及想象新闻业的方式"（Carlson，2017，p. 77）。作为与社会有着紧密关联的职业，新闻业与生活中的各个领域都有很密切的联系。卡尔森表示，元新闻话语可以帮助我们更好地理解新闻业与其他领域的关系，进而更为深入地思考职业权威。事实上，卡尔森并非在该书中首次谈到元新闻话语概念。在之前的许多研究，包括前文提到的卡尔森关于新闻权威的一些研究中，他都使用了这一概念。卡尔森通过列举一些新闻业的经典案例，分析了新闻业如何借助话语对自身的职业权威进行建构或是维系（Carlson，2017，pp. 77-85）。卡尔森同样将元新闻话语视为划定新闻业职业边界的重要工具。通过引入托马斯·吉尔因（Thomas Gieryn）的边界工作概念，卡尔森坦言不同的行动者都能够参与到职业边界的划定中，而元新闻话语正是人们透视不同行动者的立场和观点的重要依据（Carlson，2017，pp. 85-87）。同时，元新闻话语还将新闻从业者凝聚到一起，将它们塑造成一个社群（Carlson，2017，pp. 88-91）。在本章的最后，卡尔森再度肯定了"关系"在理解新闻权威中的作用。他表示，"专业主义话语或新闻文本的模式并不能完全解释新闻权威"（Carlson，2017，p. 91），新闻业身处社会，有着更为广阔的发展天地。因此，卡尔森呼吁引入元新闻话语的概念，从不同行动者的话语中寻求解答新闻权威何以构成或何以维系、何以被削弱的密码（Carlson，2017，pp. 91-93）。

三、"语境中的新闻权威"：再论关系的重要性

可以说，卡尔森始终对新闻权威的变化保持着警觉的态度。这种态度既不是对新闻业未来的盲目乐观，更不是试图唱衰新闻业，或是过于强调外部行动者的力量。长期以来，卡尔森都试图找寻一条路径或是一个方法，能够对处在动荡中的新闻权威进行审视。因此在该书中，他提到除了理论属性外，新闻权威也应当被视为一个解释新闻业的模型，甚至应当被当作度量新闻业变迁的工具（Carlson，2017，pp. 22-24）。诚然，由于新闻业的特殊性，其职业权威往往与其他行动者有着密切的关系，所以在"语境中的新闻权威"这一部分，卡尔森从"舆论""消息来源""技术""媒介批评"四个维度出发，详细论述了语境在新闻权威研究中的重要价值。

在这个部分的第一章（总第四章）"认可新闻权威：舆论"中，卡尔森着重分析了新闻从业者与新闻用户之间的关系。卡尔森直言，权威"被社会认可"是一个复杂的问题，原因是这里的认可与承认其合法性存在关联。不仅如此，这种认可更与复杂的政治、文化因素有关。因此，人们很难直观地通过某些手段测量新闻业的职业权威。在这一部分，卡尔森提出了两个观点：其一，与其他一些领域相比，新闻工作者的权威并不具备足够的约束性；其二，新闻权威是"通过有资格的新闻机构生产出的中介文本而来"（Carlson，2017，pp. 99-101）。随后，卡尔森从不同维度出发，梳理了以往的研究者如何探讨公众对待新闻业的态度。不过，卡尔森对各类民意调查或其他对新闻业的调查保持着警惕的态度。在他看来，对新闻权威的测量过程是模糊且复杂的。在这种情况下，将职业权威与民意测验相勾连的说法不可避免地存在问题，这些测验简单化了权威的形式。特别是，人们对新闻业的怀疑态度并不等同

于对新闻权威的削弱（Carlson，2017，pp. 101-111）。虽然无法否认，传统新闻业在当下正在遭遇各式各样的问题，但是现有的这些关于新闻业信任度的调查却不足以揭示权威的变化（Carlson，2017，pp. 119-121）。不过，虽然新闻权威很难直接测量，但卡尔森相信，人们对新闻权威的认可总是不稳定的。新闻从业者与用户"在某种关系中共同生产权威"（Carlson，2017，pp. 119-121）。

在本部分的第二章，卡尔森介绍了消息来源和新闻权威之间的关系。他表示，对于新闻业而言，消息来源始终是新闻研究的基石。采访谁、不采访谁、如何采访，影响着新闻业的职业运作以及更为深层次的新闻研究问题。特别是，"新闻工作者与消息来源之间的关系，标志着新闻生产实践走出了新闻室范围，进入了新闻工作者和个人与机构的外部世界的复杂联系之中"（Carlson，2017，pp. 124-127）。卡尔森在这一章中提及了其他研究者对消息来源的观点，并表示消息来源问题本质上也是新闻权威的建构问题。探讨新闻权威问题需要从包括消息来源在内的日常实践中汲取灵感。在日常实践中，新闻工作者与消息来源的关系以相互影响为特征，但两者为不同类型的权威而服务（Carlson，2017，p. 127）。在与消息来源的沟通过程中，新闻工作者借助消息来源的声音，表达了相应的观点。而这些日常生产实践行为，在生产新闻产品的同时，也生产了新闻业"讲述这个世界的权力"（Carlson，2017，pp. 127-133）。不过，卡尔森也表示，包括技术在内的多重力量正在重新塑造新闻工作者与消息来源之间原本的关系，越来越多的消息来源可以不再通过新闻业发表他们的观点。在这种情况下，人们需要"在更为广阔的传播语境下审视新闻业"（Carlson，2017，pp. 139-142）。

本部分第三章讨论的是技术与新闻权威之间的关系问题。与他过去所做的关于技术和权威关系的研究不同的是，这一章更加强调从理论的维度探讨技术的出现如何影响了新闻权威。卡尔森从复印机开始谈起，强调技术的出现影响了新闻从业者和其他行动者之间的关系（Carlson，2017，pp. 143-145）。特别是近些年，数字技术正在让新闻业和新闻业赖以生存的社会日趋复杂，而在这种情况下，人们很难简单地判断技术的出现加强还是削弱了新闻权威。不过，卡尔森表示，两种观点都承认

"技术是理解新闻业境遇以及未来方向的关键驱动力量"（Carlson，2017，p. 147）。只是，在不同的、具体的领域，技术对新闻业的影响程度和进度并不相同。在这一章，卡尔森一针见血地强调，"新的技术的物质性正在与阐释性话语结合，并寻求解释、改变或是合法化它们与既有的新闻观念之间的关系"（Carlson，2017，p. 149）。与此同时，以"新闻规范和实践作为基础的新闻权威，绝不仅仅会转移到新的传播技术中"（Carlson，2017，pp. 146-150）。在这一章，卡尔森还对自动化写作这一议题背后的新闻权威逻辑进行了分析。在他看来，技术可以通过改变具体的场景影响新闻从业者与其他主体或是客体之间的关系，而这些关系一旦发生变化，也会影响到新闻权威（Carlson，2017，pp. 154-161）。因此，卡尔森表示，对于研究者和从业者而言，"更大的挑战在于，要研究广泛的技术变革与新闻观念变化之间更为深入的关联"（Carlson，2017，p. 162）。

在本部分的最后一章，卡尔森探讨了媒介批评与新闻权威之间的关系。卡尔森认为，所有的媒介批评本身都是"特定行动者社会实践的产物"（Carlson，2017，pp. 165-167）。这些媒介批评从本质上讲，表达了其话语提出者对新闻业的态度，甚至是其与新闻业之间的关系。卡尔森详细介绍了媒介批评的起源问题，对其"从何而来"这一基础性问题进行了解答（Carlson，2017，pp. 165-167）。随后，作者列举了一些具体案例，展示了媒介批评的形式、内容及其如何影响新闻业与之的关系。诚然，卡尔森在这部分的分析主要基于对美国新闻业的思考，但是其对外界行动者如何通过话语影响新闻业的职业权威的分析，依然值得我们深思。在他看来，技术的出现正在塑造一个不断批评的时代（Carlson，2017，pp. 174-178）。不过，卡尔森并不对这些媒介批评持有消极的态度。在他看来，"新闻用户应当拥有批判性的分析能力，以成为社会上主要信息提供者知情的分析人士"（Carlson，2017，p. 178）。有时，这些媒介批评还会"增加新闻业的责任感"。不过整体而言，人们很难准确地或是清晰地指出这些媒介批评对于新闻权威的意义（Carlson，2017，pp. 178-179）。

四、评价与反思

与诸多研究者一样，卡尔森关注到了传统新闻业正在遭遇的"危机"。这些发生在传统新闻领域内外的变化，都与新闻业和其他行动者之间的关系有着紧密的关联，以至于卡尔森直言，这些变化"伴随着公共阐释（public interpretation）而出现"。毫无疑问，新闻业需要职业权威，但是这些权威往往是"液态和语境的"。新闻业作为生产知识的职业，处在复杂的社会环境之下，因此，其中任何关系的变化都会影响到新闻业的职业权威（Carlson，2017，pp. 180-182）。事实上，在卡尔森之前，包括他的导师泽利泽在内，有许多学者对新闻权威的概念进行过不同程度的挖掘和细化。但是卡尔森更进一步地从基础和语境两个维度细致地介绍了新闻权威。并且，卡尔森的著作实际上在思考两个核心问题：什么是新闻权威，其基础是什么？能否将这一框架作为工具并"评价新闻权威的情况"（Carlson，2017，pp. 180-182）？

在该书中，卡尔森提出了新闻权威的三个组成基础：专业主义精神、新闻文本与讲述自身的故事。在该书的结论部分，卡尔森更进一步，将这三个组成基础放置在一个关系模型中，并称之为群体认同、文本实践与元话语。具体而言，群体认同关注的是新闻从业者如何建构起共同的信仰体系，以及如何对自身的职业行为进行界定。群体认同更多涉及新闻从业者与新闻用户之间的权威关系。文本实践聚焦于新闻文本。卡尔森将文本实践视为一种经过"深思熟虑的实践"，并认为其能够影响新闻权威。而元新闻话语关注的不再是新闻文本自身，而是诸多关于新闻业和新闻产品的公共话语，这些话语能够帮助新闻业树立权威，也能够帮助新闻业划定自身与他者的界限，同样能够对已有的新闻权威产生负面影响。卡尔森表示，元新闻话语更多涉及的是新闻工作者与科技和媒介批评之间的权威关系（Carlson，2017，pp. 182-188）。

除了探讨新闻工作者与用户、消息来源、技术与媒介批评的关系外，卡尔森还提及了新闻权威与新闻权力之间的关系（Carlson，2017，pp. 189-192）。不仅如此，卡尔森还从更宏观的维度思考了新闻权威的建构。例如，他强调要从新闻从业者与国家、新闻从业者与市场的关系角度出发来解读新闻权威的建构（Carlson，2017，pp. 182-188）。这些更为宏大的因素也在影响着新闻权威。此外，新闻权威具备政治属性。"涉及新闻权威的探讨会涉及一项与劝服或是胁迫不同的、强调新闻也具备权威所需各种关系的、特定形态的社会权力"（Carlson，2017，pp. 189-192），卡尔森提到的政治既包括新闻业和其他行业，也包括具体从业者的职业权力。而在对"多声媒体的政治"进行分析时，卡尔森更是直言不讳地表示，新闻权威政治的核心正是"合法化新闻的基本规范与实践斗争"（Carlson，2017，pp. 192-196）。在不同行动者的关系不断变化的情况下，新闻权威也必然发生转变。

与之前的研究一样，卡尔森在该书中同样拒绝将权威视为固态的存在，更拒绝将新闻权威视为一种既定的存在。在他看来，新闻业身处社会，必然会受到社会上不同行动主体和技术客体的影响。所有职业外部和职业内部因素的变化，都会影响到新闻业的形态，也会影响到新闻权威（Carlson，2017，pp. 196-198）。从这一角度来看，卡尔森的这本著作实际上探讨的是新闻业最为基本的问题之一。他的论述不仅为我们思考新闻权威提供了新的省思，更为我们理解当下正在发生变化，且未来依然会不断发生变化的新闻业，提供了一个独特的分析视角。

（李拓　华东政法大学）

参 考 文 献

Carlson，M.，*Journalistic Authority：Legitimating News in the Digital Era*，New York：Columbia University Press，2017.

Carlson，M.，"Blogs and Journalistic Authority：The Role of Blogs in US Election Day 2004 Coverage，"*Journalism Studies*，2007a（2）.

Carlson，M.，"Making Memories Matter：Journalistic Authority and the Memorializing Discourse around Mary McGrory and David Brinkley，"*Journalism*，2007b（2）.

Carlson，M.，"Rethinking Journalistic Authority：Walter Cronkite and Ritual in Television News," *Journalism Studies*，2012（4）.

Carlson，M. ，"The Robotic Reporter：Automated Journalism and the Redefinition of Labor，Compositional Forms，and Journalistic Authority，" *Digital Journalism*，2015（3）.

Zelizer，B. ，*Covering the Body：The Kennedy Assassination*，*the Media*，*and the Shaping of Collective Memory*，Chicago：University of Chicago Press，1992.

拓 展 阅 读

白红义：《边界、权威与合法性：中国语境下的新闻职业话语研究》，上海：复旦大学出版社，2020。

后　记

近年来，人们的阅读习惯发生了很大变化，快阅读、轻阅读仿佛成了主流的阅读方式。阅读学术著作也不例外，导读一类的文本也因此变得更为重要。"西方新闻传播学名著导读丛书"与市面上已有的同类别图书不同，它将庞杂的新闻传播学领域的经典著作细分成四个分支，试图提供一份更为系统的知识地图。2020 年，我应丛书主编胡翼青和刘海龙两位老师之邀，负责这个系列中的《西方新闻学名著导读》的编撰工作。

在过去的上百年时间里，新闻学始终是一个多学科驻足的领域，已经积累了浩如烟海的文献。尽管近些年在学术翻译工作的持续推动之下，大量西方名著被引进，为我们的导读工作奠定了重要基础，但与此同时，相当数量的重要著作尚无中文版。这样一部导读要想有自己的特色，必须解决一个关键问题，即究竟应该遴选哪些著作进行导读？几经斟酌，我最终遴选了 28 部著作，其中，18 部已有中译本，10 部尚未引进。我尽量在这本导读中呈现不同取向的经典著作，不仅包括那些国内学界耳熟能详的经典作品，也包括一些新近的可能成为经典的作品。

书目确定之后，一项重要的工作便是寻找合适的作者。所谓合适，首要的标准是看作者对书目是否了解，如果对它涉及的领域有所涉猎那就更好。本书作者以多所高校的教授、副教授、讲师为主，另有约三分之一的篇目由在读博士研究生和硕士研究生完成，先后共有 27 位作者参与了撰写工作。从数量上看，华东政法大学的郭恩强教授及他指导的研究生陈咪、张妤婷、李铭、杨朝、马旭这五位同学每人完成了一篇导读；上海大学的陶文静副教授、中国政法大学的刘双庆副教授、电子科技大学的姜海副教授、华东政法大学的李拓博士、上海社会科学院的曹诗语和常泽昱同学等每人撰写了两篇；上海外国语大学的钱进副研究员、上海对外经贸大学的叶青青副教授、华东师范大学的张洋讲师、陕西师范大学的杨馨助理研究员、复旦大学的博士研究生毛天婵分别撰写了一篇，我在复旦大学指导的博士研究生丁振球、马锦辉、施好音，硕士研究生邵枫、杨德坤也各自撰写了一篇。此外，华东政法大学的陈雪薇博士、澳大利亚莫纳什大学的常爱梓同学、复旦大学的博士研究生万旭琪和硕士研究生雷悦雯也参与了导读的撰写和修改工作。

在我自己的学术规划中，原本并没有撰写或主编这样一部著作的计划。这样一个"意外"结果的诞生有赖多方的支持。首先要对导读作者们说声感谢，对大多数作者来说，这样一篇导读作品并不能成为他们的代表作，也无法体现在各自单位的考核成绩里，感谢他们做出的贡献。其次，感谢丛书主编胡翼青和刘海龙两位老师的信任，将《西方新闻学名著导读》这本书的主编工作委托给我完成。身为主编，我做的更多工作是寻找合适的作者、协调后续的修改以及对全书的校对和内容把关。最后，特别感谢北京大学出版社周丽锦、吕秀丽两位编辑老师的辛勤工作，没有她们的持续推动，或许早在某个时间节点我就放弃了。

白红义

2023 年 8 月 5 日于上海